全民防控
新冠肺炎
法律导读

郑雪倩　王晨光　曹艳林·主　编
邓利强·副主编

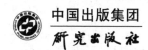

中国出版集团

研究出版社

图书在版编目 (CIP) 数据

全民防控新冠肺炎法律导读 / 郑雪倩，王晨光，曹
艳林主编 . –– 北京：研究出版社，2020.3（2020.3 重印）

ISBN 978-7-5199-0871-3

Ⅰ . ①全… Ⅱ . ①郑… ②王… ③曹… Ⅲ . ①疫情管
理 – 法律 – 中国 – 问题解答 Ⅳ . ① D922.165

中国版本图书馆 CIP 数据核字 (2020) 第 033983 号

出 品 人：赵卜慧

责任编辑：张立明

全民防控新冠肺炎法律导读

QUANMIN FANGKONG XINGUAN FEIYAN FALV DAODU

作　　者	郑雪倩　　王晨光　　曹艳林　主编	
出版发行	研究出版社	
地　　址	北京市朝阳区安定门外安华里 504 号 A 座（100011）	
电　　话	010–64217619　　　64217612（发行中心）	
网　　址	www.yanjiuchubanshe.com	
经　　销	新华书店	
印　　刷	河北赛文印刷有限公司	
版　　次	2020 年 3 月第 1 版　　2020 年 3 月第 2 次印刷	
开　　本	710 毫米 ×1000 毫米　1/16	
印　　张	16.75	
字　　数	300 千字	
书　　号	ISBN 978-7-5199-0871-3	
定　　价	42.00 元	

编辑委员会

作者介绍

王晨光

　　清华大学法学院教授、法学院卫生法研究中心主任、药事法研究所主任。兼任中国国际贸易仲裁委员会仲裁员、中国法学会法理学研究会副会长、法学教育研究会副会长、中国卫生法学会常务副会长、国家卫健委全国新型冠状病毒肺炎专家组成员。曾任清华大学法学院院长。

郑雪倩

　　中国卫生法学会副会长，副研究员，教授。中国医院协会医疗法制专业委员会常务副主任委员兼秘书长。国家卫健委全国新型冠状病毒肺炎专家组成员。国家卫生健康委信访、医政医管、法制咨询专家。中国政法大学、中国人民大学律师学院兼职教授。首都医科大学兼职教授、硕士生导师。北京市华卫律师事务所创始合伙人、主任。曾任北京医科大学第一医院管理改革处处长。曾作为国内各大媒体法律节目嘉宾、参加国内外课题50余项。2003年被北京市政法委员会评为防治非典型肺炎工作优秀党员，是8000位律师中唯一的获奖者；连续多年被评为先进工作者，2018年被评为北京市优秀律师。

曹艳林

　　医学学士、法律硕士、管理学博士，中国医学科学院/北京协和医学院医学信息研究所医疗卫生法制研究室主任、研究员、硕士生导师，中国卫生法学会常务理事、学术委员会副主任，中国医院协会医疗法制专业委员会常委、副秘书长，中国生物医学工程学会医学人工智能分会法律伦理学组组长，《基本医疗卫生与健康促进法》起草专班成员。先后在 LANCET、《中国卫生》等刊物上发表文章 100 余篇。

邓利强

　　邓利强，中国医师协会法律事务部主任、中国卫生法学会常务理事、北京市华卫律师事务所副主任、中国政法大学医药法律与伦理研究中心副主任、中国医师协会健康传播专业委员会副主任委员。

　　邓利强正在参与《执业医师法》的修订工作，还曾承担（卫生部）国家卫健委的多项课题，如：《医疗责任强制保险》及《国家"十三五"医改规划》课题的分课题、《医师薪酬制度与职称改革研究》等，为医疗卫生法律事业做了大量工作。

目　　录

依法抗"疫"　促进国家应急体系和能力现代化

依法抗"疫"
促进国家应急体系和能力现代化

    2019 年末至 2020 年初暴发的新冠肺炎疫情是中国继 2003 年"非典"疫情后的又一次重大公共卫生事件。新冠肺炎疫情暴发以来，党中央、国务院高度重视，习近平总书记多次作出重要批示指示，多次发表重要讲话，强调要始终把人民群众生命安全和身体健康放在首位。

    面对严峻的新冠肺炎疫情，依法科学有序防控至关重要。疫情防控不仅是医药卫生问题，而且是对我国应急体系和能力现代化的一个严峻考验。2020 年 2 月 5 日，中共中央总书记、国家主席、中央军委主席、中央全面依法治国委员会主任习近平主持召开中央全面依法治国委员会第三次会议并发表重要讲话。习近平强调，要在党中央集中统一领导下，始终把人民群众生命安全和身体健康放在第一位，从立法、执法、司法、守法各环节发力，全面提高依法防控、依法治理能力，越是在紧要关头，越要坚持依法防疫，为疫情防控工作提供有力法治保障。

    目前，我国与新冠肺炎疫情防控相关的法律法规除了《传染病防治法》《突发事件应对法》《国境卫生检疫法》《动物防疫法》《突发公共卫生事件应急条例》《传染病防治法实施办法》之外，还涉及民事、行政、刑事等一系列法律法规、部门规章。知法、懂法、守法、严格执法、公正司法对我们抗击新冠肺炎战"疫"至关重要。为了让政府机关、医疗卫生机构、公司法人单位、广大人民群众能充分了解并熟练掌握新冠肺炎疫情防控中相关法律问题的应对和处理，编写组集中了中国卫生法学会、中国医院协会医疗法制专业委员会、北京市华卫律师事务所、清华大学法学院、中国医学科学院医学信息研究所等机构的大量专家学者，倾力打造本法律读本，以期为大家在本次疫情防控中提供法律指导和参考，也为疫情防控贡献绵薄之力。

编委会

2020 年 2 月 15 日

第一章　依法提升疫情防控治理能力和水平

一、全民动员，依法抗"疫"

2019 年末至 2020 年初暴发的新冠肺炎疫情是中国继 2003 年"非典"疫情后的又一次重大公共卫生事件。面对严峻的新冠肺炎疫情，科学防治、有效防控，事关广大人民群众身体健康和生命安全，事关国家安全和民族安危；全民动员、依法防控，是对我国治理体系和治理能力的重大挑战，是对各级政府及其工作人员执政能力和管理水平的严峻考验。

战"疫"面前，不能乱了章法。我国传染病防治和突发事件应对的相关法律法规就是最重要的章法，是科学有序高效防控疫情的重要手段和依据。目前，我国传染防控相关的法律主要有《传染病防治法》《突发事件应对法》《国境卫生检疫法》《突发公共卫生事件应急条例》等。全面、熟练掌握现有的传染病防治相关法律法规，充分利用现有法律法规的手段和措施，并在深刻领会现有法律法规立法目的与意图，依据法治理念和法治精神，创造性地实践好、利用好现有法律法规，是各级政府及其工作人员做好疫情防控工作，实现依法科学有序防控的关键。

（一）依靠群众，全民动员

群众路线是我们党和政府克敌致胜的法宝。一切为了群众，一切依靠群众，从群众中来，到群众中去，始终保持党和政府同人民群众的血肉联系。《传染病防治法》第二条规定：国家对传染病防治实行预防为主的方针，防治结合、分类管理、依靠科学、依靠群众。依靠群众是《传染病防治法》确立的依法进行疫情防控的四项原则之一。《传染病防治法》第九条规定：国家支持和鼓励单位和个人参与传染病防治工作。各级人民政府应当完善有关制度，方便单位和个人参与防治传染病的宣传教育、疫情报告、志愿服务和捐赠活动。居民委员会、村民委员会应当组织居民、村民参与社区、农村的传染病预防与控制活动。2019 年底颁布，并将于 2020 年 6 月 1 日实施的我国卫生健康领域首部综合性、基础性法律《基本医疗卫生与健康促进法》第六十九条规定：公民是自己健康的第一责任人，树立和践行对自己健康负责的健康管理理念，主动学习健康知识，提高健康素养，加强健康管理。倡导家庭成员相互关爱，形成符合自身和家庭特点的健康生活方式。公民应当尊重他人的健康权利和利益，不得损害他人健康和社会公共利益。

战"疫"当前，人民群众的身体健康和生命安全是客体，而广大人民群众却是疫情防控的主体。面对新冠肺炎疫情，各级政府及其工作人员更应依靠群众，动员群众参与到抗击新冠肺炎的战役中来。依靠群众、动员群众不是口号，而是要落实到疫情防控的各个环节。在疫情萌芽阶段，就应深入群众，广泛听取一线医务人员、疾控人员、患者的意见和建议，迅速启动应急处理程序，果断处理。对于基层群众和一线医疗卫生人员在实际工作中发现的疫情线索，要充分重视，认真对待，深入分析，绝不能视而不见，更不能压制、打击。在疫情暴发后的应急处理阶段，也要深入群众，广泛听取疾控与医疗专家、一线医疗卫生人员、确诊病人、疑似病人、医学观察人员、普通公众等的意见和建议，充分考虑应急处理措施对所有直接利益相关者和间接利益相关者带来的影响，并在实际操作中根据上述人员的反馈和意见不断完善应急处理方案。只有始终保持与人民群众的血肉联系，从群众中来，到群众中去，动员广大人民群众参与抗击疫情的战役，并指导、引领广大人民群众依法、规范地参与疫情防控工作，防止消极应对或过激行为，才能最终取得抗击疫情的胜利。

（二）依法及时、准确发布疫情信息

在新冠肺炎的防控中，有关疫情防控的信息公布极为重要。对于信息发布，《传染病防治法》在第三十八条规定：国家建立传染病疫情信息公布制度。国务院卫生行政部门定期公布全国传染病疫情信息。省、自治区、直辖市人民政府卫生行政部门定期公布本行政区域的传染病疫情信息。传染病暴发、流行时，国务院卫生行政部门负责向社会公布传染病疫情信息，并可以授权省、自治区、直辖市人民政府卫生行政部门向社会公布本行政区域的传染病疫情信息。公布传染病疫情信息应当及时、准确。《突发事件应对法》第五十三条规定：履行统一领导职责或者组织处置突发事件的政府，应当按照有关规定统一、准确、及时发布有关突发事件事态发展和应急处置工作的信息。此外，在 2006 年 3 月 3 日卫生部《关于印发〈卫生部法定传染病疫情和突发公共卫生事件信息发布方案〉的通知》中指出：各省、自治区、直辖市卫生行政部门应按照《传染病防治法》第三十八条第二款的规定，定期发布本行政区域的传染病疫情信息。按照《传染病防治法》第三十八条第三款和《突发公共卫生事件应急条例》第二十五条第二款的规定，从本方案公布之日起，卫生部授权各省、自治区、直辖市卫生行政部门在本行政区域内发生传染病暴发、流行以及发生其他突发公共卫生事件时，及时、准确地发布辖区内的法定传染病疫情和突发公共卫生事件信息。

守土有责、守土担责、守土尽责。传染病暴发、流行时，各级人民政府作为传染病防治工作领导机构，应当全面、准确把握《传染病防治法》《突发事件应对法》及其相配套的法规、政策文件内容和精神，及时、准确、依法发布本行政区内的传染病防控相关信息，容不得丝毫怠慢、推诿和懈怠。

（三）依法迅速、果断切断传播途径

切断传染病的传播途径是疫情防控的关键。《传染病防治法》第四十二条规定：传染病暴发、流行时，县级以上地方人民政府应当立即组织力量，按照预防、控制预案进行防治，切断传染病的传播途径，必要时，报经上一级人民政府决定，可以采取下列紧急措施并予以公告：（一）限制或者停止集市、影剧院演出或者其他人群聚集的活动；（二）停工、停业、停课；（三）封闭或者封存被传染病病原体污染的公共饮用水源、食品以及相关物品；（四）控制或者扑杀染疫野生动物、家畜家禽；（五）封闭可能造成传染病扩散的场所。上级人民政府接到下级人民政府关于采取前款所列紧急措施的报告时，应当即时作出决定。《突发事件应对法》第四十九条规定：自然灾害、事故灾难或者公共卫生事件发生后，履行统一领导职责的人民政府可以采取下列一项或者多项应急处置措施。其中，与传染病疫情控制密切相关的措施包括：（一）迅速控制危险源，标明危险区域，封锁危险场所，划定警戒区，实行交通管制以及其他控制措施；（二）禁止或者限制使用有关设备、设施，关闭或者限制使用有关场所，中止人员密集的活动或者可能导致危害扩大的生产经营活动以及采取其他保护措施；（三）采取防止发生次生、衍生事件的必要措施。此外，《传染病防治法》第三十九条规定：医疗机构发现甲类传染病时，应当及时采取下列措施：（一）对病人、病原携带者，予以隔离治疗，隔离期限根据医学检查结果确定；（二）对疑似病人，确诊前在指定场所单独隔离治疗；（三）对医疗机构内的病人、病原携带者、疑似病人的密切接触者，在指定场所进行医学观察和采取其他必要的预防措施。拒绝隔离治疗或者隔离期未满擅自脱离隔离治疗的，可以由公安机关协助医疗机构采取强制隔离治疗措施。医疗机构发现乙类或者丙类传染病病人，应当根据病情采取必要的治疗和控制传播措施。医疗机构对本单位内被传染病病原体污染的场所、物品以及医疗废物，必须依照法律、法规的规定实施消毒和无害化处置。

现有的传染病防治相关法律法规就传染病疫情防控赋予了各级人民政府非常广泛、全面的权力，并就法律出台时，尚无法明确、不能列举的措施给予了概括性授权。依据《突发事件应对法》第四十九条第十款规定，履行统一领导职责的人民政府在传染病暴发、流行，构成公共卫生事件时，可以采取防止发生次生、衍生事件的必要措施。这就是法律对各级政府在传染病疫情防控时的概括性授权。各级人民政府应充分利用现有的法律手段、措施，并结合疫情防控中有效控制传染源，切实切断传播途径，避免次生、衍生事件发生的实际工作需要，依据法律原则和精神，创造性地开展疫情防控工作。如在保证患者个人信息〔姓名、具体住址（门牌号码）、家庭状况等〕不泄露，并做好相关保障和服务工作的前提下，公布确诊病人居住和活动的大致区域，如小区或社区等，就属于为了公共健康和疫情防控需要，政府采取的防止发生次生、衍生事件的必要措施，属于依法防控范畴，也是依法防控应有之义。

（四）全力救治，保障公民健康权益

《宪法》第四十五条规定：中华人民共和国公民在年老、疾病或者丧失劳动能力的情况下，有从国家和社会获得物质帮助的权利。国家发展为公民享受这些权利所需要的社会保险、社会救济和医疗卫生事业。《基本医疗卫生与健康促进法》第四条规定：国家和社会尊重、保护公民的健康权。《传染病防治法》第十六条规定：国家和社会应当关心、帮助传染病病人、病原携带者和疑似传染病病人，使其得到及时救治。第五十条规定：县级以上人民政府应当加强和完善传染病医疗救治服务网络的建设，指定具备传染病救治条件和能力的医疗机构承担传染病救治任务，或者根据传染病救治需要设置传染病医院。

守土有责、守土担责、守土尽责。大"疫"当前，各级政府的责任担当不仅体现在及时、准确地发布疫情信息，快速、果断地切断传播途径，更应秉持"应收尽收""应治尽治"的原则，对所有新冠肺炎病人进行全力救治，这既是各级政府的责任担当，也是履行其应负的法律义务。对确诊病人和疑似病人应收尽收、应治尽治既是控制传染源的重要举措，也是疫情防控的最后一道防线，必须筑牢、筑实。面对严峻的疫情，各级政府要高度重视，统筹谋划，提前布局，严阵以待，快速组建强大的传染病医疗救治服务网络，保障医疗物资充裕，

预留充足的备用床位和医护人员。对于疫情防控医疗救治产生的医疗费用，除医保报销外，应由财政兜底，绝不能让任何一个新冠肺炎病人因为经费问题耽误治疗。同时，各级政府应充分利用现代信息技术手段，通过互联网医疗和远程医疗等形式，广泛开展新冠肺炎疫情线上免费医疗咨询服务，这既能缓解医院就诊压力，也可避免因大量病人涌入医院后造成不必要的交叉感染。

（五）加强监管，依法从严惩处各种违法行为

大"疫"当前，为保障疫情防控工作顺利开展，应依法快速、从严惩处各种违法行为。《传染病防治法》第六十五条规定：地方各级人民政府未依照本法的规定履行报告职责，或者隐瞒、谎报、缓报传染病疫情，或者在传染病暴发、流行时，未及时组织救治、采取控制措施的，由上级人民政府责令改正，通报批评；造成传染病传播、流行或者其他严重后果的，对负有责任的主管人员，依法给予行政处分；构成犯罪的，依法追究刑事责任。此外，《传染病防治法》第六十六条至七十七条规定了各类机构和人员违法行为的法律责任。《突发事件应对法》第四十九条规定：自然灾害、事故灾难或者公共卫生事件发生后，履行统一领导职责的人民政府可以采取下列一项或者多项应急处置措施。其中就包括：依法从严惩处囤积居奇、哄抬物价、制假售假等扰乱市场秩序的行为，稳定市场价格，维护市场秩序；依法从严惩处哄抢财物、干扰破坏应急处置工作等扰乱社会秩序的行为，维护社会治安。

地方各级政府应按照党中央、国务院的要求，加强对疫情防控工作监管，加大对危害疫情防控行为的执法力度，严格执行传染病防治、突发事件应对、野生动物保护、动物防疫等法律法规，依法实施疫情防控及应急处理措施。要加强治安管理、市场监管等执法工作，加大对暴力伤害医务人员的违法行为打击力度，严厉查处各类哄抬防疫用品和民生商品价格的违法行为，依法严厉打击抗拒疫情防控、暴力伤医、制假售假、造谣传谣等破坏疫情防控的违法犯罪行为，保障社会安定有序。

（曹艳林）

二、依法科学有序防控，推动国家治理体系和治理能力现代化

新冠病毒肺炎疫情骤然暴发，迅速蔓延全国。防控疫情已成为当前全国的头等大事。能否骤然临之而不乱，有效防控和战胜疫情，不仅是对我国公共卫生和医药卫生制度的考验，而且是对国家治理体系和治理能力现代化的重大考

验。通过中央的全面部署、全面动员和全面推动，此次疫情防控工作不仅要战胜瘟疫，而且要通过实战，全面检验和推动国家治理体系与治理能力现代化。

国家治理体系是国家各项制度在法律基础上有机构成的系统，治理能力则是这些制度依法有效管理社会各方面事务能力的体现。突发公共卫生事件打乱了常态下按部就班的格局，大范围的应急状态要求国家各项制度的超常运行。如何才能发挥我国的制度优势，取得战"疫"的全面胜利？在当前疫情防控关键时期，习近平总书记指出："依法科学有序防控至关重要。"这是此次防疫工作的关键所在，也是国家治理体系和治理能力现代化的基本方针。

依法、科学、有序必须是有机的组合，而非形式上的简单拼盘。它们的内在规律可以表述为科学是基础，法律是依据，有序是运行模式。越是在紧要关头，就越要综合考虑这三个方面，坚持在科学基础上决策和实施应急措施，越要坚持在法治轨道上统筹和有序推进防控工作。

（一）疫情防控的应急措施必须以科学规律为基础

应急措施不能凭主观好恶或情绪高低来决定。不论是采用宽松措施还是严厉措施，都必须建立在科学规律的基础上。有关法律明确规定，控制突发公共卫生事件要依靠科学，开展科学研究，进行流行病学调查。因为只有在发现传染源和传染渠道的基础上，才能找出最有效阻断疫情蔓延的药物和方法。

例如，此次暴发的新冠病毒肺炎缺乏有效药物和治疗手段，阻断病毒的传播途径是控制疫情最有效的措施。这就需要运用流行病学发现该病毒传播的宿主和载体，迅速寻找阻断其传播的药物和方法。针对不具有或具有人传人可能的不同情况，采取阻断物品流通或阻断人员交流的不同方法；针对人体接触传播或飞沫传播的不同情况，采取阻断传播渠道的不同措施。

法律虽然规定了不同的应急措施，但是在突发公共卫生事件状态下，必须在确定特定传染病的性质、传播途径和有效药物等科学分析的基础上，对法律规定的各种措施进行分析和选择。如果忽视了流行病学调查和科学的分析，没有准确的科学认知，随意从各种法定选项中选择或轻或重的措施，无异于盲人骑瞎马。打个比喻，如同过河时有各种不同类型的船只供选择，但是决定要用哪一条则要根据河流大小、水流缓急和过河人数来决定。法律必须与科学密切结合。不分析和了解特定传染病规律就凭空选择和适用法定的控制措施，就不可能取得有效控制疫情的结果。

（二）防控措施必须要严格依法

应急反应的措施具有不同于常态的强制性。强制性措施是防控突发公共卫生事件的必要手段。但强制性措施并非越严越好，除了要基于科学基础之外，还必须严格依照法律赋予的权限和法律规定的程序，决定采取哪些应对措施，即严格在法律规定的程序和权限框架内决策，不能随意或任意决策。

应急措施严格依法包括：（1）要严格依法行使权限。对于公民人身自由权、财产权和生命健康权等基本权利的限制只能由全国人大通过的国家法律予以限制，而不能由行政法规等下位法和规章予以限制。各级政府和疫情防控应急指挥部应当明确自己的法定职权，依法决策。例如，法律规定对于确诊病人采取的是隔离治疗措施，对于疑似病人采取的是隔离医学观察措施，对于密切接触者则采取其他形式的自我隔离等手段。如果决定对来自感染区的所有人员进行无差别的隔离，就显然超越了法律规定的权限范围，导致有关决定违反法律授权范围，限制非病毒携带者自由权的违法结果。同时，也应该在法定权限范围内，给有关决策部门一定的自由裁量权，根据当时当地的具体情况，实事求是地采用恰当的应急措施。

（2）要严格把应急措施限制在法律规定的强度、对象和持续时间的界限内。任何随意增强、增加或延长应急措施的行为都是违反法律规定的做法。强制措施必须以保证人民的生命健康为目的，以能够有效阻断病毒传播为界限。在此次疫情防控工作中，因为病毒的新异性、精细化和网格化防控的必要性，确实需要决策者和执法者在法律许可的框架内，充分发挥其执法主动性，因时因事因地，采取恰当的应对措施，寻找和采用新的、更有效的防控措施，例如公共场所戴口罩的措施、小区封闭管理模式、外出人员登记管理、回城人员自我隔离等措施。为此，国家有关主管部门、司法和公安部门、地方政府也及时根据疫情发展出台了一些新的规定、司法解释和决定，及时为这些新的应急措施提供法律依据。这些做法符合《突发事件应对法》《传染病防治法》和有关防控疫情决定的规定，因此是有科学根据和法律依据的必要措施。

（3）要符合法律的基本原则。它们包括合法性原则、合理性原则、人权保障原则、正当程序原则、比例原则、高效原则等基本原则。其中尤其要考虑人权保障原则、比例原则和高效原则。人权保障原则，要求所有应急措施都必须以保障人民群众群众生命安全和身体健康为出发点和落脚点。比例原则要求所采取的措施强度适当，其可获得利益大于可预见损失。在采取限制公民权利的强制措施时必须尽量降低损害程度。高效原则要求在应急状态下的高强度和超常规的机制运行，以有效应对突发事件为标准。《突发事件应对法》第十一条就突出体现了上述三项原则，"采取的应对突发事件的措施，应当与突发事件可能造成的社会危害的性质、程度和范围相适应；有多种措施可供选择的，应当选择有利于最大程度地保护公民、法人和其他组织权益的措施"。像断路阻碍交通措施，就是超出了防控疫情所要求的必要强度。虽然是"彻底地"切断了人员的交流，但它同时造成了诸如阻碍应急物资运输、病人就医以及正常的经济活动。再如，采取把住户门钉死等封门措施，虽然彻底隔绝了被隔离人与外界的接触渠道，但实际上也侵害了当事人的财产权等其他权益。这些措施造成的损失远远大于防控带来的效果，因此并不符合法律的要求和精神。

（三）疫情防控必须有序开展

突发公共卫生事件往往会在群众中产生恐慌情绪，也会造成有关部门和领导手足无措、应对无方的局面。因此，有序防控是个关键环节，而有序防控则建立在科学分析和依法应对的基础之上。

从正常状态转入应急状态，首先需要打乱常态化的领导体制，建立应急指挥系统。应急指挥系统，需要在法律的基础上，统一协调指挥所有的应急工作，例如统一规划和采用应急预案，统一组织和调配所有的药物、资源和医护人员，统一发布及时、准确和全面的信息，采取统一标准和步调的应急措施，建立统一的监控、管理、防范和保障机制。我国的社会主义制度有能力发挥其制度优势，全国一盘棋，统筹安排，统一调度军队和各地资源，进行对口救援，集中兵力打歼灭战，同时根据疫情变化，因地制宜制定并不断调整符合实际情况的应急方案。如果没有一个坚强、有效、权威的应急领导机构，就无法实现有序防控。

其次，有序防控需要调动社会方方面面的力量，根据其性质和专长，投入相应的防控工作中。医疗机构和医护人员主要负责收治病人，社区组织主要负责维护社区的秩序和日常管理，生活品供应部门和商业机构负责安排和保障民众的日常生活，社会慈善和救助机构负责组织社会捐助和服务工作等。

最后，还需要充分发动群众，使每个人都充分理解应急状态的特殊性和应急措施的必要性，自觉参与防控和维护公共秩序。应急措施都带有一定的强制性。要使强制性措施被广大群众自觉接受，就需要提供充分的信息，进行广泛和深入的宣传，同时也需要依法采用适当的法律手段，对违反秩序的极少数人采取一定的强制措施，以维护社会秩序。

只有在科学基础上，在法律框架内，有序开展疫情防控工作，就一定能够取得战役的最后胜利，并进一步推动国家治理体系和治理能力现代化。

（王晨光）

三、以法治思维参与疫情防控，提供高质量法律服务

习近平总书记在 2020 年 2 月 5 日召开的中央全面依法治国委员会第三次会议上强调："全面提高依法防控、依法治理能力，为疫情防控工作提供有力法治保障。"

这是以习近平同志为核心的党中央，运用法治思维和法治方式治国理政，在当下疫情防控工作中的具体体现和必然要求。

这也是对我们律师从业人员，在疫情防控期间，提供高质量法律服务的必然要求。

（一）以法治思维作为我们提供法律服务的理念

面对疫情蔓延的严重形势，做什么、怎么做，是我们律师从业人员应当认真考虑的问题。我们认为，律师从业人员在参与此次疫情防控工作时，要转换思维方式，不能将法治思维单纯地、机械地理解为法律思维。因为，法律思维是一种规范性思维，是实证思维方式。而法治思维不仅包含合法性思维，还要包括合理性思维。即，法治思维不仅要依法，要合乎法理，还要顺情顺意，合乎事理情理，更要符合党和国家的方针与政策。在国家启动一级响应，对疫情防控全面展开的当下，任何有损于疫情防控工作开展的行为，都忤逆民情民意，都不符合法理、事理、情理。

在对疫情防控工作全面展开的当下，作为法律从业者，在提供法律服务时，要以党和国家的方针、政策为前提和基础，以法律为依据，以是否有利于疫情防控工作的开展、以是否有利于疫情防控工作取得成效为准绳。这就要求我们这些律师从业者，在提供法律服务时，不仅要坚持于法有据、义正词严讲法理，还要秉承事理人情、循循善诱释情理。要通过我们律师的言、行，帮助民众理解党和国家的方针与政策，帮助民众增强法治意识，依法支持和配合疫情防控工作。要运用我们律师的专业知识和技能，提供高质量的疫情防控法律服务，维护参与疫情防控工作的单位和人员的合法权益，提高化解疫情期间矛盾纠纷的效率，为有需要、有困难的群众提供高质高效的法律援助。

（二）以疫情防控工作的现实需要作为我们工作的导向

习近平总书记强调："疫情防控越是到最吃劲的时候，越要坚持依法防控，在法治轨道上统筹推进各项防控工作，保障疫情防控工作顺利开展。"这就是疫情防控工作的现实需要，这也正是我们律师提供法律服务工作的当然导向。

当前，疫情防控正处于关键时期，普通百姓、患者及其家属、医疗机构、医务人员、政府及其职能部门、企事业单位及其工作人员等诸多主体以及各个主体之间，均存在不同的权益诉求。疫情防控及至当下，在所有人、在各行各业都在为防控疫情尽心出力的时候，违法犯罪事件也屡见报道。从媒体报道可知，相关事件中，涉及哄抬物价、个人劳动权益保障、人身安全维护、医疗机构接受捐赠、个人隐私权维护、诊疗行为实施、暴力伤医、抗拒疫情防控、制假售假、传播谣言等诸多涉法事项。

对于那些哄抬防疫用品和民生商品价格的违法行为、暴力伤医、抗拒疫情防控、制假售假、造谣传谣等破坏疫情防控的违法犯罪行为，我们律师应当配合国家司法部门对其进行打击，依法履行我们的职责，维护各方主体依法享有的权益。对于那些因疫情原因，囿于各自合法权益而产生的矛盾和纠纷，我们要运用法治思维，合乎法理、事理与情理地提供法律服务，而非在不顾全大局的情况下，去寻章摘句、调词架讼。

我们律师要依法参与到疫情防控工作中来，要在疫情防控工作中，运用自己的知识和专业技能，为保障疫情防控工作顺利开展，尽心尽力。

（三）以辅助构建更加完善的疫情防控制度作为我们努力的目标

习近平总书记指出："要完善疫情防控相关立法，加强配套制度建设，完善处罚程序，强化公共安全保障，构建系统完备、科学规范、运行有效的疫情防控法律体系。"

无论疫情多么严峻，我们相信，在党和政府的领导下，在全国各行各业、诸多主体的同心协力下，我们终究会取得最终的胜利。但在此次疫情暴发之初直至目前，也透露出，我国目前涉及疫情防控以及与此相关的配套制度构建方面，还存在有待完善之处。

比如，2004 年、2013 年《传染病防治法》经过了两次修订，2003 年就颁布并实施了《突发公共卫生事件应急条例》，2006 年 3 月份原卫生部印发了《卫生部法定传染病疫情和突发公共卫生事件信息发布方案》。但直至此次疫情暴发之后，相关主体以及民众，对于疫情的发布工作由谁负责，还存在争议。这种情况固然有普法宣传工作不足的因素，但不可否认，包含前述事项在内的，在此次疫情防控期间所出现各类问题和事项，也透露出，相关制度构建还有待于更加完善。

我们相信，当此次疫情防控工作彻底结束之后，在党和政府的领导下，必将构建一个更加科学、系统和完善的疫情防控制度。而我们律师，将以辅助构建更加完善的疫情防控制度作为我们努力的目标，在此过程中贡献我们应尽的力量。

（郑雪倩　邓利强　刘　凯）

四、关于在突发公共卫生事件应急管理时期支持地方政府依法行政的建议

2020 年初，新冠肺炎疫情席卷神州大地，在党和政府的高度重视下，我国启动了改革开放以来应战疫情的最高级别动员机制，各级政府、各行政部门高效运转。截至目前，全国已有 31 个省级行政区（省、市、自治区）启动重大突发公共卫生事件一级响应。

此次新冠肺炎造成的疫情不仅是对公共卫生和医药体制的挑战，而且是对国家治理体系和治理能力的考验。通过中央的全面部署、全面动员和全面推动的疫情防控工作，我们不仅要战胜疫情，而且要全面提升国家治理体系与治理能力现代化。为此，我国卫生法学界、健康公共治理研究领域部分专家学者围绕应急管理时期我国法律权利调整提出如下建议：

（一）依法赋予基层决策者应急抉择权

近日，中共中央印发了《关于加强党的领导、为打赢疫情防控阻击战提供坚强政治保证的通知》。《通知》要求，要在疫情防控第一线考察、识别、评价、使用干部，把领导班子和领导干部在疫情防控斗争中的实际表现作为考察其政治素质、宗旨意识、全局观念、驾驭能力、担当精神的重要内容。对表现突出的，要表扬表彰、大胆使用；对不敢担当、作风飘浮、落实不力的，甚至弄虚作假、失职渎职的，要严肃问责。各级组织部门、纪检监察部门要在各级党委领导下，积极主动履职，有效发挥作用。

就近期部分地区出现的基层防疫工作状况而言，既有掉以轻心、敷衍了事"不作为"的情况，又有反应过激甚至违法违纪"乱作为"的情况。对此我们建议：

在全面贯彻落实《通知》要求的前提下，省级、市级政府要为下级政府机构和基层治理依法设置一定程度的容错纠错机制，赋予基层决策者一定的应急抉策权。基层应急决策应当把握"以人民健康为中心"的宗旨，从全局着眼，权衡利弊，科学决策，依法决策，并及时上报。

突发公共卫生事件应急管理时期不同于正常状态。"应急状态"下的情况怪异突兀、千变万化；既定的法律体系必然出现一些缺漏、模糊甚至失误之处，如果简单、机械、绝对化地适用法律条款，会严重限制应急响应效率和效果。当前，基于《突发事件应对法》《传染病防治法》的授权，应当允许政府（尤其是基层政府）决策者具有一定的自由裁量空间，授权市级、县级肺炎疫情防控指挥部负责人代表省委、省政府部署工作，扩大因时而动、因地制宜、因势利导的决策空间。

本轮疫情创造了新中国历史上很多第一次：第一次为了防疫的"封城"，第一次为了防疫的春节假期延长，第一次移动互联网普及时代的防疫动员……面对大量没有先例可循的防疫局势，只要是为了保障公共健康，科学根据充足，法律法规、党纪政纪没有明令禁止，就应当允许基层决策者作出有利于防控疫情的决策，并依法及时向上级政府机构和根据执行情况及时纠偏。即便决策出现某些瑕疵和错误，也不宜被视为"官场污点"甚至被处以党纪政纪问责。我国抗击"非典"（SARS）疫情17年来，防疫体系与临床管理的经验教训显示，过于严厉的问责机制只会打击地方防疫积极性，导致形式主义、官僚主义浮现，助长"越狠越正确"、无限上纲上线的防疫"军备竞赛"苗头。

（二）依法处理各方利益主体关系

在应急管理时期，扩大政府公权力，消减公民私权利，是维护社会公共利益的必然选择。现代政治学与法理学习惯于把社会分成"政府－公民"的二元对立模式。我国在推进国家治理体系现代化和社会治理体制创新的进程中，应考虑充分开发社会空间，充分突出中国共产党领导的政治优势和社会主义国家的组织动员优势，发挥各种社会自治组织、社会团体等组织的能力和作用。我们建议：

一是超越各种利益团体之上，严守人民健康为中心的立场。疫情严峻，大敌当前，处于公务员序列及参照公务员管理的广大防疫人员需要有超然于各方利益主体的立场，牢记人民利益高于一切，把打赢疫情防控阻击战作为当前的重大政治任务。比如，科学技术战线不能重论文发表、轻疫情防控，工业经济战线不能"一封了事"而不顾中小企业经营困难。建议在应急管理时期合理设置绩效考核机制，以科学指标体系的"牛鼻子"牵引各地区、各部门的防疫工作始终处于正确方向。

二是尊重基层村民（居民）自治权。防疫动员，重大紧急，部分基层领导干部长期习惯于"命令－服从"的刚性治理机制，以致部分地区在实施"内防扩散、外防输出"的排查工作过程中，使用敌我斗争方式处理人民内部矛盾，引发干群矛盾甚至干群冲突。建议基层领导干部尊重宪法赋予的基层村民（居民）自治权，引导基层自治组织严格依法行政，按照科学规律，开展群防群治，发挥广大党员、广大群众的群防群控优势，由基层民众自发建立防控"瞒报病情""逃离疫区"的纠察机制。

（三）限制公民权利的强制措施应当有法可依，尽量降低损害程度

公共卫生必然伴随不同权益的冲突，决策者和执法者必须进行权益取舍。因此在应急时期采取限制性措施时，要坚持法治原则，即合法性原则、合理性原则、保障人权原则、正当程序原则、比例原则、高效原则等。

近期，部分地区基层领导干部在防疫工作出现了简单粗暴"一刀切"现象（如：门板封户、村口挖路、散布患者隐私，等等），随后被有关中央国家机关及时叫停。强制性措施是控制突发公共卫生事件的必要条件，但强制性措施需要在依法行政的决策框架内实现，而不能随意决策、任意决策。我们建议：

一是对于公民权利特别是公民基本权利（健康权、人身自由权）的限制只能由全国人大通过的国家法律予以规定，而不能由地方法规、行政性规章予以规定。也就是说，非经国家法律授权，任何组织和个人无权限制公民人身自由，或导致公民健康权受到损害。比如，地方政府交通警察部门无权采取"一刀切"地限制市内交通的措施，损害公民正常的紧急就医需求（如：发热门诊、孕妇分娩）。

二是强制性措施的性质、对象、强度、持续时间等属性必须有严格界定，而不能随意增减。一个基本原则是：强制性措施带来的公民权利限制的后果和损失，不能大于突发事件本身所造成的后果和损失。也就是俗话说的，大难在前，管要比不管好。比如，在应对突发公共卫生事件时，对传染病确诊患者、疑似患者、与病人密切接触者所采取的措施不同，不得随意改换、升级隔离操作。

三是要避免对简政放权工作形成过大阻力。我国地方治理体系与治理能力的现代化程度还有待提高，部分地方存在公权力不受约束进行扩张的倾向。随着重大疫情解除，应急管理时期扩张后的公权力可能出现尾大不掉的局面，给

后续的"放管服"等简政放权工作带来过大阻力。因此，需要对应急管理时期的新增权利实施清单管理制度，按照责权利对等原则，设置对应的责任清单、激励清单。在疫情解除之后，应当全面梳理、审核中央和地方国家机关在应急管理时期制定的一系列法规、规章、规范性文件，将长期与有益部分予以保留或升级为法律法规，将过时与有害部分予以及时废止。

（王晨光　梁嘉琳）

五、突发公共卫生事件应急状态下的公民权利保障与限制

一场突如其来、猝不及防的突发公共卫生事件——新型冠状病毒感染的肺炎，骤然笼罩在中国大地之上，抗击疫情已成为全国的头等任务。

突发公共卫生事件与公民权利克减

突发公共卫生事件是指突然发生，造成或者可能造成社会公众健康严重危害的重大传染病疫情，需要采取应急处置措施予以应对的事件。突发公共卫生事件发生后，各级政府应依法成立应急处理指挥部，统一指挥和组织事件的调查、控制和医疗救治工作；在受影响的区域内，居民生活和各行各业运行也从平时正常的状态转入特殊的应急状态。

尽管突发事件不像宪法性法律规定的紧急状态那样危急严重，不用停止宪法所规定的主要公民权利的行使或停止国家机制的运行，而只是一种行政应急状态。但是，与日常行政管理秩序相比，这种行政应急状态仍然要在某种程度上克减公民权利。在传染病引起的突发公共卫生事件情况下，由于切断传染病的传播渠道是控制传染病蔓延最有效的方法，就有必要对已经感染的病人和疑似病人及其密切接触者，实行必要的隔离措施。例如，根据《传染病防治法》第三十九条之规定，医疗机构在发现甲类传染病时，可以采取以下措施：（一）对病人、病原携带者，予以隔离治疗，隔离期限根据医学检查结果确定；（二）对疑似病人，确诊前在指定场所单独隔离治疗；（三）对医疗机构内的病人、病原携带者、疑似病人的密切接触者，在指定场所进行医学观察或采取其他必要的预防措施。如果拒绝隔离治疗或者隔离期未满擅自脱离隔离治疗的，可以由公安机关协助医疗机构采取强制隔离治疗措施。

这就构成了在突发公共卫生事件应急状态下的公民权利保障与限制的问题。这种权利保障与限制的难题在公共卫生领域尤为突出。

公共卫生领域中的突出难题

公共卫生以保障公众健康为宗旨，与关注个体健康为目的的医疗服务法不

同，因此往往带来公共健康，即群体或集体健康权与个体权利的冲突。这构成了公共卫生领域中两个永恒的难题：一是如何协调和规制群体健康权与个人权益的关系问题；每个公共卫生机构和决策者必须要对这些权益进行权衡和做出取舍。二是要决定采取强制性措施，还是采取基于市场机制的措施，抑或是自愿性的措施。[①] 这是公共卫生领域最令人头疼且无法躲避的斯芬克斯之谜。

例如在此次疫情中，是封闭公共交通枢纽、工具和道路，限制人们的出行自由还是不干涉其出行自由？是隔离感染者甚至是与其密切接触者，还是允许其自如行动？是要求所有人在进入人员密集的公共场所时戴口罩，还是给其选择自由？是公布感染者居住和活动的区域，还是为其保密？决策之难，局中人自知。

指点迷津的坐标

实务中具体的难题永远层出不穷，有待于实事求是地分析和回答。尽管没有包治百病的万能药方，但可以从法律和科学角度提出一些对决策具有指导性的基本思路和原则。

（一）必须以控制疫情和保障公众健康为目的，严守以人民健康为中心的立场

应急管理时期，不同于常态下的治理，需要集中和扩大政府公权力，消减公民私权利，以维护社会公共利益。而公共权力的扩大又可能会造成公权力行使的过度或任意。因此，相关法律法规都规定了突发事件的报告、信息披露、应急反应程序的启动、实施和结束的法定机构和法律程序，规定了突发事件的不同等级和不同强度及范围的应对措施，把公权力的行使严格限定在法律的框架内。

《传染病防治法》明确规定，该法的目的是"为了预防、控制和消除传染病的发生与流行，保障人体健康和公共卫生"，为此而采取的应急反应措施应以有效预防、及时控制和消除突发公共卫生事件的危害，保障公众身体健康与生命安全，维护正常的社会秩序为目的。因此，政府机构在启动或宣布应急反应时，必须出以公心，为实现上述法定目的而作决策。

公众健康高于一切，任何人和机构都不能从个人或小团体利益出发，或掉以轻心，疏于防范，或过激反应，造成不应有的损失。例如，感染者的居住地和活动范围的确是个人信息，不得随意公布。但是在疫情暴发时，可以对这些

---

① Lawrence O. Gostin, *Public Health Law*, 3rd Ed., University of California Press, 2016, p. xxi.

信息进行脱敏化处理，在去掉可能对其造成不应有损害的部分后，在特定范围内公布。这种公布必须是为了提醒周边公众，防范健康风险，实现防控疫情的目的。但是，如果不对这些个人信息进行脱敏化处理，或纯粹意气用事，公布个人住址的具体门牌号码，轻则导致其个人和家庭受到不必要的干扰，重则导致感染者被污名化，从而背离了保障公众健康和防控疫情的目的。

本次疫情防控过程中，有一些地方政府和工作人员并没有真正树立一切为了人民生命和公众健康，而是简单机械地执行有关上级指示，导致文牍主义或形式主义现象出现，不仅没有促进防疫，反而成为防疫中的障碍。归根结底，就是迷失了应有的初心，忘记了保障人民生命和公众健康这一根本目的。

（二）应对措施必须基于科学规律之上

应对措施不能靠想当然或简单地采取越严越好的手段，而应建立在科学规律的基础上。法律规定控制突发公共卫生事件要依靠科学，开展科学研究，进行流行病学调查。因为只有在发现传染源和传染渠道的基础上，才能找出最有效阻断疫情蔓延的药物和方法。

法律虽然规定了不同的应对措施，但是在应对突发公共卫生事件过程中，必须在确定特定传染病的性质、传播途径和有效药物的科学基础上，对法律规定的各种手段进行分析和选择。如果忽视了流行病学调查和科学的分析，不建立在科学认知的基础上，法定控制措施就等于无的放矢。打个比喻，法律为我们过河提供了各种不同类型的船只，选择哪条船则要根据河流大小、水流缓急来决定。法律必须与科学密切结合。不分析和了解特定传染病规律就凭空选择和适用法定的控制措施，就不可能取得有效控制疫情的结果。

法律规定在传染病暴发时可以采用隔离手段。但是在此次疫情中，是否应当对来自感染区的所有返城人员都进行集中隔离呢？这就要基于流行病学的基础上，科学分析：是否有必要不进行区别隔离所有返城人员；是否有必要以来源地为标准进行区别，隔离来自感染区的所有人员；或是否有必要以发热等症状为标准，隔离疑似患者。如果对返城人员不加区别地大规模集中隔离，可能会造成大量没有感染人员因集中隔离而导致交叉感染的后果，因而不具有科学性。采取更科学的、精细化的区别对待，才具有更加科学，而且也更加坚实的法律基础。

（三）必须依法应对

应急反应的措施都具有不同于常态状态下的强制性。强制性措施是防控突发公共卫生事件的必要手段。但强制性应急措施不是越严厉越好，除了要以人民健康为宗旨、基于科学基础之外，还必须要严格依照法律赋予的权限和法律规定的程序，决定采取哪些应对措施，即严格在法律规定的程序和权限框架内决策，而不能随意或任意决策。

不可否认，有些地方的防疫工作出现了简单粗暴的"一刀切"现象，如强制封门、挖沟断路、散布患者隐私、任意隔离非疑似病人等缺乏法律根据的做法，不仅不能有效防控疫情，反而会损害防疫工作的严肃性和权威性，激化矛盾，造成并扩大不应有的损失。

因此，首先要严格依法行使权限。对于公民人身自由权、财产权和生命健康权等基本权利的限制只能由全国人大通过的国家法律予以限制，而不能由行政法规等下位法和规章予以限制。各级政府和疫情防控应急指挥部应当明确自己的法定职权，依法决策。如果决定对于所有来自某一地区的人员进行无差别的隔离，就会超越法律规定的权限范围，导致有关命令或决定违反有关法律的授权，导致违法对非病毒携带者自由权的限制。

其次，应当对强制性措施的性质、强度、对象、持续时间等进行严格界定，而不能随意增强、增加或延长。强制措施必须以能够有效阻断病毒传播为界限。在此次疫情防控工作中，因为病毒的新异性、精细化和网格化防控的必要性，确实需要一些地方政府或疫情防控指挥部在法律许可的框架内，寻找和采用新的、更有效的防控措施，例如公共场所戴口罩的措施、小区封闭管理模式、单位外出人员登记管理、回京人员自我隔离等措施。决策者和执法者需要在法律规定的框架内充分发挥其主动性，因时因事地采取恰当的应对措施。不能因为强调依法防疫而放弃法律已经赋予的职责。上述各地采用的要求和模式符合《突发事件应对法》《传染病防治法》和有关防控疫情决定的规定，因此是在防疫过程中有科学根据和法律依据的应急措施，是为了公众健康和有效防控疫情应当采取的必要措施。与此相反，有些地方采取的断路、封门、拒绝医护人员进小区等措施，则缺乏法律根据，侵犯了当事人的基本法定权利。

最后，必须贯彻行政法规定的法治原则，即合法性原则、合理性原则、保障人权原则、正当程序原则、比例原则、高效原则等基本原则。其中最主要的是保障人权原则、比例原则和高效原则。

保障人权原则，如前所述，一定要以人民生命与民众健康为出发点和归宿点，你采取的所有应急措施都必须是为了保障民众的最基本权利。虽然在紧急状态下，也需要对公民的某些权利进行限制，但是这种限制恰恰是为了更长远、基本权利的保障。比例原则要求所采取的措施强度适当，其可获得利益大于可预见损失。在采取限制公民权利的强制措施时必须尽量降低损害程度。《突发事件应对法》第十一条就明确规定："采取的应对突发事件的措施，应当与突发事件可能造成的社会危害的性质、程度和范围相适应；有多种措施可供选择的，应当选择有利于最大程度地保护公民、法人和其他组织权益的措施。"该条就充分体现了保障人权和比例原则的有机统一。高效原则则要求，所有国家机关、社会组织、专业机构，以及所有民众都要在统一领导和指挥下投入疫情防控工作之中，而且要比常态下更有效率，更加协调一致，全力以赴获得最快最大的成效。

只有遵循以保障人民健康为宗旨的法定目的，把决策和应急措施建立在充分的、真实全面的数据和科学分析的基础上，在法治轨道上开展疫情防控工作，才能既充分地发挥应急措施的强制性，有效遏制疫情，又有效地保障公民权利，防止行政权力滥用，从而取得应对突发公共卫生事件的胜利。

（王晨光）

六、关于加强大量人员返城情况下疫情防控的专家建议

节后将有大量人员返城，北京等大城市将面临防控新冠疫情的新挑战，必须未雨绸缪，提出应对方案。为此提出以下建议：

（一）防控决策和措施应有医学基础和法律根据

决策应建立在医学科学尤其是传染病学论证、疫情态势分析和法律分析的基础上。既要避免防范不力，也要避免越严越好的过度反应。北京市政府采取的把返城人员按照来自感染地区和其他地区进行分类、有感染症状和无感染症状加以区别的处理措施就很恰当。

建议：

（1）对来自疫区和非疫区的返城人员采取不同级别健康检测、信息收集和健康监测工作；

（2）在高铁、机场等公共交通站点对所有返城人员进行医学检测，对健康异常者应即时提供相应的诊疗和接待服务；

（3）依法对于疑似感染者进行隔离治疗，对与确诊感染者和疑似感染者有密切接触者进行医学隔离观察；

（4）除疫情突然恶化或蔓延风险增加的特殊情况下，不宜采用对回流人员不加区别的大规模集中隔离等措施，避免造成集中带来的交叉感染和激化矛盾

的后果。

（二）对返城人员的健康检测应延伸到返城沿途各站点和交通工具上

在大城市的终点站对返城人员进行健康检测很有必要，但还可与铁路、交通等其他部门协调，延伸健康检测的范围。

建议：

（1）对返城人员的健康检测可以延伸到高铁等公共交通沿线的主要站点，尤其要采取适当措施防止有疑似病状人员登上公共交通工具；

（2）沿线健康检测的信息应及时传送到相关人员的目的地；

（3）在公共交通工具上向所有返城人员提供简明的防范新型冠状病毒肺炎的宣传单或手册，进行防范新型肺炎的科普宣传。

（三）针对上班后人员密集地点的防控措施

防控疫情，不仅要针对返城人员，而且要着眼大城市上班后人群密集单位和地方的疫情防控。

建议：

（1）推动所有大城市向北京市那样，通过发布规章或通知的形式，加强对重点人群、场所和单位的疫情防控工作；

（2）尽可能地采用非接触性的如网络会议、网络办公、错峰上班等手段开展工作，减少聚集在一起的机会；

（3）不仅要提倡"口罩文化""网络会议"，而且要在如餐馆、食堂、会场、电梯间、厕所等重要地点入口处提供"免洗洗手液"、一次性手套或消毒纸巾等卫生用品，这种预防性投入的效果是事半功倍，最有效率；

（4）严禁购买、食用野生动物和来源不明的食品；

（5）大力宣传防范疫情的知识，强化"自己是自身健康第一责任人"的意识，推动健康生活方式；

（6）防疫工作已进入一个新的阶段，应从粗放式的防控过渡到更加精细化，反应及时、措施精准的风险预警和防控模式，利用网络和大数据等新技术，采用更科学的医学跟踪监测手段，加强网格化医学监测，实现无漏洞的全域覆盖监测，以及及时准确全面的报告和预警制度。

（四）尽快研发使用快速检测盒或试剂，建立早诊断的快速通道

疫情暴发以来，一个严峻的问题是如何能够早诊断。有报道称已有新研发

的快速检测盒或试剂。

建议：

（1）加大这种检测盒和试剂尤其是简易检测工具的研发，尽快能够使用；

（2）建立统一的快速检测联动机制，更有效地利用现有疾控中心和医疗机构的力量，覆盖所有市区，尤其是返城人员密集的地区。

（五）加强对采取措施的合法性论证

采取强制性规定的法律依据要充分，避免事后出现社会和法律纠纷。例如有城市国有公司规定在公共交通工具上强制要求戴口罩、禁止进入某些公共场所等措施，确实会在某种程度上限制某些个人权利。

建议：

（1）对每一项措施进行法律论证，及时通过发布行政规章或通知完善法律根据，论证法律适用根据；

（2）为一线人员提供执法依据和理由，及时获得群众的理解；

（3）在检测点免费或收费提供要求必须配备的物品，如口罩、消毒纸巾、一次性手套等。

附录：有关限制性措施的法律根据

（1）《突发事件应对法》第四十五条："发布一级、二级警报，宣布进入预警期后，县级以上地方各级人民政府……还应当针对即将发生的突发事件的特点和可能造成的危害，采取下列一项或者多项措施：……（五）及时向社会发布有关采取特定措施避免或者减轻危害的建议、劝告；……（七）关闭或者限制使用易受突发事件危害的场所，控制或者限制容易导致危害扩大的公共场所的活动；（八）法律、法规、规章规定的其他必要的防范性、保护性措施。"

（2）《传染病防治法》第三十九条："医疗机构发现甲类传染病时，应当及时采取下列措施：……（二）对疑似病人，确诊前在指定场所单独隔离治疗；（三）对医疗机构内的病人、病原携带者、疑似病人的密切接触者，在指定场所进行医学观察和采取其他必要的预防措施。拒绝隔离治疗或者隔离期未满擅自脱离隔离治疗的，可以由公安机关协助医疗机构采取强制隔离治疗措施。……"

（3）《突发公共卫生事件应急条例》第三十三条："根据突发事件应急处理的需要，突发事件应急处理指挥部有权……必要时，对人员进行疏散或者隔离，并可以依法对传染病疫区实行封锁。"

（4）行政规章：

卫健委国家疾病控制局《新型冠状病毒感染的肺炎疫情社区防控工作方案

（试行）》第三（一）……2. 健康教育：充分利用多种手段，有针对性地开展新型冠状病毒感染的肺炎防控知识宣传，积极倡导讲卫生、除陋习，摒弃乱扔、乱吐等不文明行为，营造"每个人是自己健康第一责任人""我的健康我做主"的良好氛围。使群众充分了解健康知识，掌握防护要点，养成手卫生、多通风、保持清洁的良好习惯，减少出行，避免参加集会、聚会、乘坐公共交通或前往人群密集场所时做好防护，戴口罩，避免接触动物（尤其是野生动物）、禽类或其粪便。……4. 疫区返回人员管理：社区要发布告示，要求从疫区返回人员应立即到所在村支部或社区进行登记，并到本地卫生院或村医或社区卫生服务中心进行体检，每天两次体检，同时主动自行隔离 14 天。所有疫区返乡的出现发热呼吸道症状者，及时就近就医排查，根据要求居家隔离或到政府指定地点或医院隔离；其密切接触者应也立即居家自我隔离或到当地指定地点隔离。隔离期间请与本地医务人员或疾控中心保持联系，以便跟踪观察。

（5）规范性文件：

《北京市人民政府办公厅关于落实"四方责任"进一步加强重点人群、场所和单位新型冠状病毒感染的肺炎疫情防控工作的通知》："宾馆、饭店、文化娱乐场所、商场超市、公共交通场站等人员密集场所的经营管理单位和地铁、公交等公共交通运营管理单位，应当科学合理控制人流规模和密度；有条件的，在入口处采取体温检测措施，严格执行体温筛查制度，对拒绝接受体温检测以及体温异常的，有权拒绝其进入；对体温异常的，协助、引导其到就近的医疗卫生机构发热门诊就诊。对未佩戴口罩的，进行劝阻。"

湖北省武汉市发布通告，要求国家机关、企事业单位工作人员在岗期间佩戴口罩。各公共场所经营者应当要求进入其场所的顾客佩戴口罩后方可进入其经营的公共场所，并在场所入口处设置醒目、清晰的佩戴口罩的提示；对未佩戴口罩进入场所者应当予以劝阻，对不听劝阻的人员依据《中华人民共和国传染病防治法》和《公共场所卫生管理条例》的规定向相关主管部门报告，由各相关主管部门按照各自职责依法处理。

（王晨光　曹艳林　邓利强　刘　鑫　郑雪倩　宋华琳　王若涛　申卫星　梁嘉琳）

七、关于公布新冠肺炎确诊者居住大致区域的法律意见

有新闻报道：连日来，深圳市民对公布确诊患者发病期间活动轨迹的呼声也越来越高。为帮助市民更准确掌握疾病线索，推动各社区有效落实国家"以社区防控为主""群防群控"的要求，深圳将在不泄露病人隐私的前提下，从今

日起公布确诊的病例在发病期间曾活动过的小区或场所。深圳市卫健委表示，随着疫情发展，未来将继续公布确诊病例涉及的活动场所。

对此，我们从法律角度发表一下意见：

（一）法律规定政府应当向社会公布疫情信息

《突发事件应对法》第四十四条规定："发布三级、四级警报，宣布进入预警期后，县级以上地方各级人民政府应当根据即将发生的突发事件的特点和可能造成的危害，采取下列措施：（一）启动应急预案；（二）责令有关部门、专业机构、监测网点和负有特定职责的人员及时收集、报告有关信息，向社会公布反映突发事件信息的渠道，加强对突发事件发生、发展情况的监测、预报和预警工作；……"

《传染病防治法》第三十八条规定："国家建立传染病疫情信息公布制度。国务院卫生行政部门定期公布全国传染病疫情信息。省、自治区、直辖市人民政府卫生行政部门定期公布本行政区域的传染病疫情信息。传染病暴发、流行时，国务院卫生行政部门负责向社会公布传染病疫情信息，并可以授权省、自治区、直辖市人民政府卫生行政部门向社会公布本行政区域的传染病疫情信息。公布传染病疫情信息应当及时、准确。"

《突发公共卫生事件应急条例》第二十五条规定："国家建立突发事件的信息发布制度。国务院卫生行政主管部门负责向社会发布突发事件的信息。必要时，可以授权省、自治区、直辖市人民政府卫生行政主管部门向社会发布本行政区域内突发事件的信息。信息发布应当及时、准确、全面。"

（二）并无明确规定应向社会公布的疫情信息内容

国家并未对应当向社会公布哪些疫情信息内容进行规定。《国家突发公共卫生事件相关信息报告管理工作规范（试行）》规定了突发公共卫生事件相关信息报告的内容："信息报告主要内容包括：事件名称、事件类别、发生时间、地点、涉及的地域范围、人数、主要症状与体征、可能的原因、已经采取的措施、事件的发展趋势、下步工作计划等。"但报告的对象是卫生行政部门指定的专门机构，而不是社会公众。对于政府要向社会公布哪些疫情信息内容并没有明确的法律法规或相关规范。

（三）公布的疫情信息应能够有的放矢指导疫情防控

国家卫生健康委《新型冠状病毒感染的肺炎防控方案（第三版）》指出，

要及时发现和报告新冠肺炎病例（疑似病例和确诊病例）、感染者（轻症病例和无症状感染者），了解疾病特征与暴露史，规范密切接触者管理，指导公众和特定人群做好个人防护，严格特定场所的消毒，有效遏制社区扩散和蔓延，减少新型冠状病毒感染对公众健康造成的危害。

国家卫生健康委疾病预防控制局发布《关于加强新型冠状病毒感染的肺炎疫情社区防控工作的通知》，要求充分发挥社区动员能力，实施网格化、地毯式管理，群防群控，稳防稳控，有效落实综合性防控措施，做到"早发现、早报告、早隔离、早诊断、早治疗"，防止疫情输入、蔓延、输出，控制疾病传播。

传染病防控的有效措施仍然是阻断传染途径，隔离传染源。而确诊感染者是病毒的携带者，具有潜在的传染风险。如何对病毒携带者进行隔离，阻断传染渠道，是战胜疫情的可靠方法。如果感染者在未出现症状前和其他人有接触或未采用有效的防范和隔离措施，就会造成一定的公共健康风险。为使周围的人对这种健康风险有所了解，并采取相应的防范措施，即出于有效阻断传染渠道和保障公共健康的考虑，可以在相应的范围内公布感染者的居住或经常活动的区域，有的放矢地指导疫情的防控工作。

（四）公布的疫情信息不能侵犯患者隐私权

《侵权责任法》第二条规定："侵害民事权益，应当依照本法承担侵权责任。"该条还规定民事权益包括隐私权。第六十二条规定："医疗机构及其医务人员应当对患者的隐私保密。泄露患者隐私或者未经患者同意公开其病历资料，造成患者损害的，应当承担侵权责任。"

因此，必须明确的是，只能公布感染者居住和活动的大致区域，如小区或社区，不能公布其姓名、具体住址（门牌号码）、家庭状况等个人信息和隐私，尽可能减少对感染者个人和家庭的负面影响，绝对禁止导致感染者个人和家庭的污名化。必须是为了公共健康和防疫工作，为了公众的生命健康。

（五）个人利益应服从公共利益

《传染病防治法》第十二条规定："在中华人民共和国领域内的一切单位和个人，必须接受疾病预防控制机构、医疗机构有关传染病的调查、检验、采集样本、隔离治疗等预防、控制措施，如实提供有关情况。疾病预防控制机构、医疗机构不得泄露涉及个人隐私的有关信息、资料。"《突发公共卫生事件应急条例》第二十一条："任何单位和个人对突发事件，不得隐瞒、缓报、谎报或者授意他人隐瞒、缓报、谎报。"在疫情面前，所有人都要配合防疫工作。在紧急情况下，总有个人权益和公共利益相冲突的地方，公共卫生领域每一个决策都涉及权益的权衡和取舍，一定要适用比例原则，即采取的措施强度适当，其可获得利益大于可预见损失。

（六）政府根据防疫需要确定向社会公布的疫情区域

由于并无法律法规和相关规范规定政府应向社会公布哪些疫情信息内容，我们建议应根据实际情况，按照防疫工作的需要，公布或不公布感染者的活动区域。

目前在新闻报道中很多社区都在积极进行防疫工作，防范意识较强。不少小区物业对进入小区的人员进行体温检测，在小区公共区域进行消毒，在电梯内挂有纸巾用来按电梯按钮，还有小区搭起长约 5 米的消毒通道喷洒消毒液。在这些防疫工作井井有条、防范措施科学到位的社区，便无须公布感染者活动区域以免引起居民恐慌，维护社会稳定。

如果出现疫情严重的社区，类似 2002 年至 2003 年 SARS 期间香港淘大花园有超过 300 人感染，其中 42 人死亡，占香港报告的死亡人数的近 20%，那么这类社区就可能需要向社会公众公布，减少外来人员进入该区域。

（王晨光 郑雪倩 曹艳林 宋华琳 岳 靓 余凌云 何海波 王若涛 梁嘉琳）

八、突发公共卫生事件和疫情信息公布应及时准确

科学地预防、控制和消除传染病是为了广大人民群众的福祉；预防、控制、消除突发公共卫生事件能保障公众健康和生命安全，为此国家对传染病防治和突发公共卫生事件进行管控是法律的应有之意。

《传染病防治法》对传染病，特别是对甲类或者按甲类管理的乙类传染病的监测、预警，疫情报告、通报、公告，疫情控制都做了详细的规定。

突发公共卫生事件是指突然发生、造成或可能造成公众健康严重损害的重大传染病疫情群体性不明原因疾病、重大食物和职业中毒以及其他影响公众健康的事件。

在传染病防治和突发公共卫生事件处理中信息的发布非常重要。我们知道，人们了解信息后善意提醒亲友是人之常情，但这种善意传达的可能是错误的信息，错误的信息以讹传讹会造成混乱，信息混乱会造成恐慌、错误决策进而对传染病的防控、突发公共卫生事件的处理造成十分负面的影响。

另外，也可能有人恶性编造传染病疫情、突发公共卫生事件信息，这种行为虽是《刑法》打击的犯罪行为，但仍不排除有人出于报复社会等目的，逆法为之；恶作剧者没有想到无心为之的玩笑同样会造成公众认知疫情的混乱。凡此种种，都不利于传染病的控制、不利于突发事件的处理。为此，对于疫情报告、通报和公布，《传染病防治法》做了专章规定，《突发公共卫生事件应急条例》也做了明确规定。

在这里明确一下《传染病防治法》与《突发公共卫生事件应急条例》及应急预案的关系。

《传染病防治法》1989 年 2 月 21 日由第七届全国人民代表大会常务委员会第六次会议通过，该法公布实施后，为传染病的防治提供了法律依据；2004 年、2013 年本法经过两次修订。

突如其来的"非典"为传染病的防治敲响了警钟。此时，社会注意到及时处理传染病暴发、流行非常重要，层层请示不利于对传染病暴发、流行的控制，各地方政府应及时处理和应对疫情和其他突发公共卫生事件。

2003 年 5 月 9 日，《突发公共卫生事件应急条例》应急而生。

2006 年 1 月 10 日，原卫生部发布了《国家突发公共卫生事件应急预案》，《预案》是法律法规的具体应用。《国家突发公共卫生事件应急预案》规定，特别重大突发公共卫生事件应急处理工作由国务院或国务院卫生行政部门和有关部门组织实施。这一规定是为了体现国家对重大公共卫生事件的重视和负责，不能据此理解为各省、自治区、直辖市卫生行政部门对传染病疫情和突发公共卫生事件无须作为。

2006 年 3 月 3 日，卫生部印发了《卫生部法定传染病疫情和突发公共卫生事件信息发布方案》的通知，该通知中国家卫生行政部门将传染病疫情和突发公共卫生事件的发布权授权给省、自治区、直辖市卫生行政部门。

回到信息发布，《传染病防治法》第三十八条规定，国家建立传染病疫情信息公布制度。国务院卫生行政部门定期公布全国传染病疫情信息。省、自治区、直辖市人民政府卫生行政部门定期公布本行政区域的传染病疫情信息。传染病暴发、流行时，国务院卫生行政部门负责向社会公布传染病疫情信息，并可以授权省、自治区、直辖市人民政府卫生行政部门向社会公布本行政区域的传染病疫情信息。公布传染病疫情信息应当及时、准确。

《突发公共卫生事件应急条例》第二十五条规定，国家建立突发事件的信息发布制度。国务院卫生行政主管部门负责向社会发布突发事件的信息。必要时，可以授权省、自治区、直辖市人民政府卫生行政主管部门向社会发布本行政区域内突发事件的信息。信息发布应当及时、准确、全面。

根据上述法律法规，传染病暴发、流行或突发公共卫生应急事件发生时，国务院卫生行政部门有权向社会公布传染病疫情信息，同时国务院卫生行政部门可以授权省、自治区、直辖市人民政府卫生行政部门向社会公布本行政区域的传染病疫情信息。

毋庸置疑，传染病的传播有很强的时效特点，尽早尽快控制传染病，特别是甲类或者按甲类管理的乙类传染病对保护人民生命健康十分有益；突发公共卫生事件也严重影响人民健康。及时处置突发公共卫生事件意义重大。为了传染病防控和突发公共卫生事件得到及时处置，保证信息发布及时、准确，国务院卫生行政部门对传染病疫情和突发公共卫生事件的信息发布权授给省、自治区、直辖市卫生行政部门很有必要。

《卫生部法定传染病疫情和突发公共卫生事件信息发布方案》第一条明确规定，各省、自治区、直辖市卫生行政部门应按照《传染病防治法》第三十八条第二款的规定，定期发布本行政区域的传染病疫情信息。按照《传染病防治法》第三十八条第三款和《突发公共卫生事件应急条例》第二十五条第二款的规定，从本方案公布之日起，卫生部授权各省、自治区、直辖市卫生行政部门在本行政区域内发生传染病暴发、流行以及发生其他突发公共卫生事件时，及时、准确地发布辖区内的法定传染病疫情和突发公共卫生事件信息。

上述授权是合法的、明确的、没有歧义的。

根据上述授权，2006 年 3 月 3 日后，在省、自治区、直辖市区域内发生任何类别的传染病暴发、流行或者突发公共卫生事件后，省、自治区、直辖市卫生行政部门有责任、有义务及时、准确、依法公布信息，否则就有可能错失传染病控制的最佳时机，造成不良后果。

更需要的是，国家卫生行政部门明确地将法定传染病和突发公共卫生事件信息发布授权给了省、自治区、直辖市后，国务院卫生行政部门从未收回该授权。对此，各省、自治区、直辖市人民政府卫生行政部门应予充分理解并及时履行职责。

具体到本次新冠肺炎的防治，在国家卫生健康委员会报国务院批准该疾病为乙类传染病按甲类管理之前，该疾病的特点完全符合《突发公共卫生事件应急条例》所规定的突发公共卫生事件，因此省级卫生行政部门有义务向社会公布信息。我们希望各省、自治区、直辖市卫生行政部门理解本部门在传染病防治和突发公共卫生事件中的职责，积极作为，为广大人民群众的生命健康做出贡献。

传染病控制、突发公共卫生事件的处理是一个系统工程，在这一工程中依法履行职责，各部门之间、上下级之间团结协作，是战胜疫情、处理突发公共卫生事件的最佳选择。

（邓利强）

九、修改中国有关食用野生动物法律条文的建议

食用野生动物在我国传统文化和习俗中源远流长。但是，2003 年暴发"非典"疫情和当前暴发的新冠疫情给了我们一个深刻的教训，迫使人们不得不反思传统文化和习俗中与时代发展、生态文明和健康中国战略不相符合的糟粕部分，重新审视我们已有的相关法律规定。

为此，我们提出如下分析和建议。

（一）食用野生动物带来的新发传染病和突发公共卫生危机

湖北省新冠肺炎防控组的专家陈焕春告诫说："当今人类新发传染病78％与野生动物有关，或者说来源于野生动物。"由动物传播给人类的完成疾病统称为动物源性传染病。动物源性传染病的病原体在自然界动物中生存繁殖，在一定条件下可传播给人类，如口蹄疫、鼠疫、炭疽、狂犬病、艾滋病、"非典"、禽流感和当前的新冠病毒肺炎，无一例外，均为动物源性传染病。在城市化急剧推进的情况下，一旦这些病原体传播到人体，就会在人们聚居的大城市中迅速传播，暴发已知或未知新型病毒引发的传染病。

我国疾控中心的首席专家高福院士说：以埃博拉病毒为例，它有着一条"蝙蝠—哺乳动物—人"的传播链，禽流感也遵循"禽类—人（畜）类"的传播途径，这就说明病毒的传播是依赖生态环境而存在的。从微观上来看，大多数的病毒想要入侵人体，首先需要在人体细胞上识别相关受体，通过构象变化、酶切等方式与受体结合，在相关受体的帮助下进入细胞，与 DNA、RNA 等结合进而不断复制从而致病。

2003 年暴发的"非典"的罪魁祸首来自野生动物果子狸和蝙蝠，2009 年出现的禽流感的源头在于飞禽，当前的新冠肺炎的罪魁祸首仍然是蝙蝠。显而易见，近年来在我国暴发的大规模的传染病均与野生动物尤其是食用野生动物直接相关。

如果要从源头上根除此类疫情的再度暴发，就需要我们在传染病学的基础上，寻根溯源，切断此类传染病在我国的传播渠道。而切断此类动物源性传染

病的最佳渠道就是敬重自然，与动物和平相处，杜绝非法猎捕、交易和食用野生动物。

（二）现行法律有关猎捕、交易和食用野生动物的规定

我国现有有关猎捕、交易和食用野生动物的法律法规有：《中华人民共和国野生动物保护法》《中华人民共和国陆生野生动物保护实施条例》《中华人民共和国水生野生动物保护实施条例》《中华人民共和国传染病防治法》等。

根据这些法律法规，我国野生动物保护，主要是"为了保护野生动物，拯救珍贵、濒危野生动物，维护生物多样性和生态平衡，推进生态文明建设"。

但是我国法律把野生动物分为两大类：一类是属于国家重点保护的野生动物，即"珍贵、濒危的陆生、水生野生动物和有重要生态、科学、社会价值的陆生野生动物"；另一类是其他野生动物，对这两大类野生动物采取了不同的保护措施。

本建议讨论的野生动物不包括：一、国家重点保护的野生动物（包括国家重点保护的一级保护和二级保护野生动物），二、水生野生动物（包括珍贵、濒危的水生野生动物以外的其他水生野生动物）。因为国家重点保护的野生动物已有较为完备的法律和制度保障，除经省、自治区、直辖市人民政府颁发特许猎捕证外，严禁猎捕、杀害，非国家重点保护的水生野生动物的保护则根据《渔业法》规定；它们并非引发新发传染病的源头，故不在本建议中进行讨论。

非国家重点保护的野生动物包括：地方重点保护野生动物，有重要生态、科学、社会价值的陆生野生动物，以及其他没有列入重点保护目录的野生动物。《野生动物保护法》明确规定非国家重点保护的陆生野生动物也"属于国家所有"。对其的猎捕出售和使用的规定如下：

（一）猎捕非国家重点保护的陆生野生动物的行为必须符合《野生动物保护法》第二十二条至第二十四条规定：

1. 猎捕许可：猎捕应依法取得县级以上地方人民政府野生动物保护主管部门核发的狩猎证；

2. 猎捕范围限制：按照特许猎捕证、狩猎证规定的种类、数量、地点、工具、方法和期限进行猎捕；

3. 持枪猎捕：应当依法取得公安机关核发的持枪证；

4. 禁止行为：禁止使用毒药、爆炸物、电击或者电子诱捕装置以及猎套、猎夹、地枪、排铳等工具进行猎捕，禁止使用夜间照明行猎、歼灭性围猎、捣

毁巢穴、火攻、烟熏、网捕等方法进行猎捕。

（二）买卖非国家重点保护的陆生野生动物，必须根据《野生动物保护法》第二十七条之规定，提供狩猎、进出口等合法来源证明和检疫证明。该法第十五条规定："禁止以野生动物收容救护为名买卖野生动物及其制品。"

（三）生产、经营和使用非国家重点保护的陆生野生动物制作的食品，按照《野生动物保护法》第三十条之规定，提供其合法来源证明。同时，该法的第三十一条和第三十二条规定：禁止为出售、购买、利用野生动物及其制品发布广告；禁止网络交易平台、商品交易市场等交易场所，为违法出售、购买、利用野生动物及其制品，提供交易服务。

《传染病防治法》第二十五条明确规定："县级以上人民政府农业、林业行政部门以及其他有关部门，依据各自的职责负责与人畜共患传染病有关的动物传染病的防治管理工作。与人畜共患传染病有关的野生动物、家畜家禽，经检疫合格后，方可出售、运输。"

（三）现行法律规定给传染病防治留下的漏洞

如果要切断动物源性传染病的传播途径，首先，就需要对于国家重点保护野生动物的保护措施一定要坚决落实。而现在对于各项保护措施有法不依、监管不到位、执行不得力，导致各种盗猎、违法出售和食用情况严重。

其次，显而易见，上述非国家重点保护野生动物的规定并没有禁止猎捕、出售和食用非法律规定保护陆生野生动物，而是有条件地允许猎捕、出售和食用非法律规定保护陆生野生动物。"保护野生动物"实际上只是"保护某些野生动物"，而非所有野生动物。这就从法律上为非法食用陆生野生动物留下了口子，导致管而不死、杜而不绝，非法食用野生动物，成为熟视无睹的社会痼疾，也造成了广为存在的非法野生动物交易市场，埋下了暴发类似新冠肺炎这样严重传染病疫情的祸根。

据报道：我国是世界上野生动物种类最丰富的国家之一，仅脊椎动物种类就达 6500 多种，约占全球脊椎动物种类总数的 10%。消耗较严重或濒危程度较高的野生动物有 252 个物种。巨大的野生动物资源，加上监管能力薄弱和一定的市场需求，使得制止野生动物消费和贸易有相当难度。[①] 一方面对于国家重点保护的野生动物保护不到位，另一方面法律上又为非国家重点保护的野生动物

---

① 第一财经，"中国野生动物黑市触目惊心 武汉也是重点区域"，2020 年 1 月 27 日，载 https://www.yicai.com/news/100482024.html。

留下了猎捕、出售和食用的空白，开了口子。

因此，有必要重新审视和修订现有《野生动物保护法》和《传染病防治法》，以利运用法律手段防控可能出现的新的传染病疫情。

（四） 法律修订建议

此次防控新冠肺炎疫情充分暴露出了现行《野生动物保护法》和《传染病防治法》的短板和不足，因此修法势在必行。

1. 《野生动物保护法》对于野生动物保护的分类不科学

第二条规定："本法规定保护的野生动物，是指珍贵、濒危的陆生、水生野生动物和有重要生态、科学、社会价值的陆生野生动物。"这里的分类是按照其珍贵、濒危和其价值进行的分类。

第十条则按照政府和国家机关的级别进行划分的保护范围，即国务院野生动物保护主管部门评估制定的国家重点保护野生动物名录、省级地方政府制定的地方重点保护名录、国务院野生动物保护主管部门制定的具有重要生态、科学、社会价值的陆生动物名录。

显而易见，按照第二条的字义解释，不在这些保护名录内的野生动物并没有包括在法律保护的野生动物范围内。这显然是一个极大的漏洞，与该法第一条"为了保护野生动物"，"维护生物多样性和生态平衡，推进生态文明建设"的目的不符。也就是说，该法首先保护那些被列为国家重点保护名录内的野生动物，其次保护非国家重点保护的野生动物，而大量普通的野生动物则不在法律保护范围内。这就为各地屡禁不绝的猎捕和交易野生动物打开了一扇大门。因此，要重新界定该条对野生动物的界定，把所有野生动物都包括进来并加以保护。

2. 对于非国家重点保护野生动物也要全面禁止猎捕

没有杀戮，就没有买卖。在野生动物保护问题上，应以保护优先，其次考虑例外，而不能采用第二十二条的表述方法，先以"猎捕非国家重点保护野生动物的"开头；而应当以保护优先为原则，禁止猎捕和交易野生动物，然后加上"除法律规定允许以外的野生动物"的文字，把猎捕渔业法规定的野生水产和有害动物（如老鼠等对人的健康有害或构成生命危险的动物）作为法律允许的例外规定。

第二十一条"禁止猎捕、杀害国家重点保护野生动物"应去掉"国家重点保护"的修饰语，对所有野生动物进行保护。

3. 对于非国家重点保护野生动物也要禁止交易

第二十七条规定："禁止出售、购买、利用国家重点保护野生动物及其制品。"但在其第四款则规定："出售、利用非国家重点保护野生动物的，应当提供狩猎、进出口等合法来源证明。"第五款规定："还应当依法附有检疫证明。"也就是说，该条没有禁止地方重点保护野生动物和其他普通野生动物的交易。这也是我国各地野生动物交易市场遍地开花的法律漏洞和立法症结所在。

因此应当规定："禁止出售、购买、利用野生动物及其制品。"考虑到一些民族地区或地方风俗，可以在这一规定后加上"法律上允许的除外"或"地方法规有规定的除外"等文字。

该法第三十条和第四十九条有关生产、经营、使用野生动物及其制品制作食品的规定，也应作出相应的修改。

4. 修改《传染病防治法》第二十五条

《传染病防治法》第二十五条规定："县级以上人民政府农业、林业行政部门以及其他有关部门，依据各自的职责负责与人畜共患传染病有关的动物传染病的防治管理工作。与人畜共患传染病有关的野生动物、家畜家禽，经检疫合格后，方可出售、运输。"

该条最后一句话有一个逻辑上的矛盾，即对野生动物的检疫以是否有与人畜共患传染病为前提。也就是说，如果认为与人畜共患传染病无关的野生动物，就可以不经检验就出售和运输，即可以食用。但是不经检疫，怎么能够知道野生动物是否具有与人畜共患传染病有关还是无关呢？所以这一个与人畜共患传染病有关的先决条件实际上给野生动物的检疫开了一扇窗、留了一个口子。应该修改为"所有依法允许出售的野生动物都要经过检疫"。

5. 全面或原则上禁止野生动物的猎捕、交易和使用的政策考量

不可否认，我国确实有长期的食用野生动物的民间习俗和传统，也确实有为市场提供人工饲养和圈养的野生动物的经营活动，全面或原则上禁止野生动物猎捕交易和使用的建议也必然遇到强烈反对意见。

对此，可以从几个方面进行分析和权衡。

（1）长期的习俗和传统并不是完全站得住的理由。对于传统中的优秀遗产，应当继承，但是对于其中的杂质或糟粕则应当摈弃。例如，"吃什么补什么"的说法就是完全没有科学根据的谬论；"宁吃飞禽一口，不食走兽半斤"，就是典型的与生态文明提法相悖的传统。对此要通过教育和宣传，尤其是结合"非典"和新冠肺炎疫情的实例进行教育，移风易俗，改变和抛弃传统陋习。

（2）对于人工饲养和圈养的"野生动物"，则可以通过立法或司法解释，将其不列为"野生动物"，而作为可以交易和利用的人工饲养动物来分类。同时，必须规范其饲养，强化对其饲养和加工处理的检疫和质量安全方面的

保障。

（3）对于制药和其他领域的实际需要，可以通过立法给与许可。

（4）虽然很多国家没有全面禁止食用野生动物的具体法律规定，但是要看到食用野生动物在很多发达国家是一个传统禁忌，至少不是流行的习俗，因此不需要法律明确规定。但是，各国对于猎捕野生动物都有极其严格的实体和程序规范，猎捕野生动物除了环境保护、人类安全和维持生态平衡等原因外，不会出现大量的盗猎、非法交易和使用（食用）野生动物的现象。法因时而立，立法要针对我国的特定环境和问题，不可盲目以外国为摹本。

（5）运用经济学的分析，把允许一定的野生动物猎捕和交易与它带来的可见和潜在的公共卫生和健康风险及其巨大的社会经济损失来比较，利用真实数据进行论证，得出全面禁止猎捕、交易和使用野生动物的科学的结论。

（6）有不少意见认为，如果原则上或全面禁止野生动物猎捕交易和使用，将会与很多民众的意愿相反，造成法不治众或无法实施的局面。其实，民意在改变，通过"非典"、禽流感和此次的新冠肺炎疫情，越来越多的民众认识到食用野生动物给民众带来的巨大健康风险和给社会造成的巨大经济损失。网上呼吁禁止野生动物交易和使用的呼声越来越强。如果我们把它与"醉驾入刑"做个比较，可以看到，在最初提起此建议时，很多人怀有同样的担心。但实践告诉我们，只要制定的法律符合社会发展的规律，符合大多数民众的意愿，法律引领和规范人们行为的作用就一定会发挥出来。

为了真正吸取"非典"、禽流感和新冠肺炎的惨痛教训，避免重蹈覆辙，确保人民健康，特提出上述建议。

（王晨光　张　怡）

十、疫情期间医疗机构如何保障正常诊疗的开展

当前，疫情防控工作已经是医疗机构日常工作的重中之重，但随着新冠肺炎防控工作的深入和疫情的持续，医疗机构处于防止出现聚集性感染病例和广大患者仍然有治疗需求的矛盾中。新冠疫情属于重大公共卫生事件，但如果医疗机构因此广泛停止收治患者，同样会造成公共卫生危机，甚至引发社会不稳定。目前社会上已经有非常多的投诉和呼声，如果疫情持续无法解除，这种危机将更加显著，不排除引发患者过激行为的可能性。如何理解和处理好这种矛盾，在此谈一下个人认识：

（一）原则

北京市卫健委新闻发言人在 2 月 5 日的新闻发布会上公开说明，12345 热线短短几日内收到数十件关于肿瘤患者治疗方面的投诉，对于疫情期间医疗机构开展诊疗，应当按照以下原则：

（1）疫情防控的同时，要保持医疗机构正常的诊疗秩序；

（2）应优先安排急危重症患者，符合手术或治疗指征的要合理安排合理治疗；

（3）为防止交叉感染，非急诊手术、非急症手术建议适当延缓。延缓前要和患者充分沟通，不能擅自停止治疗或停止手术。

我们认为，这三条原则应当是目前各级防控工作的指导意见，各医疗机构在开展诊疗过程中应当参照上述原则进行规划并制定相关细则、流程。

（二）医疗机构停止接诊或者中断治疗存在的法律风险

1. 不可抗力不能作为绝对的免责事由

从中央政法委的公开发言可以看出，本次疫情可以归为民法上的不可抗力，但不可抗力的出现，并不意味着任何情形下均可免责，这一点各级医疗机构应当有正确的理解。

从《合同法》角度，如果不可抗力的出现直接影响了合同的全部或部分履行，那么该不可抗力可以作为解除、变更合同的抗辩理由，进而不承担违约责任。从侵权角度，《侵权责任法》第二十九条规定："因不可抗力造成他人损害的，不承担责任。法律另有规定的，依照其规定。"

因此，不可抗力在一定条件下，可以作为医疗机构暂缓开展或中止部分诊疗的合法免责理由。但从法律角度，必须要有充分的理由证明，疫情防控与暂缓诊疗、暂停手术之间，是不可避免不可克服的关系，否则，无法将疫情作为不可抗力从而成为暂停手术、延误治疗的免责事项。那么，哪些情况可以作为不可抗力，导致暂停开展必要的诊疗工作呢？我认为可能存在以下几种情形：

（1）医疗机构因发现确诊或疑似新冠肺炎病例，或者作为新冠肺炎定点救治单位，相关人员和病区需要封闭和隔离，无法开展治疗；

（2）医疗机构相关科室人员支援湖北抗击疫情，剩余人员无法保障开展必要的诊疗；

（3）由于物资和其他必需品受疫情影响无法保障，无法在现有条件下开展诊疗，如药品、器械、血液制品等；

（4）其他不可预见不可克服不可避免的情形。

结论：如果难以举证证明存在类似情形，仅以收治患者会存在交叉感染风险为由和疫情属于不可抗力为由拒绝治疗、中断治疗，将存在严重的法律风险。

2. 医疗机构何种行为可能涉及侵权行为

目前，医疗机构主要面对几种类型的就诊患者：疫情开始前已经收入院等待手术但尚未手术的，疫情开始前已预约治疗但目前通知中止的，疫情开始后来院门诊就诊要求收治的，疫情开始前已经开具住院证但尚未收入院的。

对于上述情形，如果医疗机构不具备充分的免责事由，单方面中止治疗，或者未按诊疗规范给予必要、及时的治疗，造成延误诊治给患者带来人身损害的，将可能承担一定的侵权赔偿责任。

（三）对于正常诊疗开展的几点建议

（1）对于"急危重症""非急诊手术、非急症手术"给予一定标准界定，分类管理，制定临时制度。

众所周知，通常临床中将外科手术分为急诊手术、择期手术和限期手术。那么除了急诊手术，部分限期手术也具有一定的急迫性，这部分手术可能是广大患者迫切需要医院开展的，也是未来一段时间矛盾的焦点所在。很多疾病尽管未达到急诊手术的标准，不属于急危重症，但仍然具有时限性以及不干预则可能会持续进展为危重的特点，建议由各专业从自身经验和病种出发，在急诊手术之外，设定部分非急危重症之外急需开展的疾病类别，必要时给予收治。

对于急危重症的类别，目前有相应的规范性文件，见于《需要紧急救治的急危重伤病标准及诊疗规范》（国卫办医发〔2013〕32 号）。

对于手术之外的部分内科治疗，如肿瘤相关辅助放化疗、重症风湿免疫系统疾病的系统治疗、部分血液系统疾病的化疗或骨髓移植，同样存在一定的紧迫性，可在条件允许的情况下适当实施。

制定标准的意义在于，如果疫情持续时间较长，医院的收治压力也会逐渐增大，相应的社会和法律风险提升，在上级行政部门没有统一的标准前，自行制定规范，那么在应对投诉和诉讼时，同样可作为依据。同时，也避免了收治过程中的随意性。

（2）决定收治非急危重症患者前，应有多学科专家讨论，按照上述标准进行评估，提交相关领导审核。

（3）在收治的同时，采取积极措施严格防范交叉感染。

建议如下：

①严格进行流行病学调查，审查患者及陪同亲属的户籍、暂住信息，具体为户口本、暂住证、身份证。要求患者如实填写流行病学信息，此为被动审查。还可以采取主动审查，可要求患方提供所在社区对于疫情期间离京返京登记信息的相关证明。同时告知隐瞒接触史及提供虚假信息的法律后果。

②严格按照规范进行筛查，对于收入院的患者，严格限定访视和陪同人员，入院时告知指定一名访视人员，并同样进行流行病调查及筛查，否则有权拒绝访视及陪同。

③对收治患者进行严格的管理，制定病区的临时管理制度，向患者执行宣教并要求签订承诺书，限定活动区域及人员接触，对违反管理制度的可通知出院及中止治疗。

（4）对于不宜收治、决定暂缓治疗的患者的处置应有规范和预案。

目前对于部分患者，如肿瘤术后或者进行辅助治疗的患者，以及部分慢性疾病的患者，可采取暂缓治疗的处理，对于非急危重症、非必需的限期手术患者，可以暂不收治。但不收入院或门诊治疗，不意味着不予处理及简单地将患者拒之门外。

建议如下：

①告知患者院内及卫健委要求"非急诊、非重症手术"暂缓开展的政策，可考虑以通告形式张贴，或书面告知患者；

②对患者病情充分多学科评估，以化解患者焦虑心态，此外，对于建议暂缓手术的患者，应当按照多学科意见，给予患者替代治疗、康复等手段，以缓解症状及延缓病程；

③对于迫切要求治疗但目前暂无法收治的患者，要密切关注病情，甚至建立随访联系，如有条件可给予线上或其他方式的指导。如了解有其他定点收治医院，应通知并建议其转往其他医疗机构。对于不理解且带有情绪的患者应对沟通过程在病案中进行记录。

最后，再次建议医疗机构，应充分预估到疫情发展的复杂性和长期性，目前各项工作的停摆状态也不具有可持续性，要充分做好预案，充分兼顾传染病防控工作和正常诊疗工作的平衡，保证医疗秩序的稳定。

（张　雨）

十一、关于新冠肺炎疫情后期法律工作的思考

习近平总书记在 2020 年 2 月 14 日召开的中央全面深化改革委员会第十二次会议上强调，这次抗击新冠肺炎疫情，是对国家治理体系和治理能力的一次大考。要研究和加强疫情防控工作，从体制机制上创新和完善重大疫情防控举措，健全国家公共卫生应急管理体系，提高应对突发重大公共卫生事件的能力水平。在 2 月 5 日主持召开中央全面依法治国委员会第三次会议并发表重要讲话。习近平总书记强调，要在党中央集中统一领导下，始终把人民群众生命安全和身体健康放在第一位，从立法、执法、司法、守法各环节发力，全面提高依法防控、依法治理能力，为疫情防控工作提供有力法治保障。

2020 年初，新型冠状病毒的肺炎乙类传染病在武汉蔓延，短短 2 个月时间，党中央重视，成立防控指挥部，全国各地均参与到防控救治的工作中，国家、单位、个人都付出了巨大代价，也初步取得控制传染病蔓延的阶段性成果。我国目前已有相关立法，《传染病防治法》《突发事件应对法》《突发公共卫生事件应急条例》《灾害事故医疗救援工作管理办法》《国家突发公共事件总体应急预案》等形成了具有中国特色的应急管理体系"一案三制"即国家突发公共事件应急预案、应急管理体制、机制和法制。但在应对此次疫情过程中，依然存在应急程序、疫情预警、统一指挥、严格执法、物资保障、各部门协调、日常培训、治理能力等方面值得研究探讨的诸多问题。

在疫情后期我们应当对此次事件进行反思，在法律工作上提出以下几点思考和建议：

（一）完善公共卫生领域方面立法，强化法治保障

习近平总书记指出："要完善疫情防控相关立法，加强配套制度建设，完善处罚程序，强化公共安全保障，构建系统完备、科学规范、运行有效的疫情防控法律体系。要严格执行疫情防控和应急处置法律法规，加强风险评估，依法审慎决策，严格依法实施防控措施，坚决防止疫情蔓延。"

在公共卫生领域我国已有相关法律法规，但直至此次疫情暴发之后，相关主体以及民众，对于疫情的发布工作由谁负责、应急机制启动流程、疾病控制中心的职能、新发不明原因疾病的管控、封城封路隔离的依据、中央专业部委与地方政府的防控关系、紧急情况下的物资保障、医务人员紧急参战的后勤保

障和激励机制、野生动物的传播性、隐瞒接触史等这些问题处理还存在争议。应当在抗疫后期针对这些问题进行深入探讨，对《传染病防治法》《野生动物保护法》《突发公共卫生事件应急条例》等法律法规进行修改和完善，尤其是公共卫生事件发生后的应急处理流程方面做出规定，落实各部门责任和协调分工，弥补当前法律规定的空白，强化传染病防治、突发公共卫生事件处理相关法治保障。

（二）完善重大疫情防控体制机制、应急管理体系，增加能力建设

习近平总书记强调："确保人民群众生命安全和身体健康，是我们党治国理政的一项重大任务。既要立足当前，科学精准打赢疫情防控阻击战，更要放眼长远，总结经验、吸取教训，针对这次疫情暴露出来的短板和不足，抓紧补短板、堵漏洞、强弱项，该坚持的坚持，该完善的完善，该建立的建立，该落实的落实，完善重大疫情防控体制机制，健全国家公共卫生应急管理体系。"

国家应建立应急委员会，形成指挥系统、应急系统、上下联动系统、物资保障系统，各方协调管理公共卫生事件。国家应建立统一指挥中心，规定在应对突发事件时启动应急响应的流程；由相关专业的行政部门主管、牵头指挥，例如突发公共卫生事件应由卫生健康主管部门牵头，迅速做出反应，收集信息上报和公布；制定防控、治疗方案、措施等，对药品、物资和人员进行集中管理、统一调拨、统一配送。借鉴 2003 年"非典"事件，国家成立指挥中心，吴仪副总理挂帅，卫生部高强部长牵头，北京市领导是副手，形成了专业的指挥班子。在国家突发应急体系中应参考"美国国家全国应急物品救援反应系统，主要负责保障突发事件后医疗器械、药品等救援物资的储备与迅速到位。美国这个系统可在 12 小时内为任何灾区提供至少 50 吨的救援物资，其庞大的储备量与惊人的转运速度确保了应急工作的顺利开展"。建立国家突发应急事件物资保障体系、紧急救援体系，由医务人员、军事人员、志愿者、供货商组成救援队伍，保障应急物资迅速筹措。

这次新冠肺炎疫情处理中防护设备物资缺乏，后勤保障跟不上是处理不利的重大问题之一。

（三）强化严格高效执法，公平公正依法处罚

依法治国是党领导人民治理国家的基本方略。我国目前法律法规已经趋于完善，但执法力度相对不足。在市场监督、治安管理等方面，执法部门应当严

格执法，将法律法规落到实处。习近平总书记强调："要加强治安管理、市场监管等执法工作，加大对暴力伤害医务人员的违法行为打击力度，严厉查处各类哄抬防疫用品和民生商品价格的违法行为，依法严厉打击抗拒疫情防控、暴力伤医、制假售假、造谣传谣等破坏疫情防控的违法犯罪行为，保障社会安定有序。"要加大对农贸市场、集贸市场、超市的禽类、野生动物等交易的监管和处置力度，加强源头防控。严厉打击暴力伤医、造谣传谣、生产假冒防控物品、诈骗等违法犯罪行为，从重处理。依法履行职责。做到有法可依、有法必依、执法必严、违法必究。严守法律红线，维护法律尊严。

（四）因地制宜加强公共卫生人员队伍建设、人员培训实操演练

突发新型冠状病毒感染的肺炎疫情对社会带来了强烈的震荡，给我们敲响了警钟。公共卫生部门是不容忽视的重要部门，需要政府各个部门的通力合作和全社会方方面面的参与。应根据城乡差异，因地制宜设置职能部门，如县以下没有专门疾病控制部门，可以由乡卫生院、村卫生室承担疾控任务，拨付经费。与县疾控单位协同合作，无须再单独设立乡级疾控单位。同时应当重视疾控体系公共卫生队伍的建设，加大人才培养力度，全国县级以上卫生健康主管部门领导和疾控中心人员要进行应对突发公共卫生事件的培训，制定应急预案，且要年年实操演习，避免再出现手忙脚乱及无知的情况。所有公共卫生、医疗机构相关专业人员以及行政部门都应在上岗前和上岗后进行培训，特别是领导干部更应如此。要针对这次疫情应对中暴露出来的短板和不足，提高处理急难险重任务的能力，补齐公共卫生短板。

（五）开展普法宣传，引导广大人民群众增强法治意识

从媒体报道可知，此次疫情相关事件中，涉及哄抬物价、暴力伤医、抗拒疫情防控、制假售假、传播谣言等诸多涉法事项。部分公民法律意识不足，对法律法规不够了解。习近平总书记指出："要加强疫情防控法治宣传和法律服务，组织基层开展疫情防控普法宣传，引导广大人民群众增强法治意识，依法支持和配合疫情防控工作。"中共中央办公厅、国务院办公厅印发《关于实行国家机关"谁执法谁普法"普法责任制的意见》。普法宣传工作在推进全面依法治国中具有十分关键的作用，要把普法宣传全面拓展到执法、司法和守法的全过程。在此次疫情中，部分地区通过普通话和方言播放防疫知识，并针对可能出现的如虚假信息传播、拒不配合检查、隐瞒病史接触史等问题进行专项法律宣传和教育，让防疫普法更接地气，起到了良好的效果。全面推进依法治国要进

一步抓好普法工作，有关部门应加大力度、创新形式开展普法宣传，引导公民增强法治意识，学法、知法、守法、用法，在全社会形成遵纪守法的良好氛围，依靠法律推动社会稳步前进。

（郑雪倩　岳　靓）

第二章 疫情防控政府部门
相关法律适用问题

一、疫情信息公布、突发事件、警报和启动等应急机制的区别

疫情信息公布与疫情报告通报、采取措施、宣布突发事件、发布警报和启动应急机制的区别：疫情信息公布是国家建立的定期或在传染病暴发时公布传染病疫情信息的制度。根据《传染病防治法》第三十八条之规定，在正常状态下，"国务院卫生行政部门定期公布全国传染病疫情信息。省、自治区、直辖市人民政府卫生行政部门定期公布本行政区域的传染病疫情信息"。在"传染病暴发、流行时，国务院卫生行政部门负责向社会公布传染病疫情信息，并可以授权省、自治区、直辖市人民政府卫生行政部门向社会公布本行政区域的传染病疫情信息"。"公布传染病疫情信息应当及时、准确。"

疫情报告和通报是《传染病防治法》第三十条至三十七条规定的，在发生传染病疫情是按照属地管理原则，按照国务院规定的或者国务院卫生行政部门规定的内容程序方式和实践报告制度。它包括向疾控机构和医疗机构、向当地人民政府、同时向上级卫生行政部门和国务院行政部门进行报告。通报则指在接到报告后，在同级政府行政部门之间、疾控机构和医疗机构之间、军地之间进行的通报。

采取措施是《传染病防治法》第四十条规定的疾控机构发现疫情或接到疫情报告时应采取的措施，包括：（一）对传染病疫情进行流行病学调查，根据调查情况提出划定疫点、疫区的建议，对被污染的场所进行卫生处理，对密切接触者，在指定场所进行医学观察和采取其他必要的预防措施，并向卫生行政部门提出疫情控制方案；（二）传染病暴发、流行时，对疫点、疫区进行卫生处理，向卫生行政部门提出疫情控制方案，并按照卫生行政部门的要求采取措施；（三）指导下级疾病预防控制机构实施传染病预防、控制措施，组织、指导有关单位对传染病疫情的处理。第四十一条规定县级以上地方政府可以实施隔离措

施，并向上一级政府报告。接到报告的上级政府，应立即作出是否批准的决定。《传染病防治法实施办法》第五十一条规定："地方各级政府卫生行政部门发现本地区发生从未有过的传染病或者国家已宣布消除的传染病时，应当立即采取措施，必要时，向当地政府报告。"

突发事件的公布是法律规定的对作出应对突发事件的决定、命令的公开发布行为。《突发事件应对法》第十条规定："有关人民政府及其部门作出的应对突发事件的决定、命令，应当及时公布。"第九条规定："国务院和县级以上地方各级人民政府是突发事件应对工作的行政领导机关，其办事机构及具体职责由国务院规定。"第十六条规定："县级以上人民政府作出应对突发事件的决定、命令，应当报本级人民代表大会常务委员会备案；突发事件应急处置工作结束后，应当向本级人民代表大会常务委员会作出专项工作报告。"

发布警报和启动应急预案是《突发事件应对法》第四十二条至四十五条规定的在发生突发事件，县级以上政府根据即将发生的突发事件的特点和可能造成的危害，宣布进入预警期并采取相应措施的机制。第四十五条规定，发布一级二级警报，宣布进入预警期后，县级以上地方各级人民政府可以根据第四十四条和四十五条规定采取多项应急措施。

宣布疫区是《传染病防治法》第四十三条规定的"甲类、乙类传染病暴发、流行时，县级以上地方人民政府报经上一级人民政府决定，可以宣布本行政区域部分或者全部为疫区；国务院可以决定并宣布跨省、自治区、直辖市的疫区"。但是，封锁甲类传染病疫区的决定则由省、自治区、直辖市人民政府作出；封锁大、中城市的疫区或者封锁跨省、自治区、直辖市的疫区，以及封锁疫区导致中断干线交通或者封锁国境的，由国务院决定。

二、确定疫点、疫区的相关法律根据

确定疫点、疫区是控制传染病蔓延的有效手段。根据《传染病防治法》第七十八条之规定，疫点是指病原体从传染源向周围播散的范围较小或者单个疫源地。疫区是指传染病在人群中暴发、流行，其病原体向周围播散时所能波及的地区。疫点涉及地域范围窄，如单个住宅楼等，可以由各级地方政府或应急指挥部决定。

决定和宣布疫区的机构。《传染病防治法》第四十三条规定：甲类、乙类传染病暴发、流行时，县级以上地方人民政府报经上一级人民政府决定，可以宣布本行政区域部分或者全部为疫区；国务院可以决定并宣布跨省、自治区、直辖市的疫区。

宣布为疫区后的紧急措施：县级以上地方人民政府可以在疫区内采取以下措施：（一）限制或者停止集市、影剧院演出或者其他人群聚集的活动；（二）停工、停业、停课；（三）封闭或者封存被传染病病原体污染的公共饮用水源、食品以及相关物品；（四）控制或者扑杀染疫野生动物、家畜家禽；（五）封闭可能造成传染病扩散的场所；（六）可以对出入疫区的人员、物资和交通工具实施卫生检疫；（七）疾控机构和省级以上人民政府卫生行政部门指派的其他与传染病有关的专业技术机构，可以进入传染病疫点、疫区进行调查、采集样本、技术分析和检验。

对疫区进行封锁的决定机构：省、自治区、直辖市人民政府可以决定对本行政区域内的甲类传染病疫区实施封锁；但是，封锁大、中城市的疫区或者封锁跨省、自治区、直辖市的疫区，以及封锁疫区导致中断干线交通或者封锁国境的，由国务院决定。疫区封锁的解除，由原决定机关决定并宣布。

疫区的确定，其一要基于对疫情及其发展态势的科学分析之上；其二要考虑宣布后采取何种紧急措施；其三要考虑采取紧急措施的社会投入和产生的综合社会影响；其四要考虑宣布疫区的国际层面上的影响，比如此次世卫组织宣布中国为国际关注的公共卫生事件，如果政府宣布武汉或湖北是疫区，是否会为美国等一些国家采取的过激反应提供支撑资料。

三、"封城"的法律根据和效果

"封城"是此次疫区防控采取的强度高的紧急措施，产生了极大效果，也产生了很大社会和心理震荡。但是，我国法律并没有"封城"概念，根据《突发事件应对法》和《传染病防治法》的规定，只有"关闭或者限制使用易受突发事件危害的场所"，"控制或者限制容易导致危害扩大的公共场所的活动"，"标明危险区域，封锁危险场所，划定警戒区，实行交通管制以及其他控制措施"，"禁止或者限制使用有关设备、设施，关闭或者限制使用有关场所"，"中止人员密集的活动或者可能导致危害扩大的生产经营活动以及采取其他保护措施"，"封闭可能造成传染病扩散的场所"，"对特定区域内的建筑物、交通工具进行控制"等规定。其法律概念是"标明""封锁""关闭""封闭"场所，以及"控制建筑物和交通工具"。

虽然采用封锁、封闭、关闭场所和控制交通工具的应急措施也会实际导致封锁产生交通和禁止人员进出的实际效果，但比直接宣布"疫区"和对疫区进行"封锁"带来的社会心理震荡和国际影响要小。

四、关闭交通枢纽和工具的法律根据

《突发事件应对法》第四十五条："发布一级、二级警报，宣布进入预警期后，县级以上地方各级人民政府……还应当针对即将发生的突发事件的特点和可能造成的危害，采取下列一项或者多项措施：……（七）关闭或者限制使用易受突发事件危害的场所，控制或者限制容易导致危害扩大的公共场所的活动；（八）法律、法规、规章规定的其他必要的防范性、保护性措施。"

第五十条："社会安全事件发生后，组织处置工作的人民政府应当……依照有关法律、行政法规和国家其他有关规定，采取下列一项或者多项应急处置措施：……（三）封锁有关场所、道路，查验现场人员的身份证件，限制有关公共场所内的活动。"

五、患者、疑似、密切接触者等定义和采取措施的依据

如何定义确诊病人、疑似病人、病原携带者、密切接触者，以及对这些类人采取措施的法律根据。这些概念既是法律概念，又是医学意义上的概念。医学概念是确定法律相关概念的科学基础，法律概念是对医学概念的类型化的结果。

《传染病防治法实施办法》第七十三条规定：

传染病病人、疑似传染病病人：指根据国务院卫生行政部门发布的《中华人民共和国传染病防治法》规定管理的传染病诊断标准，符合传染病病人和疑似传染病病人诊断标准的人；该诊断标准对甲类和乙类的35种传染病的确诊病人和疑似病人的症状进行了描述，是确定确诊病人和疑似病人的标准。

病原携带者：指感染病原体无临床症状但能排出病原体的人。

密切接触者在法律上并没有明确的规定；一般应按其与确诊和疑似病人的接触程度及可能对他人健康造成的风险来确定。

对于上述人员采取的隔离措施基于《传染病防治法》第三十九条之规定，"医疗机构在发现甲类传染病时，应采取以下措施：（一）对病人、病原携带者，予以隔离治疗，隔离期限根据医学检查结果确定；（二）对疑似病人，确诊前在指定场所单独隔离治疗；（三）对医疗机构内的病人、病原携带者、疑似病人的密切接触者，在指定场所进行医学观察和采取其他必要的预防措施。拒绝隔离

治疗或者隔离期未满擅自脱离隔离治疗的，可以由公安机关协助医疗机构采取强制隔离治疗措施。医疗机构发现乙类或者丙类传染病病人，应当根据病情采取必要的治疗和控制传播措施"。

该法第十二条规定了所有人都应当接受疾病预防控制机构、医疗机构有关传染病的调查、检验、采集样本、隔离治疗等预防、控制措施，如实提供有关情况。

六、在应急状态下如何对不同群体进行检疫

有些地方政府如北京市政府采取的把返城人员按照来自感染地区和其他地区进行分类，对确诊病人、疑似病人和密切接触者加以区别的处理措施就很恰当。

可以考虑：

（1）对来自疫区和非疫区的返城人员采取不同级别健康检测、信息收集和健康监测工作；

（2）在高铁、机场等公共交通站点对所有返城人员进行医学检测，对健康异常者应即时提供相应的诊疗和接待服务；

（3）吸取前期感染者未能及时筛查出来的教训，尽快研发和使用简便易行的快速检测试剂和试剂盒；

（4）依法对于疑似感染者进行隔离治疗，对与确诊感染者和疑似感染者有密切接触者进行医学隔离观察；

（5）依法公布确诊病人和疑似病人居住和活动的地区（防止公布个人具体信息如具体住址等）；

（6）充分发挥各级党政机构和社会组织的作用，运用大数据和网络系统，密切关注和监测疫情的发展，及时报告，有针对性地提供医疗和防控服务；

（7）除疫情突然恶化或蔓延风险增加的特殊情况下，不易采用对回流人员不加区别的大规模集中隔离等措施，避免造成集中带来的交叉感染和激化矛盾的后果；

（8）推动所有大城市像北京市那样，通过发布规章或通知的形式，加强对重点人群、场所和单位的疫情防控工作；

（9）尽可能地采用非接触性的如网络会议、网络办公、错峰上班等手段开展工作，减少聚集在一起的机会；

（10）不仅要提倡"口罩文化""网络会议"，而且要在如餐馆、食堂、会场、电梯间、厕所等重要地点入口处提供"免洗洗手液"、一次性手套或消毒纸

巾等卫生用品，这种预防性投入的效果事半功倍，最有效率；

（11）严禁购买、食用野生动物和来源不明的食品；

（12）大力宣传防范疫情的知识，强化"自己是自身健康第一责任人"的意识，推动健康生活方式；

（13）防疫工作已进入一个新的阶段，即更为精细化、专业化、科技化、持续化、反应及时、措施精准的防控模式和风险预警阶段，应采用更科学的医学跟踪监测手段，加强网格化医学监测，实现无漏洞和死角的全域覆盖监测，建立及时准确全面的报告、预警和收治制度。

七、新冠肺炎疫情防控法律决策的传染病学基础

任何传染病防治法律规范和疫情防控决策，都应当建立于传染病学基础之上，为此提供以下几点参考意见。

1. 发现和控制传染源

按传染源的分布定疫点/疫区（单个，多个），疫情有效控制后，解除疫点/疫区。患病者或者疑似患病者就是明确的传染源，快速识别出来并分轻症、普通、重症、危重，隔离和治疗。鉴别疫点和疫区，以及疫点内是否布置了有效控制疫情主导的活动以及区域，法律应明确医务和疾控是责任主体，并有合理的自主裁量权。疫区内是控制疫情和其他正常活动并重的平衡区域，有效控制疫情是优先考虑的活动。非疫点/疫区是正常活动主导区域，有效控制疫情相关活动，应纳入常规管理。政府应当对鉴别疫点和疫区，以及疫点内是一切控制疫情相关的活动，负全责（包括应当提供必要的经济补偿）。患病者或者疑似患病者的隔离和治疗，政府可以（不是应当）提供必要的经济补偿。

2. 可疑传染源，包括"健康的密切接触者"，开展检疫观察

医务和疾控部门是检疫观察的责任主体，法律应明确规定责任主体的职责、程序、内容。包括有明确的隔离检疫期（明确授权的限制人身自由等强制性权力）。政府可以提供必要的经济补偿。

3. 切断传播途径

在疫情上升发展期，法律应明确规定限制人群的大规模的聚集和长距离的移动。政府可以提供必要的经济补偿。病因明确为某致病微生物后，法律应明确规定按此病毒在环境的生存条件，开展"消、杀、灭"活动，政府应当提供必要的经济补偿。

4. 保护易感人群和鼓励新药（疫苗）的研发

法律应明确规定各有关行政部门的责任，包括各有关防治指南和标准的更新。医务和疾控部门是疫情相关信息公开的责任主体，法律应明确要求各属地的责任主体定期公开疫情相关信息，并应当回答媒体和一切关心疫情公民的有关问题。

八、疫情防控带来的新契机

疫情防控带来不利因素的同时，也应该看到它也为下一步社会与经济发展提供了新的挑战与契机，例如数字经济、网络办公、网络会议、网络学堂、网络销售、互联网影视等。这些新型的工作生活和经济模式，必然会促进大数据和网络技术的进一步发展和普及应用。国家应该抓住时机在这些领域和增长点给予政策支持和资源投入。

（王晨光）

第三章 疫情防控期间医疗机构应注意的问题

目前,新型冠状病毒肺炎的防控已经进入关键时期,各医疗机构都积极参与到防控工作中来,取得一定效果和成绩,但在防控过程中,各医疗机构也遇到一些问题,北京市华卫律师事务所收集并整理相关咨询问题,为各医疗机构提供实务参考。

一、疫情防控期间医务人员应注意的问题

(一)在医院就诊的患者拉扯医务人员口罩等防护用具怎么办

目前新型冠状病毒肆虐,普通民众多有恐慌、焦躁情绪,当面临医疗资源的紧张、病情的危重时,极个别患者会采取不理性的行为,如拉扯医务人员口罩、防护服,甚至辱骂、攻击医务人员等,对此,律师建议:

1. 对待患者应以关心、安抚为主,如因客观原因不能满足患者要求时,应委婉解释并给患者以希望,切勿过于直白地拒绝患者要求,以免刺激其绝望情绪而失去理智。

2. 医院应事先准备好安保预案,包括安保人员及设施的配备、安保培训、流程设计、主管领导及部门的指定等。

3. 一旦发生医患争执,就诊者或家属拉扯医务人员口罩等防护用具,医务工作者应首先确保自身健康安全,即刻脱离接触,调整或更换防护医疗用具,必要时自行隔离观察;对待患者应尽量安抚、解释,以避免造成更大范围的病毒扩散风险,同时视情况向上级有关部门报告或报警,请公安机关处理。

4. 在紧急情况下,医生可以采取正当防卫。当医院安保人员和公安机关不能及时到位时,医生为保证自身安全,可以进行正当防卫,但要特别提醒的是,当患者或家属停止攻击行为时,医务人员也应及时停止。

法律依据：

根据《治安管理处罚法》第二条、第二十三条第一款的相关规定，如果就诊患者在医疗机构诊疗时，有扰乱医疗秩序行为的，应依法承担行政责任。公安机关有权对其处以警告或者二百元以下罚款，情节较重的，处五日以上十日以下拘留，可以并处五百元以下罚款。同时，如果符合《刑法》规定构成犯罪的，追究刑事责任。相关法条如下：

1.《治安管理处罚法》第二十三条：有下列行为之一的，处警告或者二百元以下罚款；情节较重的，处五日以上十日以下拘留，可以并处五百元以下罚款：

扰乱机关、团体、企业、事业单位秩序，致使工作、生产、营业、医疗、教学、科研不能正常进行，尚未造成严重损失的。

2.《治安管理处罚法》第二条：扰乱公共秩序，妨害公共安全，侵犯人身权利、财产权利，妨害社会管理，具有社会危害性，依照《中华人民共和国刑法》的规定构成犯罪（妨害公共安全罪）的，依法追究刑事责任；尚不够刑事处罚的，由公安机关依照本法给予治安管理处罚。

3.《最高人民法院、最高人民检察院关于办理妨害预防、控制突发传染病疫情等灾害的刑事案件具体应用法律若干问题的解释》第一条：故意传播突发传染病病原体，危害公共安全的，依照刑法第一百一十四条、第一百一十五条第一款的规定，按照以危险方法危害公共安全罪定罪处罚。

患有突发传染病或者疑似突发传染病而拒绝接受检疫、强制隔离或者治疗，过失造成传染病传播，情节严重，危害公共安全的，依照刑法第一百一十五条第二款的规定，按照过失以危险方法危害公共安全罪定罪处罚。

（赵　波）

（二）防控期间患者或家属殴打医务人员，造成感染怎么办

建议：1. 如果出现殴打行为，医务人员可以采取必要的正当防卫措施，以尽快脱离接触为目的，并尽快报告医院安保人员及报警。

2. 针对患者或家属殴打医务人员行为，医院安保人员应及时采取果断措施阻止其继续施暴，防止打伤医务人员，避免病毒扩散、感染。

3. 如殴打过程中医务人员防护用具脱落，病毒通过呼吸道或黏膜传播，导致医务人员感染新型肺炎，根据我国刑法理论，是可以认定殴打行为与感染新冠肺炎具有因果关系，从而认定行为人构成故意伤害罪。同时应依据医务人员感染新冠肺炎后病情严重程度，伤重、死亡等具体情节依法量刑。

此外，殴打医务人员的行为人还应承担民事责任。例如，医务人员因殴打

而直接引发的身体伤害及因殴打引发肺炎的医疗费、护理费、交通费等为治疗和康复支出的合理费用，以及因误工减少的收入。造成残疾的，还应当赔偿残疾生活辅助具费和残疾赔偿金、精神抚慰金。造成死亡的，还应当赔偿丧葬费和死亡赔偿金等。

法律依据：《刑法》第二百三十四条　【故意伤害罪】故意伤害他人身体的，处三年以下有期徒刑、拘役或者管制。

犯前款罪，致人重伤的，处三年以上十年以下有期徒刑；致人死亡或者以特别残忍手段致人重伤造成严重残疾的，处十年以上有期徒刑、无期徒刑或者死刑。本法另有规定的，依照规定。

《传染病防治法》第七十七条：单位和个人违反本法规定，导致传染病传播、流行，给他人人身、财产造成损害的，应当依法承担民事责任。

（赵　波）

（三）疫情期间国家调遣，医务人员应当如何办

建议：疫情防治过程中，医疗机构、医务人员应严格服从国家统一安排的人员调遣，应积极参与防治工作，不得拒绝紧急调集人员安排。

法律依据：

《执业医师法》第二十八条：遇有自然灾害、传染病流行、突发重大伤亡事故及其他严重威胁人民生命健康的紧急情况时，医师应当服从县级以上人民政府卫生行政部门的调遣。

《护士管理办法》第二十五条：遇有自然灾害、传染病流行、突发重大伤亡事故及其他严重威胁人群生命健康的紧急情况，护士必须服从卫生行政部门的调遣，参加医疗救护和预防保健工作。

《突发公共卫生事件应急条例》第三十一条：应急预案启动前，县级以上各级人民政府有关部门应当根据突发事件的实际情况，做好应急处理准备，采取必要的应急措施。

应急预案启动后，突发事件发生地的人民政府有关部门，应当根据预案规定的职责要求，服从突发事件应急处理指挥部的统一指挥，立即到达规定岗位，采取有关的控制措施。

医疗卫生机构、监测机构和科学研究机构，应当服从突发事件应急处理指挥部的统一指挥，相互配合、协作，集中力量开展相关的科学研究工作。

《灾害事故医疗救援工作管理办法》第十六条：灾害事故发生后，凡就近的医护人员都要主动及时到达现场，并组织起来参加医疗救护。

第十七条：参加医疗救援工作的单位和个人，到达现场后应当立即向灾害事故医疗救援现场指挥部报到，并接受其统一指挥和调遣。

（苗玉敏 刘 墨 岳 靓）

（四）医务人员接诊时应注意哪些方面

建议：患者在此期间患病，精神会紧张，医务人员应加强医患沟通，化解患者紧张情绪，鼓励其树立信心，积极配合治疗，并应及时向患者及其家属告知有关隔离措施、治疗费用等信息；在与急诊、重症病人沟通时，更应注意言语和态度，避免引起患者和家属的焦虑，引发群体及治安事件的发生。疑似患者就诊时，可采用先治疗后收费的方式，避免因收费问题延误治疗。

法律依据：

《国家医疗保障局、财政部关于做好新型冠状病毒感染的肺炎疫情医疗保障的通知》：对于确诊新型冠状病毒感染的肺炎患者发生的医疗费用，在基本医保、大病保险、医疗救助等按规定支付后，个人负担部分由财政给予补助，实施综合保障。对于确诊新型冠状病毒感染的肺炎的异地就医患者，先救治后结算，报销不执行异地转外就医支付比例调减规定。确诊新型冠状病毒感染的肺炎患者使用的药品和医疗服务项目，符合卫生健康部门制定的新型冠状病毒感染的肺炎诊疗方案的，可临时性纳入医保基金支付范围。

对收治患者较多的医疗机构，医保经办机构可预付部分资金，减轻医疗机构垫付压力。医保经办机构应及时调整有关医疗机构的总额预算指标，对新型冠状病毒感染的肺炎患者医疗费用单列预算。各级医保经办机构要确保与医疗机构及时结算，保证救治工作顺利进行。

（苗玉敏 刘 墨 岳 靓）

（五）患者故意隐瞒接触史应承担什么法律责任

建议：患者具有新型冠状病毒感染肺炎的临床症状，但故意隐瞒或拒不承认湖北地区居住及旅游史，和湖北地区人员密切接触史，应当承担什么法律责任？医生该怎么办？患者有义务如实向医务人员提供其居住史、接触史、旅游史等信息，在新型冠状病毒感染肺炎防控诊疗中，如果患者故意隐瞒或拒不承认湖北地区居住及旅游等病史，那么由此产生的诊断治疗延误等相关后果应由患者自行承担，医院不承担责任。由于新型冠状病毒感染肺炎病史的隐瞒、谎报、迟报、漏报，同时还将可能导致疫情的扩散，给传染病的防控造成巨大困难，根据法律规定，如果患者隐瞒病史，故意传播病原体，危害公共安全，将涉嫌构成以危险方法危害公共安全罪等刑事犯罪。

因此，如果患者具有新型冠状病毒感染肺炎的临床症状，医务人员在向患者采集居住史、旅游史及密切接触史时，可向患者告知拒不提供或者故意隐瞒的法律责任及不良后果，并由患者签字确认。如患者仍否认湖北地区居住及旅游史和湖北地区人员密切接触史，可进行相关影像学、实验室检查，根据临床症状、检查结果按照诊疗规范可以确诊的，应予以确诊并隔离治疗，并可上报公安机关患者隐瞒病情行为。

建议医疗机构接诊时可先填表。

1. 就诊人员挂号前，先填写登记表一式两份（内容如下，各医院可根据实际情况对表格进行修改完善）。

2. 先填表，后挂号。

3. 登记表挂号处保留一份，患者持一份，就诊时向医务人员出示。

4. 急诊患者，抢救的同时填表或者抢救结束后立即补填。

就诊人员登记表

您好！鉴于疫情防控需要，请您就诊前认真阅读并如实填写本表！感谢您的支持和配合。祝您早日康复！

姓名：　　　　性别：　　年龄：　　身份证号码：

家庭住址：

联系电话：

陪同人员姓名：　　　　身份证号码：

联系电话：　　　　　与您的关系：

到院时间：　　　　　到院方式：

一、您是否有下列症状，请在括号内画■或者打×，有补充的症状在其他处完善。

（　）发热　　　（　）咽部不适　　（　）干咳　　　（　）咳痰

（　）四肢疼痛　（　）乏力　　　（　）腹泻　其他：

二、请您如实回答以下问题，请在括号内画■或者打×，有补充说明内容在其他处完善。

（　）1. 您之前14天内是否去过武汉及周边地区？

（　）2. 您最近14天内接触的人员中有没有去过武汉及周边地区的？

（　）3. 您家庭里或接触的人员中是否有发热、咳嗽、乏力、腹泻等表现的？

（　）4. 您之前14天内是否参加过聚餐、聚会等活动？

（　）5. 您居住的小区或村子是否有疑似或确诊新冠肺炎？

（　）6. 您居住的小区或村子里是否有被封闭的住户？

（　）7. 您最近14天内是否去过商场、超市、市场等人群密集的地方？

（　）8. 您最近14天内是否乘坐过飞机、火车、地铁、公交等公共交通工具？

（　）9. 您是否在未戴口罩的状态下与未戴口罩的陌生人有过近距离接触？

（　）10. 其他：

三、知情同意：

本人承诺：

1. 本人提供信息客观真实，不存在虚假隐瞒。

2. 除非医护人员要求，本人将全程佩戴口罩。

3. 本人知晓不戴口罩不仅存在感染风险，并需承担拘留等法律后果。

姓名：　　　　　　　　　　　日期：

陪同人员保证：

以上信息和承诺均真实可信，本人自愿承担连带责任。

姓名：　　　　　　　　　　　日期：

说明：本表格一式两份，一份挂号处保留，一份就诊时向医务人员出示。

法律依据：

《医疗纠纷预防和处理条例》第二十条规定："患者应当遵守医疗秩序和医疗机构有关就诊、治疗、检查的规定，如实提供与病情有关的信息，配合医务人员开展诊疗活动。"

《最高人民法院、最高人民检察院关于办理妨害预防、控制突发传染病疫情等灾害的刑事案件具体应用法律若干问题的解释》第一条规定："故意传播突发传染病病原体，危害公共安全的，依照刑法第一百一十四条、第一百一十五条第一款的规定，按照以危险方法危害公共安全罪定罪处罚。患有突发传染病或者疑似突发传染病而拒绝接受检疫、强制隔离或者治疗，过失造成传染病传播，情节严重，危害公共安全的，依照刑法第一百一十五条第二款的规定，按照过失以危险方法危害公共安全罪定罪处罚。"

（童云洪　孙俊楠　刘福爽　聂　学）

二、疫情防控期间医疗机构在诊疗中应注意的问题

（六）医疗机构发现传染病疫情应如何处理

建议：应及时向相关部门上报，同时按照我国法律规定采取防范、隔离、设立发热门诊、防护等相关措施。

法律依据：

《突发公共卫生事件应急条例》第三十九条：医疗卫生机构应当对因突发事件致病的人员提供医疗救护和现场救援，对就诊病人必须接诊治疗，并书写详细、完整的病历记录；对需要转送的病人，应当按照规定将病人及其病历记录的复印件转送至接诊的或者指定的医疗机构。

医疗卫生机构内应当采取卫生防护措施，防止交叉感染和污染。

医疗卫生机构应当对传染病病人密切接触者采取医学观察措施，传染病病人密切接触者应当予以配合。

医疗机构收治传染病病人、疑似传染病病人，应当依法报告所在地的疾病预防控制机构。接到报告的疾病预防控制机构应当立即对可能受到危害的人员进行调查，根据需要采取必要的控制措施。

第四十二条：有关部门、医疗卫生机构应当对传染病做到早发现、早报告、早隔离、早治疗，切断传播途径，防止扩散。

第五十条：医疗卫生机构有下列行为之一的，由卫生行政主管部门责令改正、通报批评、给予警告；情节严重的，吊销《医疗机构执业许可证》；对主要负责人、负有责任的主管人员和其他直接责任人员依法给予降级或者撤职的纪律处分；造成传染病传播、流行或者对社会公众健康造成其他严重危害后果，构成犯罪的，依法追究刑事责任：

（一）未依照本条例的规定履行报告职责，隐瞒、缓报或者谎报的；

（二）未依照本条例的规定及时采取控制措施的；

（三）未依照本条例的规定履行突发事件监测职责的；

（四）拒绝接诊病人的；

（五）拒不服从突发事件应急处理指挥部调度的。

《传染病防治法》第三十条：疾病预防控制机构、医疗机构和采供血机构及其执行职务的人员发现本法规定的传染病疫情或者发现其他传染病暴发、流行以及突发原因不明的传染病时，应当遵循疫情报告属地管理原则，按照国务院

规定的或者国务院卫生行政部门规定的内容、程序、方式和时限报告。

军队医疗机构向社会公众提供医疗服务，发现前款规定的传染病疫情时，应当按照国务院卫生行政部门的规定报告。

第六十九条：医疗机构出现未按照规定承担传染病预防、控制工作；未按照规定报告传染病疫情，或者隐瞒、谎报、缓报传染病疫情的；未按照规定对传染病病人、疑似传染病病人提供医疗救护、现场救援、接诊、转诊的，或者拒绝接受转诊的等情形的，由县级以上人民政府卫生行政部门责令改正，通报批评，给了警告；造成传染病传播、流行或者其他严重后果的，对负有责任的主管人员和其他直接责任人员，依法给予降级、撤职、开除的处分，并可以依法吊销有关责任人员的执业证书；构成犯罪的，依法追究刑事责任。

（苗玉敏 刘 墨 岳 靓）

（七）疫情期间新发现新冠肺炎的患者应该如何处理

建议：防控疫情过程中，医疗机构政府设立定点医院的，医疗机构应及时转诊，政府尚未指定定点医疗机构前，医疗机构应在院内设立专门的病房及隔离区域，医疗机构有义务收治感染者，不得拒收病人。

法律依据：

《传染病防治法》第五十二条：医疗机构应当对传染病病人或者疑似传染病病人提供医疗救护、现场救援和接诊治疗，书写病历记录以及其他有关资料，并妥善保管。

医疗机构应当实行传染病预检、分诊制度；对传染病病人、疑似传染病病人，应当引导至相对隔离的分诊点进行初诊。医疗机构不具备相应救治能力的，应当将患者及其病历记录复印件一并转至具备相应救治能力的医疗机构。具体办法由国务院卫生行政部门规定。

《突发公共卫生事件应急条例》第五十条：医疗卫生机构有下列行为之一的，由卫生行政主管部门责令改正、通报批评、给予警告；情节严重的，吊销《医疗机构执业许可证》；对主要负责人、负有责任的主管人员和其他直接责任人员依法给予降级或者撤职的纪律处分；造成传染病传播、流行或者对社会公众健康造成其他严重危害后果，构成犯罪的，依法追究刑事责任：

（一）未依照本条例的规定履行报告职责，隐瞒、缓报或者谎报的；

（二）未依照本条例的规定及时采取控制措施的；

（三）未依照本条例的规定履行突发事件监测职责的；

（四）拒绝接诊病人的；

（五）拒不服从突发事件应急处理指挥部调度的。

（苗玉敏 刘 墨 岳 靓）

（八）疫情期间医疗机构应该按照哪些文件安排工作

建议：医疗机构、医务人员应严格按照《传染病防治法》《突发公共卫生应急条例》等国家法律，以及国家卫健委及时颁布的新型冠状病毒感染的肺炎诊疗方案、防控方案、操作指南、技术规范等执行。保证医疗机构正确进行疫情的诊治和防范。

法律依据：《新型冠状病毒感染的肺炎防控方案（第三版）》《新型冠状病毒感染的肺炎诊疗方案（试行第五版）》《新型冠状病毒感染的肺炎病例转运工作方案（试行）》《医疗机构内新型冠状病毒感染预防与控制技术指南（第一版）》《国家卫生健康委办公厅关于加强信息化支撑新型冠状病毒感染的肺炎疫情防控工作的通知》《国家卫生健康委办公厅关于加强重点地区重点医院发热门诊管理及医疗机构内感染防控工作的通知》《国家卫生健康委办公厅关于加强疫情期间医用防护用品管理工作的通知》《关于印发新型冠状病毒感染的肺炎疑似病例轻症患者首诊隔离点观察工作方案的通知》《关于做好儿童和孕产妇新型冠状病毒感染的肺炎疫情防控工作的通知》《关于印发新型冠状病毒感染的肺炎患者遗体处置工作指引（试行）的通知》《国家卫生健康委基层司关于进一步做好基层医疗卫生机构防控新型冠状病毒感染的肺炎疫情工作的通知》《国家卫生健康委办公厅关于印发新型冠状病毒感染的肺炎防控中常见医用防护用品使用范围指引（试行）的通知》《人力资源社会保障部 财政部 国家卫生健康委关于因履行工作职责感染新型冠状病毒肺炎的医护及相关工作人员有关保障问题的通知》《关于加强新型冠状病毒感染的肺炎重症病例医疗救治工作的通知》《关于做好老年人新型冠状病毒感染的肺炎疫情防控工作的通知》《国家卫生健康委办公厅关于做好新型冠状病毒感染的肺炎疫情期间医疗机构医疗废物管理工作的通知》《国家卫生健康委办公厅关于印发新型冠状病毒实验室生物安全指南（第二版）的通知》《关于加强新型冠状病毒感染的肺炎疫情社区防控工作的通知》等。

（苗玉敏 刘 墨 岳 靓）

（九）医疗机构在疫情期间应该如何给予医务人员保障

建议：防控疫情过程中，医疗机构应及时提供相关的防护设施、设备、物品等，保障医务人员工作时隔离防护安全，及时做好医务人员的后勤保障，解除后顾之忧，安心奋斗在防疫前线。同时，关心在隔离病房工作的医务人员的身体健康，发现有异常，及时替换诊治。应当给医务人员购买工伤保险，可以购买人身意外保险，作为保障。

法律依据：

《突发公共卫生事件应急条例》第三十五条：参加突发事件应急处理的工作人员，应当按照预案的规定，采取卫生防护措施，并在专业人员的指导下进行工作。

国务院办公厅《关于加强传染病防治人员安全防护的意见》：提供符合生物安全标准的防护装备，配置必要的现场调查处置设备设施，及时做好职业暴露后处置，有效降低其在病例调查、传染源和密切接触者追踪运送、环境危险因素调查和疫源地消毒等现场工作中的感染风险。对密切接触者进行医学观察时采取必要预防措施，保障防治人员免受疫病侵害。

完善医院感染管理规范和标准，健全医院感染管理组织机构，重点加强医疗机构预检分诊和发热门诊、肠道门诊工作，落实医院感染监测、消毒隔离和医务人员手卫生、职业防护及职业暴露后干预等关键防控措施，保障医务人员从业安全。

（苗玉敏　刘　墨　岳　靓）

（十）疫情期间如何对待新冠肺炎感染患者和其他患者

建议：防控疫情过程中，医疗机构应按照规定，开设发热门诊，将普通患者与传染及疑似患者分流，避免院内交叉感染，还应保证医疗机构日常诊疗活动的开展，维护其他患者就医的合法权益。

法律依据：《关于做好今冬明春流行性感冒医疗工作的通知》中规定，加强医务人员培训，引导病人合理就医，分级诊疗。加强院内感染防控，减少流感在医院内传播。

（苗玉敏　刘　墨　岳　靓）

（十一）疫情期间医疗机构如何补充医疗用品

建议：防控疫情过程中，医疗机构应及时购买、协调，保障医疗器械、药品、防护用具的充足，积极与国家防疫指挥部物资保障部门联系，也可经过有关部门批准向社会募捐。

法律依据：

《关于做好今冬明春流行性感冒医疗工作的通知》：各级各类医疗机构要充

实临床一线医疗力量，加强药品和物资储备，确保流感医疗救治工作有序开展。

《国务院应对新型冠状病毒感染的肺炎疫情联防联控机制医疗物资保障组关于疫情期间防护服使用建议的通知》：一、各地方要合理配置和分级使用防护服，把有限的资源用好，重点保障医疗机构使用。防护服在隔离重症监护病区（房）等有严格微生物指标控制的场所，以及隔离病区（房）、隔离留观病区（房）使用，其他区域原则上不使用。

（苗玉敏　刘墨岳靓）

（十二）如何处理感染新冠肺炎的患者尸体和医疗废物

建议：疫情过程中应严格按照国家法律及国家卫生健康委办公厅、民政部办公厅、公安部办公厅2020年2月1日联合发布的《新型冠状病毒感染的肺炎患者遗体处置工作指引》（试行）妥善处理尸体，按照《国家卫生健康委办公厅〈关于做好新型冠状病毒感染的肺炎疫情期间医疗机构医疗废物管理工作的通知〉》要求建立健全医疗废物管理责任制，严格执行转移联单制度，防止医疗废物流失，妥善处理医疗废物。

根据《北京市接受志愿捐献遗体暂行办法》，依据《中华人民共和国传染病防治法》及其实施办法，国家规定的"甲、乙类"传染病病人的遗体不列入志愿捐献遗体范畴。但如果新发传染病的病因不清，如疫情刚开始蔓延时，无法查明病因，则有必要对遗体进行解剖，进一步了解查清新发传染病，那么就需要志愿者捐献遗体，为疫情防控做出贡献。本次新型冠状病毒的肺炎疫情当中，病原体已经查清，相关病因已经了解，就没有必要再进行遗体捐献和解剖，要严格按照《新型冠状病毒感染的肺炎患者遗体处置工作指引》（试行）处理遗体。对于有意愿捐献遗体的志愿者，应给予关怀和慰问，表示感谢。

法律依据：

《传染病防治法》第四十六条：患甲类传染病、炭疽死亡的，应当将尸体立即进行卫生处理，就近火化。患其他传染病死亡的，必要时，应当将尸体进行卫生处理后火化或者按照规定深埋。

《新型冠状病毒感染的肺炎患者遗体处置工作指引》（试行）。

《国务院办公厅〈关于加强传染病防治人员安全防护的意见〉》：

《国家卫生健康委办公厅〈关于做好新型冠状病毒感染的肺炎疫情期间医疗机构医疗废物管理工作的通知〉》。

《北京市接受志愿捐献遗体暂行办法》。

（苗玉敏　刘墨岳靓）

（十三）无法取得患者本人授权，医疗机构能否手术

建议：危重症患者在无法取得患者本人或亲属授权情况下，医疗机构是否可以在紧急情况下给患者做手术？抢救生命垂危的患者等紧急情况，确需要实施手术，可以电话联系近亲属，做好记录。如不能取得患者或者其近亲属意见的，经医疗机构负责人或者授权的负责人批准，可以立即实施相应的医疗措施。但要做好病历记录，留取相关证据。

法律依据：

《侵权责任法》第五十六条：因抢救生命垂危的患者等紧急情况，不能取得患者或者其近亲属意见的，经医疗机构负责人或者授权的负责人批准，可以立即实施相应的医疗措施。

（苗玉敏 刘 墨 岳 靓）

（十四）患者不如实提供病情、病史，不配合治疗、隔离、转院怎么办

建议：按照法律规定，患者应如实提供病情、病史，配合治疗、隔离、转院等的义务，尤其是传染和疑似患者，隐瞒病情、病史，拒不配合治疗、隔离、转院等工作，造成疫情扩散、加重，及损害后果，将依法承担法律责任。如遇到此类情况，可联系公安机关处理。

1. 社区宣传增加类似案例教育；

2. 医疗机构在入口、挂号大厅、发热门诊等处公示相关法律规定；

3. 医务人员、疾控人员反复询问病史，发现隐瞒，立即报案；

4. 与隐瞒病史、隐瞒症状者接触后发生感染的，均可向隐瞒者提起民事诉讼，法院依法判决隐瞒者承担侵权责任。

5. 就诊人员挂号前，先填写登记表一式两份，先填表，后挂号。登记表挂号处保留一份，患者持一份，就诊时向医务人员出示。急诊患者，抢救的同时填表或者抢救结束后立即补填。

法律依据：

《传染病防治法》第十二条：在中华人民共和国领域内的一切单位和个人，必须接受疾病预防控制机构、医疗机构有关传染病的调查、检验、采集样本、隔离治疗等预防、控制措施，如实提供有关情况。

第十六条：国家和社会应当关心、帮助传染病病人、病原携带者和疑似传染病病人，使其得到及时救治。任何单位和个人不得歧视传染病病人、病原携带者和疑似传染病病人。传染病病人、病原携带者和疑似传染病病人，在治愈

前或者在排除传染病嫌疑前，不得从事法律、行政法规和国务院卫生行政部门规定禁止从事的易使该传染病扩散的工作。

第七十七条：单位和个人违反本法规定，导致传染病传播、流行，给他人人身、财产造成损害的，应当依法承担民事责任。

（苗玉敏　刘　墨　岳　靓）

（十五）疫情期间普通患者可以出院但拒不出院怎么办

建议：医院需要将病房改造接受隔离患者，普通患者可以出院但拒不出院，按照法律规定，如果医院病房因新型冠状病毒肺炎防控治疗需要被临时征用，那么各方均应配合。因疫情防控需要而病房被征用时，医务人员应向住院患者说明，并予以后续治疗的妥善安排，不会因原有疾病出院和转院耽误治疗。

如有患者可以出院但仍拒不出院，医疗机构应首先与患者及家属沟通，说明让其出院的有关情况，耐心解释患者提出的相关问题，并告知不服从不配合，将可能承担不配合疫情期间的依法措施，以及阻碍突发事件应急处理的法律后果及责任，说服其尽快出院，尽量避免矛盾升级引发医患纠纷。如果患者及家属确实无法被说服而拒不出院，医疗机构可以联系医院安保及辖区公安机关协助依法处理。

法律依据：

《传染病防治法》第四十五条规定："传染病暴发、流行时，根据传染病疫情控制的需要，国务院有权在全国范围或者跨省、自治区、直辖市范围内，县级以上地方人民政府有权在本行政区域内紧急调集人员或者调用储备物资，临时征用房屋、交通工具以及相关设施、设备。"

《突发事件应对法》第六十六条规定："单位或者个人违反本法规定，不服从所在地人民政府及其有关部门发布的决定、命令或者不配合其依法采取的措施，构成违反治安管理行为的，由公安机关依法给予处罚。"

《突发公共卫生事件应急条例》第五十一条规定："在突发事件应急处理工作中，有关单位和个人未依照本条例的规定履行报告职责，隐瞒、缓报或者谎报，阻碍突发事件应急处理工作人员执行职务，拒绝国务院卫生行政主管部门或者其他有关部门指定的专业技术机构进入突发事件现场，或者不配合调查、采样、技术分析和检验的，对有关责任人员依法给予行政处分或者纪律处分；触犯《中华人民共和国治安管理处罚法》，构成违反治安管理行为的，由公安机关依法予以处罚；构成犯罪的，依法追究刑事责任。"

（童云洪　孙俊楠　刘福爽）

（十六）患者违反隔离规定不听劝告殴打其他患者怎么办

建议：某湖北疫区返京非急诊（发热）患者，违反北京 14 天隔离的规定，到医院就诊不听从医生劝告，还与候诊室其他患者打架，如何处理？对于类似的、来自疫区的非急诊（发热）患者，医院应按照分类情况处理：

1. 普通门诊，医生做好防护的前提下先接诊，收集信息，包括病史、身份信息、旅行接触信息等，然后视病情采取或告知相关措施。

2. 对于来自疫区并未过隔离期的患者到本院就诊，医院应安排在隔离区域内进一步观察，注意做好消毒和无害化处置，防止出现交叉感染、医源性感染和医院感染。

3. 对于态度恶劣、不配合、不听从的患者，可以请医院保安出面劝阻，仍无法劝阻的请公安机关出面处理。

法律依据：

1. 疫区返京非急诊（发热）患者有自行隔离义务。

根据国家卫健委《新型冠状病毒感染的肺炎疫情社区防控工作方案（试行）》中对疫区返回人员管理相关规定：从疫区返回人员应立即到所在村支部或社区进行登记，并到本地卫生院或村医或社区卫生服务中心进行体检，每天两次体检，同时主动自行隔离 14 天。所有疫区返乡的出现发热呼吸道症状者，及时就近就医排查，根据要求居家隔离或到政府指定地点或医院隔离；其密切接触者应也立即居家自我隔离或到当地指定地点隔离。隔离期间请与本地医务人员或疾控中心保持联系，以便跟踪观察。

2. 对于不配合隔离的患者可以与公安机关联系，进行处理。

新型冠状病毒感染的肺炎现已纳入《传染病防治法》规定的乙类传染病，并采取甲类传染病的预防、控制措施。根据《传染病防治法》第三十九条：医疗机构发现甲类传染病时，应当及时采取下列措施：（一）对病人、病原携带者，予以隔离治疗，隔离期限根据医学检查结果确定；（二）对疑似病人，确诊前在指定场所单独隔离治疗；（三）对医疗机构内的病人、病原携带者、疑似病人的密切接触者，在指定场所进行医学观察和采取其他必要的预防措施。拒绝隔离治疗或者隔离期未满擅自脱离隔离治疗的，可以由公安机关协助医疗机构采取强制隔离治疗措施。医疗机构发现乙类或者丙类传染病病人，应当根据病情采取必要的治疗和控制传播措施。

3. 患者有义务接受医疗机构的调查、检验、采集样本、隔离治疗等预防、控制措施等。对于不配合的患者可以向公安机关报告。

《传染病防治法》第十二条：在中华人民共和国领域内的一切单位和个人，必须接受疾病预防控制机构、医疗机构有关传染病的调查、检验、采集样本、隔离治疗等预防、控制措施，如实提供有关情况。

《传染病防治法》第七十七条：单位和个人违反本法规定，导致传染病传播、流行，给他人人身、财产造成损害的，应当依法承担民事责任。

《最高人民法院、最高人民检察院关于办理妨害预防、控制突发传染病疫情等灾害的刑事案件具体应用法律若干问题的解释》第一条：故意传播突发传染病病原体，危害公共安全的，依照刑法第一百一十四条、第一百一十五条第一款的规定，按照以危险方法危害公共安全罪定罪处罚。

患有突发传染病或者疑似突发传染病而拒绝接受检疫、强制隔离或者治疗，过失造成传染病传播，情节严重，危害公共安全的，依照刑法第一百一十五条第二款的规定，按照过失以危险方法危害公共安全罪定罪处罚。

4. 医疗机构不得因患者仍处于隔离期间而拒绝正常的诊疗。

《传染病防治法》第十六条：国家和社会应当关心、帮助传染病病人、病原携带者和疑似传染病病人，使其得到及时救治。任何单位和个人不得歧视传染病病人、病原携带者和疑似传染病病人。传染病病人、病原携带者和疑似传染病病人，在治愈前或者在排除传染病嫌疑前，不得从事法律、行政法规和国务院卫生行政部门规定禁止从事的易使该传染病扩散的工作。

5. 医疗机构应做好消毒工作，防止出现交叉感染。

《传染病防治法》第二十一条：医疗机构必须严格执行国务院卫生行政部门规定的管理制度、操作规范，防止传染病的医源性感染和医院感染。医疗机构应当确定专门的部门或者人员，承担传染病疫情报告、本单位的传染病预防、控制以及责任区域内的传染病预防工作；承担医疗活动中与医院感染有关的危险因素监测、安全防护、消毒、隔离和医疗废物处置工作。

第三十九条：医疗机构对本单位内被传染病病原体污染的场所、物品以及医疗废物，必须依照法律、法规的规定实施消毒和无害化处置。

（赵　波）

（十七）新冠肺炎患者和疑似患者的医疗费用怎么承担

建议：1. 从国家有关部门近期连续出台的规定看，对于确诊新型冠状病毒感染的患者是不需要自己负担治疗费用的。

2. 对于卫生健康部门新型冠状病毒感染的肺炎诊疗方案确定的疑似患者医疗费用，在基本医保、大病保险、医疗救助等按规定支付后，个人负担部分由就医地制定财政补助政策并安排资金，实施综合保障，中央财政视情给予适当补助。

3. 即便患者无法缴纳医疗费用，医疗机构也要保证患者先行救治，而异地就医医保支付的费用由就医地医保部门先行垫付，医疗机构等要做好异地就医参保患者信息记录和医疗费用记账，疫情结束后全国统一组织清算。

法律依据：

1. 国家医疗保障局、财政部于 2020 年 1 月 22 日联合发布《关于做好新型冠状病毒感染的肺炎疫情医疗保障的通知》第二条规定："确保患者不因费用问题影响就医。一是对于确诊新型冠状病毒感染的肺炎患者发生的医疗费用，在基本医保、大病保险、医疗救助等按规定支付后，个人负担部分由财政给予补助，实施综合保障。二是对于确诊新型冠状病毒感染的肺炎的异地就医患者，先救治后结算，报销不执行异地转外就医支付比例调减规定。三是确诊新型冠状病毒感染的肺炎患者使用的药品和医疗服务项目，符合卫生健康部门制定的新型冠状病毒感染的肺炎诊疗方案的，可临时性纳入医保基金支付范围。"

第三条规定："确保收治医院不因支付政策影响救治。对收治新型冠状病毒感染的患者较多的医疗机构，医保经办机构可预付部分资金，减轻医疗机构垫付压力。医保经办机构应及时调整有关医疗机构的总额预算指标，对新型冠状病毒感染的肺炎患者医疗费用单列预算。各级医保经办机构要确保与医疗机构及时结算，保证救治工作顺利进行。"

2. 财政部、国家卫生健康委 2020 年 1 月 25 日联合发布《关于新型冠状病毒感染肺炎疫情防控有关经费保障政策的通知》第一条规定："落实患者救治费用补助政策。对于确诊患者发生的医疗费用，在基本医保、大病保险、医疗救助等按规定支付后，个人负担部分由财政给予补助。所需资金由地方财政先行支付，中央财政对地方财政按实际发生费用的 60% 予以补助。"

第三条规定："医疗卫生机构开展疫情防控工作所需的防护、诊断和治疗专用设备以及快速诊断试剂采购所需经费，由地方财政予以安排，中央财政视情给予补助。中央级医疗卫生机构按照属地化管理，中央财政补助资金拨付地方后由地方财政统一分配。"

3. 国家医疗保障局办公室、财政部办公厅、国家卫生健康委办公厅 2020 年 1 月 27 日联合发布《关于做好新型冠状病毒感染的肺炎疫情医疗保障工作的补充通知》第二条规定："切实保障疑似患者医疗费用。在按要求做好确诊患者医疗费用保障的基础上，疫情流行期间，对于卫生健康部门新型冠状病毒感染的肺炎诊疗方案确定的疑似患者医疗费用，在基本医保、大病保险、医疗救助等按规定支付后，个人负担部分由就医地制定财政补助政策并安排资金，实施综合保障，中央财政视情给予适当补助。"

第三条规定："确保确诊或疑似异地就医患者先行救治。异地就医医保支付的费用由就医地医保部门先行垫付，要做好异地就医参保患者信息记录和医疗费用记账，疫情结束后全国统一组织清算。异地就医确诊患者医疗费用个人负担部分，由就医地按照《财政部国家卫生健康委〈关于新型冠状病毒感染肺炎疫情防控经费有关保障政策的通知〉》（财社〔2020〕2号）有关规定执行。对异地就医疑似患者医疗费用，按本通知第二条执行。"

第五条规定："协同做好疫情防控相关药品和耗材采购与价格监测监管工作。对防控疫情所需的药品和医用耗材，在省级平台不能保障供应的情况下，可由医疗机构先在网下采购应急使用。各省级医疗保障部门要密切关注相关药品价格和供应变化情况，对于供应和价格情况异常的，要及时通报移交相关部门。"

（韩　茵）

三、疫情期间处理医务人员劳动人事争议应注意的问题

（十八）医务人员休假被隔离，无法正常上班，怎么办

建议：医务人员休假期间，因新型冠状病毒肺炎疫情被隔离而无法正常上班，应当根据国家法律及当地政府各项措施，严格执行医学隔离，并接受传染病的调查、检验、采集样本、隔离治疗等措施。如果医务人员正在湖北地区居住、休假、探亲等，更应当严格遵守湖北地区当地政府就疫情防控采取的措施，不得违反规定擅自离开湖北地区。同时，医务人员应及时通过电话、微信、邮件等方法，向单位进行汇报，让单位领导尽早知情，及时做好调整，单位应当理解，妥善安排工作。

法律依据：

《传染病防治法》第十二条规定："在中华人民共和国领域内的一切单位和个人，必须接受疾病预防控制机构、医疗机构有关传染病的调查、检验、采集样本、隔离治疗等预防、控制措施，如实提供有关情况。"

第三十九条规定："医疗机构发现甲类传染病时，应当及时采取下列措施：（一）对病人、病原携带者，予以隔离治疗，隔离期限根据医学检查结果确定；（二）对疑似病人，确诊前在指定场所单独隔离治疗；（三）对医疗机构内的病人、病原携带者、疑似病人的密切接触者，在指定场所进行医学观察和采取其

他必要的预防措施。拒绝隔离治疗或者隔离期未满擅自脱离隔离治疗的，可以由公安机关协助医疗机构采取强制隔离治疗措施。"

第四十一条规定："对已经发生甲类传染病病例的场所或者该场所内的特定区域的人员，所在地的县级以上地方人民政府可以实施隔离措施。"

（童云洪　孙俊楠　刘福爽）

（十九）医务人员休假医院紧急召回，回来后是否需要隔离

建议：对于被医疗机构紧急召回的医务人员，如果在到达工作地之日前14日内有在疾病流行地区湖北武汉地区居住及旅游史，或与感染患者密切接触史，则应尽快到所在社区居民委员会、村民委员会或社区卫生机构进行登记，并居家或按照监控人员安排，集中隔离进行监督性医学观察，每日早晚监测体温，不得外出，医学观察期限为离开疾病流行地区后或自最后一次与病例、感染者发生无有效防护的接触后14天，待解除隔离医学观察后方可返岗。

在家隔离医学观察期间每日至少进行2次体温测定，并观察是否出现急性呼吸道症状或其他相关症状及病情进展，如果出现发热、乏力、干咳等症状时应立即向所在社区居民委员会、村民委员会或社区卫生机构报告，并及时就近到医疗卫生机构发热门诊就诊。居家隔离医学观察人员，应谢绝探访，尽量减少与家人的直接接触，不要与家属共用任何可能导致间接接触感染的物品，他人进入居家隔离人员居住空间时，应规范佩戴医用外科口罩等防护性口罩，并做好清洁消毒。

对于没有湖北地区居住及旅游史和湖北地区人员或感染患者接触史的外地返京医务人员，到京后的14日内，早晚进行体温和健康监测，体温正常的可以上班，外出时应当佩戴口罩，加强个人防护。如出现发热、乏力、干咳等症状时，应当立即到就近的医疗卫生机构发热门诊就诊。

法律依据：

《应对新型冠状病毒感染的肺炎疫情联防联控工作机制关于加强新型冠状病毒感染的肺炎疫情社区防控工作的通知》第二条第（一）项第一目："对辖区内来自武汉的人员进行警示，要求到社区卫生机构登记并实行居家医学观察14天。"

《国家卫生健康委办公厅〈关于加强基层医疗卫生机构新型冠状病毒感染的肺炎疫情防控工作的通知〉》第四条："协助追踪、督促来自疫情发生地区武汉市的人员居家医学观察14天，监测其健康状况，发生异常情况及时报告。"

《新型冠状病毒感染不同风险人群防护指南》第二条第（三）项："从疾病流行地区返回，应尽快到所在社区居民委员会、村民委员会进行登记并进行医

学观察，医学观察期限为离开疾病流行地区后 14 天。医学观察期间进行体温、体征等状况监测，尽量做到单独居住或居住在通风良好的单人房间，减少与家人的密切接触。"

《新型冠状病毒感染的肺炎防控方案（第二版）》第三条第（六）项："对确诊病例的密切接触者实行居家或集中隔离医学观察，每日至少进行 2 次体温测定，并询问是否出现急性呼吸道症状或其他相关症状及病情进展。密切接触者医学观察期为与病例末次接触后 14 天。"

《新型冠状病毒感染不同风险人群防护指南》第三条第（一）项规定："对新型冠状病毒感染的肺炎病例密切接触者，采取居家隔离医学观察。医学观察期限为自最后一次与病例、感染者发生无有效防护的接触后 14 天。"第（二）项规定："居家隔离人员每日至少进行 2 次体温测定，谢绝探访。尽量减少与家人的密切接触，不得与家属共用任何可能导致间接接触感染的物品，包括牙刷、香烟、餐具、食物、饮料、毛巾、衣物及床上用品等。"第（三）项规定："他人进入居家隔离人员居住空间时，应规范佩戴 KN95/N95 及以上颗粒物防护口罩，期间不要触碰和调整口罩。尽量避免与居家隔离人员直接接触，如发生任何直接接触，应及时做好清洁消毒。"

《北京市人民政府办公厅〈关于进一步支持打好新型冠状病毒感染的肺炎疫情防控阻击战若干措施〉》第十七条规定："到京前 14 日内，离开湖北地区或者有过湖北地区人员接触史的人员，在到京之日应当主动向居住地或者住宿地的社区（村）报告健康状况，并于到京之日起接受 14 日的监督性医学观察，每日早晚监测体温，不得外出，负责监督性医学观察的社区（村）应当为其提供基本生活保障。对国内其他地区人员到京 14 日内，应早晚进行体温和健康监测，体温正常的可以上班，鼓励企业实行弹性工作时间、错峰上下班，有条件的可以实行网络办公。"

《北京市人民政府办公厅〈关于落实"四方责任"进一步加强重点人群、场所和单位新型冠状病毒感染的肺炎疫情防控工作的通知〉》第一条第（二）项规定："体温正常的人员，到京 14 日内，应当每日早晚自行进行体温和健康监测，外出时应当佩戴口罩，加强个人防护；出现发热、乏力、干咳等症状时，应当立即到就近的医疗卫生机构发热门诊就诊。"

（童云洪　孙俊楠　刘福爽）

（二十）劳动者拒绝隔离，传播病毒单位能否解除劳动合同

建议：劳动者拒绝接受与传染病有关的预防控制措施，或故意传播病毒的，用人单位能否解除劳动合同？劳动者因拒绝接受有关传染病的调查、检验、采集样本、隔离治疗等预防控制措施，构成以危险方法危害公共安全罪、妨害公务罪等刑事犯罪，并被依法追究刑事责任的，用人单位可依法解除劳动合同，且不必支付经济补偿。

法律依据：

《劳动合同法》第三十九条第六项规定："劳动者被依法追究刑事责任的，用人单位可以解除劳动合同。"

（聂　学　王姗姗）

（二十一）休假结束劳动者未上班，用人单位可否解除劳动合同

建议：劳动者未及时返回单位上班的，用人单位应首先核实劳动者未及时提供劳动的原因，若确因接受有关传染病的调查、检验、采集样本、隔离治疗等预防控制措施，或因政府采取其他紧急措施导致无法提供正常劳动的，根据人力资源社会保障部办公厅《关于妥善处理新型冠状病毒感染的肺炎疫情防控期间劳动关系问题的通知》相关规定，用人单位不得依据《中华人民共和国劳动合同法》第四十条、四十一条规定单方解除劳动合同。

若非因上述原因导致旷工的，则按照双方签订的劳动合同及用人单位合法有效的规章制度执行。

法律依据：

《劳动合同法》第三十九条劳动者有下列情形之一的，用人单位可以解除劳动合同：（一）在试用期间被证明不符合录用条件的；（二）严重违反用人单位的规章制度的；（三）严重失职，营私舞弊，给用人单位造成重大损害的；（四）劳动者同时与其他用人单位建立劳动关系，对完成本单位的工作任务造成严重影响，或者经用人单位提出，拒不改正的；（五）因本法第二十六条第一款第一项规定的情形致使劳动合同无效的；（六）被依法追究刑事责任的。

（聂　学　王姗姗）

（二十二）医院通知员工到岗，员工拒绝返岗，医院如何处理

建议：根据我国的相关法律法规，在发生公共卫生事件等严重威胁人民群众生命健康的突发事件时，医疗卫生人员应当服从政府及用人单位的调遣和工作安排，参与卫生应急处置和医疗救治。因此，疫情防控期间，医务人员服从调遣和工作安排是其法定义务。

当医院通知职工到岗，职工拒绝返岗时，医院应进一步了解职工不能按要

求到岗的原因。若该职工是因疫情防控期间交通管制或因政府要求自行隔离等合理事由导致不能及时返岗，其不能返岗具有一定的合理性，建议医院根据不同情况做出病假、调休、换班等安排。若职工无任何合理事由而拒绝返岗，根据《人力资源社会保障部办公厅关于切实做好新型冠状病毒感染的肺炎疫情防控期间事业单位人事管理工作有关问题的通知》中提出的：对于在疫情防控中不服从指挥、调遣或者消极对抗的事业单位工作人员，可根据《事业单位工作人员处分暂行规定》的有关规定，给予警告、记过、降低岗位等级或者撤职处分，情节严重的给予开除处分。医院做好相关的记录、留取证据，有权依据单位的规章制度根据其情节严重程度给予相应的处理。

同时，对于拒绝返岗的人员，相关行政主管部门有权视其情节严重程度依法给予其警告、暂停执业、吊销执业资格的行政处分或纪律处分。构成犯罪的，还有可能被追究刑事责任。

法律依据：《基本医疗卫生与健康促进法》第五十条规定，发生自然灾害、事故灾难、公共卫生事件和社会安全事件等严重威胁人民群众生命健康的突发事件时，医疗卫生机构、医疗卫生人员应当服从政府部门的调遣，参与卫生应急处置和医疗救治。对致病、致残、死亡的参与人员，按照规定给予工伤或者抚恤、烈士褒扬等相关待遇。《执业医师法》第三十七条规定，对于在发生自然灾害、传染病流行、突发重大伤亡事故以及其他严重威胁人民生命健康的紧急情况时，不服从卫生行政部门调遣的医师，由县级以上人民政府卫生行政部门给予警告或者责令暂停六个月以上一年以下执业活动；情节严重的，吊销其执业证书；构成犯罪的，依法追究刑事责任。《护士条例》第三十一条规定，护士在发生自然灾害、公共卫生事件等严重威胁公众生命健康的突发事件，不服从安排参加医疗救护的，由县级以上地方人民政府卫生主管部门依据职责分工责令改正，给予警告；情节严重的，暂停其 6 个月以上 1 年以下执业活动，直至由原发证部门吊销其护士执业证书。《劳动合同法》第三十九条规定，严重违反单位规章制度的，用人单位有权单方解除劳动合同。《事业单位人事管理条例》第十五条：事业单位工作人员连续旷工超过 15 个工作日，或者 1 年内累计旷工超过 30 个工作日的，事业单位可以解除聘用合同。第十八条：事业单位工作人员受到开除处分的，解除聘用合同。第二十八条：事业单位工作人员有下列行为之一的，给予处分：（一）损害国家声誉和利益的；（二）失职渎职的；（三）利用工作之便谋取不正当利益的；（四）挥霍、浪费国家资财的；（五）严重违反职业道德、社会公德的；（六）其他严重违反纪律的。

（贾 嫚）

（二十三）疫情期间事业、非事业编制人员薪酬如何发放

建议：防控期间不能休假的事业编工作人员，应给予相应补休，无法补休的单位应发放补助。防控期间不能休假的编外劳动关系工作人员，医院在法定假期期间（1月25日－27日）安排工作的，支付不低于工资的300%的工资报酬，在休息日（1月24日、1月28日、1月29日、1月30日）安排工作的，医院应安排补休，不能安排补休的，支付不低于工资的200%的工资报酬；对于《国务院办公厅关于延长2020年春节假期的通知》中延长的假期（1月31日－2月2日），考虑属于国家为缓解疫情临时设立的特殊假期。从该通知中第三条提及的"防控不能休假的职工，应根据《劳动法》规定安排补休，未休假期的工资报酬应按照有关政策保障落实"来看，延长的假期并不属于传统意义上的法定节假日，因为职工在法定节假日加班的，并不允许单位通过调休取代支付加班工资报酬的义务。根据该通知，在延长的特殊假期期间加班工作的职工，医院应安排补休，不能安排补休的，应按照通知中提到的有关政策保障落实，因尚未出台相关政策，建议可参照《劳动法》中休息日加班支付工资报酬的规定，支付不低于工资的200%工资报酬。

根据《财政部、国家卫生健康委〈关于新型冠状病毒感染肺炎疫情防控有关经费保障政策的通知〉》，对参加防治工作的医务人员和防疫工作者给予临时性工作补助。同时人社厅发〔2020〕8号文的意见也指出，国家激励医疗卫生机构医护人员等事业单位工作人员在疫情防控工作中履职尽责，担当作为。事业单位及其主管部门、事业单位人事综合管理部门对于在疫情防控中做出贡献的事业单位工作人员和集体特别是奋战在疫情防控一线、贡献突出的事业单位工作人员和集体，可根据《事业单位工作人员奖励规定》有关规定开展及时奖励。对于获得嘉奖、记功、记大功的事业单位工作人员给予一次性奖金，同时获奖人员经批准也可追加物质奖励。

法律依据：

《公务员法》第八十二条：公务员按照国家规定享受福利待遇。国家根据经济社会发展水平提高公务员的福利待遇。公务员执行国家规定的工时制度，按照国家规定享受休假。公务员在法定工作日之外加班的，应当给予相应的补休，不能补休的按照国家规定给予补助。《劳动法》第四十四条：有下列情形之一的，用人单位应当按照下列标准支付高于劳动者正常工作时间工资的工资报酬：（一）安排劳动者延长工作时间的，支付不低于工资的百分之一百五十的工资报酬；（二）休息日安排劳动者工作又不能安排补休的，支付不低于工资的百分之

二百的工资报酬；（三）法定休假日安排劳动者工作的，支付不低于工资的百分之三百的工资报酬。

《事业单位人事管理条例》第二十五条：在执行国家重要任务、应对重大突发事件中表现突出的，给予奖励。

《事业单位工作人员奖励规定》第五条：事业单位工作人员和集体必须坚持和加强党的全面领导，坚决维护习近平总书记的核心地位，坚决维护党中央权威和集中统一领导。有下列情形之一的，可以给予奖励：（二）在执行党和国家重大战略部署、重要任务、承担重要专项工作、维护公共利益、防止或者消除重大事故、抢险救灾减灾等方面，表现突出、成绩显著的。

（贾　嫚）

（二十四）新冠肺炎、疑似患者治疗隔离期间薪酬如何发放

建议：对于因患病请假休息或接受治疗的职工，单位应保障其依法享有的医疗期及病假工资。病假工资可以低于当地最低工资标准支付，但不能低于最低工资标准的80%。

对于疫情防控期间，新型冠状病毒感染的肺炎患者、疑似病人、密切接触者在其隔离治疗期间或医学观察期间以及因政府实施隔离措施或采取其他紧急措施导致不能提供正常劳动的企业职工，根据《人力资源社会保障部办公厅〈关于妥善处理新型冠状病毒感染的肺炎疫情防控期间劳动关系问题的通知〉》，企业应当支付职工在此期间的工作报酬。若企业停工停产在一个工资支付周期内的，企业应按劳动合同规定的标准支付职工工资。超过一个工资支付周期的，若职工提供了正常劳动，企业支付给职工的工资不得低于当地最低工资标准。职工没有提供正常劳动的，企业应当发放生活费，生活费标准按各省、自治区、直辖市规定的办法执行。

法律依据：

《传染病防治法》第四十一条：对已经发生甲类传染病病例的场所或者该场所内的特定区域的人员，所在地的县级以上地方人民政府可以实施隔离措施。……在隔离期间，实施隔离措施的人民政府应当对被隔离人员提供生活保障；被隔离人员有工作单位的，所在单位不得停止支付其隔离期间的工作报酬。

《关于妥善处理新型冠状病毒感染的肺炎疫情防控期间劳动关系问题的通知》：一、对新型冠状病毒感染的肺炎患者、疑似病人、密切接触者在其隔离治疗期间或医学观察期间以及因政府实施隔离措施或采取其他紧急措施导致不能提供正常劳动的企业职工，企业应当支付职工在此期间的工作报酬，并不得依

据劳动合同法第四十条、四十一条与职工解除劳动合同。在此期间，劳动合同到期的，分别顺延至职工医疗期期满、医学观察期期满、隔离期期满或者政府采取的紧急措施结束。二、企业因受疫情影响导致生产经营困难的，可以通过与职工协商一致采取调整薪酬、轮岗轮休、缩短工时等方式稳定工作岗位，尽量不裁员或者少裁员。符合条件的企业，可按规定享受稳岗补贴。企业停工停产在一个工资支付周期内的，企业应按劳动合同规定的标准支付职工工资。超过一个工资支付周期的，若职工提供了正常劳动，企业支付给职工的工资不得低于当地最低工资标准。职工没有提供正常劳动的，企业应当发放生活费，生活费标准按各省、自治区、直辖市规定的办法执行。

（贾　嫚）

（二十五）履行工作职责感染新冠肺炎的医务人员如何处理

建议：按照工伤处理。医务人员感染新冠肺炎是因其在工作时间和工作场所内与履行工作职责相关而受到的伤害。因此，根据《社会保险法》和《工伤保险条例》，应认定为工伤。同时，人社部、财政部、卫健委联合印发的〔2020〕11号文件《有关人员因履职感染新冠肺炎保障通知》，明确在新型冠状病毒肺炎预防和救治工作中，医护及相关工作人员因履行工作职责，感染新型冠状病毒肺炎或因感染新型冠状病毒肺炎死亡的，应认定为工伤，依法享受工伤保险待遇。

若用人单位没有为医务人员缴纳工伤保险，则应由用人单位向医务人员支付工伤保险待遇，若用人单位拒绝支付，则由工伤保险基金先行向医务人员支付，之后向医疗机构追偿。

在受感染医务人员暂停工作接受医疗期间，原工资福利待遇不变。同时，医疗机构应积极为受感染医务人员申报工伤认定，目前北京市疫情期间社保行政部门将压缩受理时间，最短可3日内完成认定。此外，北京市人社局〔2020〕2号文件中通知，在医务人员参加防治工作期间，给予临时性工作补助，直接参与防疫救治的300元/人/天，其他医务人员200元/人/天。

法律依据：

《工伤保险条例》第十四条规定："职工有下列情形之一的，应当认定为工伤：（一）在工作时间和工作场所内，因工作原因受到事故伤害的。"第三十三条规定："职工因工作遭受事故伤害或者患职业病需要暂停工作接受工伤医疗的，在停工留薪期内，原工资福利待遇不变，由所在单位按月支付。"《传染病防治法》第六十四条规定："对从事传染病预防、医疗、科研、教学、现场处理疫情的人员，以及在生产、工作中接触传染病病原体的其他人员，有关单位应当按照国家规定，采取有效的卫生防护措施和医疗保健措施，并给予适当的津贴。"

《社会保险法》第四十一条规定："职工所在用人单位未依法缴纳工伤保险费，发生工伤事故的，由用人单位支付工伤保险待遇。用人单位不支付的，从工伤保险基金中先行支付。从工伤保险基金中先行支付的工伤保险待遇应当由用人单位偿还。用人单位不偿还的，社会保险经办机构可以依照本法第六十三条的规定追偿。"

（聂　学　王姗姗）

（二十六）员工被隔离、医学观察期间，工资应该怎么发

建议：单位不得停发工资。国家卫健委经国务院批准，新型冠状病毒感染的肺炎已纳入《传染病防治法》规定的乙类传染病，并采取甲类传染病的预防、控制措施。因此，按照《传染病防治法》的规定，员工在其隔离治疗期间，所在单位不得停止支付其隔离期间的工作报酬，工资待遇应当由其所属企业按照正常工作期间的工资支付。同时，人社部在〔2020〕2号文件中进一步明确，对新型冠状病毒感染的肺炎患者、疑似病人、密切接触者在其隔离治疗期间或医学观察期间以及因政府实施隔离措施或采取其他紧急措施导致不能提供正常劳动的企业职工，企业应当支付职工在此期间的工作报酬，并不得依据《劳动合同法》第四十条、四十一条与职工解除劳动合同。

北京市人社局〔2020〕11号文件《关于做好疫情防控期间维护劳动关系稳定有关问题的通知》中亦作要求：对于新型冠状病毒感染肺炎疑似病人及与新型冠状病毒感染肺炎病人、疑似病人密切接触者，经隔离、医学观察排除是病人或者病原携带者后，隔离、医学观察期间的工资待遇由所属企业按正常工作期间工资支付。

法律依据：

《传染病防治法》第四十一条第二款规定："在隔离期间，实施隔离措施的人民政府应当对被隔离人员提供生活保障；被隔离人员有工作单位的，所在单位不得停止支付其隔离期间的工作报酬。隔离期间工资待遇应当由其所属企业按照正常工作期间的工资支付。"

（聂　学　王姗姗）

（二十七）感染新冠肺炎且合同到期的员工，是否解除劳动合同

建议：对于被确诊为新型冠状病毒肺炎的员工，在治疗期间可以被视为处于医疗期内。企业不得依据《劳动合同法》第四十、四十一条单方解除劳动合同，而且劳动合同期限应当顺延至治愈为止。

对于被隔离观察、被采取隔离措施或者被采取其他紧急措施的员工，根据各地政府的通知规定，企业同样不得依据《劳动合同法》第四十、四十一条单方解除劳动合同，而且劳动合同期限应当顺延至隔离期、隔离措施或者其他紧急措施结束为止。

新型冠状病毒感染的肺炎员工如果医疗期满，在劳动合同期内的不能从事原工作，也不能从事由用人单位另行安排的工作的，用人单位可以与其解除劳动合同，按《劳动合同法》的规定支付经济补偿；医疗期满时劳动合同也已期满的，用人单位可以终止劳动合同。

根据北京市人社局〔2020〕11 号文件《关于做好疫情防控期间维护劳动关系稳定有关问题的通知》要求：职工医疗期中，企业应当根据劳动合同或集体合同的约定，支付病假工资，病假工资不得低于北京市最低工资标准的 80%。

法律依据：

《劳动合同法》第四十条规定："有下列情形之一的，用人单位提前三十日以书面形式通知劳动者本人或者额外支付劳动者一个月工资后，可以解除劳动合同：（一）劳动者患病或者非因工负伤，在规定的医疗期满后不能从事原工作，也不能从事由用人单位另行安排的工作的。"第四十二条第三款规定："用人单位不得解除劳动合同的情形：患病或者非因工负伤，在规定的医疗期内的。"第四十五条规定："劳动合同期满，有本法第四十二条规定情形之一的，劳动合同应当续延至相应的情形消失时终止。"第四十六条规定："有下列情形之一的，用人单位应当向劳动者支付经济补偿：（三）用人单位依照本法第四十条规定解除劳动合同的。"

（聂　学　王姗姗）

（二十八）返岗职工要求医院出具健康证明，医院如何处理

建议：1. 根据《突发公共卫生事件应急条例》《基本医疗卫生与健康促进法》《公共场所卫生管理条例》以及新型冠状病毒肺炎期间相关法律法规，医院对患者和疑似患者有诊疗义务，但并未要求医院对所有就医人员出具健康证明。新型冠状病毒肺炎存在潜伏期，检查只代表检查者当时的状况，医院出具证明，

只能记载当时的体温和相关检查指标情况。相关证明不需要写明健康与否。

2. 鉴于当前防疫的特殊时期，应当告知 14 天居家自我隔离期和隔离方法，以排除新型冠状病毒感染的可能性。

3. 对于从事特殊服务业需要办理的常规"健康合格证"，应当按照相关法律规定，按照常规体检流程进行。

法律依据：

根据国家卫健委《新型冠状病毒感染的肺炎疫情社区防控工作方案（试行）》中对疫区返回人员管理相关规定：从疫区返回人员应立即到所在村支部或社区进行登记，并到本地卫生院或村医或社区卫生服务中心进行体检，每天两次体检，同时主动自行隔离 14 天。

《公共场所卫生管理条例》第七条：公共场所直接为顾客服务的人员，持有"健康合格证"方能从事本职工作。患有痢疾、伤寒、病毒性肝炎、活动期肺结核、化脓性或者渗出性皮肤病以及其他有碍公共卫生的疾病的，治愈前不得从事直接为顾客服务的工作。

《食品安全法》第四条：食品生产经营者对其生产经营食品的安全负责。食品生产经营者应当依照法律、法规和食品安全标准从事生产经营活动，保证食品安全，诚信自律，对社会和公众负责，接受社会监督，承担社会责任。

（赵　波）

（二十九）疫情防控期间企业停工停产的，工资应当如何发放

建议：

该问题目前存在两种观点。

第一种观点认为应当根据《工资支付暂行规定》第十二条的规定，非因劳动者原因造成单位停工、停产在一个工资支付周期内的，用人单位应按劳动合同规定的标准支付劳动者工资。超过一个工资支付周期的，若劳动者提供了正常劳动，则支付给劳动者的劳动报酬不得低于当地的最低工资标准；若劳动者没有提供正常劳动，应按国家有关规定办理。这是现行国家层面法律对于非因劳动者原因造成停工、停产的主要规定。

根据北京市人社局〔2020〕11 号文件《关于做好疫情防控期间维护劳动关系稳定有关问题的通知》要求：对于因疫情未及时返京复工的职工，企业可以优先考虑安排职工年休假。其中，职工累计工作已满 1 年不满 10 年的，年休假 5 天；已满 10 年不满 20 年的，年休假 10 天；已满 20 年的，年休假 15 天。职工在年休假期间享受与正常工作期间相同的工资收入。职工未复工时间较长的，

企业经与职工协商一致，可以安排职工待岗。待岗期间，企业应当按照不低于本市最低工资标准的70%支付基本生活费。执行工作任务的出差职工，因疫情未能及时返京期间的工资待遇由所属企业按正常工作期间工资支付。

第二种观点：新型冠状病毒疫情防控导致企业停工停产属于不可抗力，用人单位可以不支付工资。该条除《江苏省劳动合同条例》有明确规定以外，国家层面以及其他地方并无明确规定的，直接适用该观点还是存在一定的法律风险。

律师建议使用第一种观点为好。

法律依据：

《工资支付暂行规定》第十二条规定：非因劳动者原因造成单位停工、停产在一个工资支付周期内的，用人单位应按劳动合同规定的标准支付劳动者工资。超过一个工资支付周期的，若劳动者提供了正常劳动，则支付给劳动者的劳动报酬不得低于当地的最低工资标准；若劳动者没有提供正常劳动，应按国家有关规定办理。

（聂　学　王姗姗）

（三十）延迟复工期间工资如何发放

建议：

首先2020年1月25日至2020年1月27日是国家法定节假日，在此期间上班的应当发放300%的日工资，不上班的正常支付工资；

2020年1月24日、1月28日至1月30日为休息日，在此期间上班的应当支付200%的日工资，不上班的不支付工资；

2020年1月31日至2月1日是国家规定的延长假期期间，属于特殊假期，在这两日内上班的应当支付200%的日工资，不上班的不支付工资；

2月2日是正常休息日，上班的应当支付200%的日工资，不上班的不支付工资；

2020年2月3日至2月7日，部分地区通知企业不得复工，在此期间如果不属于规定里不得复工的企业属于正常工作日，上班者应当正常足额支付工资。

非涉及重要国计民生的相关企业的劳动者在2020年2月3日至2月7日加班又不能补休的，用人单位应向劳动者支付百分之二百的工资报酬。

在此期间不上班的员工发放工资目前存在争议，需要根据各地规定执行。

2020年2月8日至2月9日属于正常休息日，在此期间上班的应当支付200%的日工资。

法律依据：

《劳动法》第四十四条规定："（一）安排劳动者延长工作时间的，支付不低于工资的百分之一百五十的工资报酬；（二）休息日安排劳动者工作又不能安排补休的，支付不低于工资的百分之二百的工资报酬；（三）法定休假日安排劳动者工作的，支付不低于工资的百分之三百的工资报酬。

2020 年 1 月 28 日，上海人社局关于延迟企业复工相关问题也说明延迟复工期间属于休息日。对于休息的职工，企业应当按照劳动合同约定的标准支付工资；对于承担保障等任务上班的企业职工，应作为休息日加班给予补休或按规定支付加班费。

同时，职工按照企业要求在家上班的，应作为休息日加班，由企业给予补休或按照规定支付加班费。这个意味着上海地区的单位不能安排年休假、倒休等方式解决该期限。

2020 年 1 月 31 日，青岛市人力资源和社会保障局发布文件同样表示延迟复工企业的职工，企业应按照劳动合同规定的标准支付工资。

（聂　学　王姗姗）

四、疫情防控期间医疗机构合同履行中应注意的问题①

（三十一）新型冠状病毒肺炎疫情是否属于"不可抗力"

建议：对于此次疫情，全国人大常委会法制工作委员会相关室负责人，2 月 10 日就疫情防控中社会普遍关心的法律问题进行了解答。"当前我国发生了新冠肺炎疫情这一突发公共卫生事件。为了保护公众健康，政府也采取了相应疫情防控措施。对于因此不能履行合同的当事人来说，属于不能预见、不能避免并不能克服的不可抗力。根据《合同法》的相关规定，因不可抗力不能履行合同的，根据不可抗力的影响，部分或者全部免除责任，但法律另有规定的除外。"

若发生合同纠纷，要根据具体情况判断是否构成不可抗力。构成不可抗力，按照《合同法》第一百一十七条处理。如果不构成不可抗力，建议合同当事人本着互谅互让的态度协商解决，如协商不成，可根据《合同法》第五条的公平原则视情适当合理分担因疫情防控导致的不利后果。

不可抗力是指不能预见、不能避免且不能克服的客观情况。此次疫情，医

---

① 本章节中的部分内容参考了杭州中院公众号发布的《疫情防控涉及你我他，你关心的民商事法律问题都在这里了》一文中的内容。

学界尚无绝对有效的方法可以阻止病毒传播，属于人类不可预见、不能避免且不能克服的事件。但疫情并不是对所有合同的履行都有影响。不影响合同目的实现、正常履行的情况下，疫情就不能视为不可抗力。2003年"非典"时期的做法是，根据具体情况，适用公平原则，或参照《合同法》按照不可抗力处理。此次疫情的暴发，政府已经做出了明确的强行性通知，如春节假期延长、武汉市封城等，对于这种合同订立时无法预见的政策层面带来重大变化和影响，可考虑"情势变更"，适用《合同法解释（二）》第二十六条的规定，当继续履行合同对于一方当事人明显不公平或者不能实现合同目的，当事人请求人民法院变更或者解除合同的，人民法院根据公平原则，并结合案件的实际情况确定是否变更或者解除。

法律依据：

《合同法》第一百一十七条规定："因不可抗力不能履行合同的，根据不可抗力的影响，部分或者全部免除责任，但法律另有规定的除外。当事人迟延履行后发生不可抗力的，不能免除责任。本法所称不可抗力，是指不能预见、不能避免并不能克服的客观情况。"

《合同法解释（二）》第二十六条规定："合同成立以后客观情况发生了当事人在订立合同时无法预见的、非不可抗力造成的不属于商业风险的重大变化，继续履行合同对于一方当事人明显不公平或者不能实现合同目的，当事人请求人民法院变更或者解除合同的，人民法院应当根据公平原则，并结合案件的实际情况确定是否变更或者解除。"

（聂　学　王姗姗）

（三十二）疫情导致的合同不能履行，应承担哪些责任

建议：疫情已经造成了大规模的交通不便、工厂停工等情况，但对于每一份合同而言，只有在疫情真正影响到合同目的的实现或对一方当事人明显不公平，导致合同不能正常履行的情况下，方构成"不可抗力"或"情势变更"的情形。所有合同不得一概而论。对于若发生合同纠纷，建议合同当事人本着互谅互让的态度协商解决，如协商不成，可根据《合同法》第五条的公平原则视情适当合理分担因疫情防控导致的不利后果。

若继续履行合同对于一方当事人明显不公平或者不能实现合同目的，当事人参照《合同法解释（二）》第二十六条规定可以请求人民法院变更或者解除合同。

当事人也可以参照《合同法》一百一十七条和一百一十八条按照不可抗力

的规定，若合同不能履行，且原因不能全部归责于合同当事人的，根据本次疫情的影响，部分或者全部免除责任，但是否可以免责应当需要根据双方合同目的、合同履行情况、未履行合同方是否存在恶意违约、是否存在违反诚实信用原则等情况进行严格确认。此外，合同当事人应该及时通知合同相对方，以减轻可能给对方造成的损失。

但如果此次疫情是在签订合同以前或者当事人迟延履行之后发生的，不能免除责任。如果并非由于疫情原因导致合同不能履行的，同样不能免除责任。

当然，当事人可以不通过法院，合同当事人协商一致，对合同进行变更或解除，如延期履行的补充协议、免除当事人违约责任的解除合同。

法律依据：

《合同法》第一百一十七条规定："因不可抗力不能履行合同的，根据不可抗力的影响，部分或者全部免除责任，但法律另有规定的除外。当事人迟延履行后发生不可抗力的，不能免除责任。本法所称不可抗力，是指不能预见、不能避免并不能克服的客观情况。"第一百一十八条规定："当事人一方因不可抗力不能履行合同的，应当及时通知对方，以减轻可能给对方造成的损失，并应当在合理期限内提供证明。"第七十七条规定：当事人协商一致，可以变更合同。"第九十三条规定："当事人协商一致，可以解除合同。"《合同法解释（二）》第二十六条规定："合同成立以后客观情况发生了当事人在订立合同时无法预见的、非不可抗力造成的不属于商业风险的重大变化，继续履行合同对于一方当事人明显不公平或者不能实现合同目的，当事人请求人民法院变更或者解除合同的，人民法院应当根据公平原则，并结合案件的实际情况确定是否变更或者解除。"

（聂　学　王姗姗）

（三十三）合同未约定不可抗力或排除在免责之外怎么办

建议：由于"不可抗力"属于法定免责条款，当事人即使未在合同中约定不可抗力条款或者约定将不可抗力排除在免责事由之外，在符合条件的情况下，均不影响直接援用法律规定，主张不可抗力免责。

（聂　学　王姗姗）

（三十四）疫情导致的合同不能履行，如何处理

建议：

合同的不能履行分为三种情况：

（1）合同全部不能履行；

（2）合同部分不能履行；

（3）合同暂时不能履行。

根据每份合同的特点以及目的，在此种疫情下，各份合同所处情况不同。其次，不能履行的类型不同会导致不同的法律后果：延期履行、部分履行或者不履行；合同变更或者解除。

在此次疫情发生后，如果出现合同不能履行的情况，应当及时履行通知义务以及证明义务。应当及时向对方发出通知，并在合理期限内提供证明（政府的通知或者命令等）。通知应当采用双方约定的通知方式，尽量采用书面、邮件、短信等多种形式，并保留通知发出以及合同相对方收到通知的证据。

如果由于疫情致使合同的目的无法达成的，一方可以解除合同，属于法律规定的法定解除事由。并可以根据不可抗力的影响，要求部分免责或者全部免责。解除合同的一方应当及时通知对方并履行上述的证明义务，以减小可能给对方带来的损失，如果另一方收到通知后由于未采取措施造成的扩大损失，不应当由合同解除通知方承担。

法律依据：

《合同法》第九十四条规定："有下列情形之一的，当事人可以解除合同：（一）因不可抗力致使不能实现合同目的；（二）在履行期限届满之前，当事人一方明确表示或者以自己的行为表明不履行主要债务；（三）当事人一方迟延履行主要债务，经催告后在合理期限内仍未履行；（四）当事人一方迟延履行债务或者有其他违约行为致使不能实现合同目的；（五）法律规定的其他情形。"第一百一十八条规定："当事人一方因不可抗力不能履行合同的，应当及时通知对方，以减轻可能给对方造成的损失，并应当在合理期限内提供证明。"

（聂　学　王姗姗）

（三十五）合同继续履行，但造成明显不公平应当如何处理

建议：可以援用情势变更、公平原则请求法院予以变更或者解除合同。

以租赁合同为例，如果企业作为承租方受到疫情或者不得提前复工的影响，很长时间不能开业，给其造成了较大损失。疫情不能预测，也无法避免，继续履行合同，让损失完全由承租方负担有违公平。

在这种情况下，考虑到援用公平原则具有较大的诉讼成本，应当首先查看《租赁合同》，合同中如果对出现不可抗力减免租金有明确约定的，按约定履行。如果《租赁合同》没有约定，承租方可以先依据"不可抗力"进行免责，本次

疫情对商家生产经营产生影响，租户可以根据影响力的大小，与业主协商部分或全部减免租金。当然，最终是否减免，或减免多少，还需双方协商确定，但并不代表租金一定要减免。

商家还可以以"情势变更，继续履行明显不公平"为由请求法院变更或者解除合同（注意，这里是指排除不可抗力影响之外的情况）。

法律依据：

《合同法解释（二）》第二十六条规定："合同成立以后客观情况发生了当事人在订立合同时无法预见的、非不可抗力造成的不属于商业风险的重大变化，继续履行合同对于一方当事人明显不公平或者不能实现合同目的，当事人请求人民法院变更或者解除合同的，人民法院应当根据公平原则，并结合案件的实际情况确定是否变更或者解除。"《合同法》第一百一十七条规定："因不可抗力不能履行合同的，根据不可抗力的影响，部分或者全部免除责任，但法律另有规定的除外。当事人迟延履行后发生不可抗力的，不能免除责任。本法所称不可抗力，是指不能预见、不能避免并不能克服的客观情况。"

（聂　学　王姗姗）

五、新冠肺炎防疫期间医疗机构接受社会捐赠注意事项

（三十六）由医疗机构的哪一个部门负责接受捐赠

建议：从实际情况来看，我国绝大多数医疗机构无专职接受捐赠的职能部门或基金会。考虑到新型冠状病毒防疫期间的紧迫性，以及当前捐赠的特点，可由各医疗机构结合自身及捐赠意向的客观情况，指定相关职能科室、指派专人成立专项职能部门，负责相关财、物的接受、分发和使用。

法律依据：

《卫生计生单位接受公益事业捐赠管理办法（试行）》第八条规定："卫生计生单位应当明确承担捐赠组织协调管理的牵头职能部门，负责管理日常事务。"

（刘　凯　刘欢欢）

（三十七）接受捐赠时，捐赠方不愿意签订协议怎么办

建议：应当签订书面协议，但在疫情发生的特殊期间，可根据具体情况予以简化。考虑到现实中确实有不愿签订协议或不方便签订书面协议的情形，建

议医疗机构制作《捐赠物品接受证明》，在《捐赠物品接受证明》中写明捐赠相关情况。

法律依据：

《卫生计生单位接受公益事业捐赠管理办法（试行）》第十六条规定："卫生计生单位接受捐赠应当与捐赠人协商一致，自愿平等签订书面捐赠协议。"第十九条规定："卫生计生单位执行突发公共卫生事件应急处置等特殊任务期间接受捐赠的，可以根据情况适当简化书面捐赠协议。"

（刘　凯　刘欢欢）

（三十八）接受物品捐赠的，是否必须公开说明捐赠物品的价值

建议：不是必须，现实防疫工作的紧迫性，要求我们以防控疫情工作为重中之重。因此，在当下，捐赠物品的价值（价格）是否公开，并非重点。这也为整个社会所接受。但善心与善行，应当给予铭记，更应当得到呵护与褒扬！此时此刻，我们没有条件、没有时间去做，但我们倡议接受捐赠的单位，在有条件之后，要以各种形式广为宣扬！合适的时机公开公布，增加捐赠的透明度。为此，可以参照《卫生计生单位接受公益事业捐赠管理办法（试行）》第二十四条所规定的形式。

法律依据：

《卫生计生单位接受公益事业捐赠管理办法（试行）》第二十四条规定："单位接受受赠的捐赠工程项目，捐赠人可以留名纪念或提出工程项目名称等。"第二十二条第二款规定："接受非货币方式捐赠，鼓励受赠单位委托第三方评估机构对非货币捐赠财产价值进行评估、确认或公证。"

（刘　凯　刘欢欢）

（三十九）接受物品捐赠的，医疗机构开具什么样的票据

建议：开具公益事业捐赠票据。根据《公益事业捐赠票据使用管理试行办法》的规定，"捐赠票据是会计核算的原始凭证，是财政、税务、审计、监察等部门进行监督检查的依据。捐赠票据是捐赠人对外捐赠并根据国家有关规定申请捐赠款项税前扣除的有效凭证"。考虑到此次疫情的广泛性和严重性以及可能出现的长期性，结合《公益事业捐赠票据使用管理试行办法》的相关规定——"捐赠票据由独立核算、会计制度健全的公益性单位向同级财政部门领购"，"捐赠票据实行凭证领购、分次限量、核旧购新的领购制度"，建议各医疗机构及时向同级财政部门领购。

法律依据：

《中华人民共和国公益事业捐赠法》第十六条规定："受赠人接受捐赠后，应当向捐赠人出具合法、有效的收据。"

《卫生计生单位接受公益事业捐赠管理办法（试行）》第二十三条规定："受赠单位接受捐赠，应当按照实际收到的货币金额或非货币性捐赠财产价值，开具财政部门统一印制并加盖受赠法人单位印章的公益事业捐赠票据，及时将捐赠票据送达捐赠人。"

（四十）　医疗机构科室能否直接接受捐赠

建议：不可以，应当由医院统一接受。此次疫情暴发于春节期间，物资不足属客观情况。但越是这种情况下，医疗机构及其各职能部门和临床一线科室，更应依法依规行事。

法律依据：

《卫生计生单位接受公益事业捐赠管理办法（试行）》第十条明确规定："捐赠人向卫生计生单位捐赠，应当由单位捐赠管理部门统一受理。卫生计生单位其他内部职能部门或个人一律不得直接接受。"第二十条第一款规定："捐赠财产应当由受赠法人单位统一接受。"

（刘　凯　刘欢欢）

（四十一）　是否可以拒绝接受捐赠

建议：可以。考虑到中华民族"一方有难、八方支援"的优良传统，不排除个人、单位所捐赠的物品属于医疗机构及医务人员非急需物资或属于医疗机构及医务人员不需要的物资。在此种情况下，医疗机构应向相关捐赠个体和机构进行说明。在防控疫情的当下，我们应当尽可能节省人力、物力，尽可能将人力、物资、工作重心向防疫工作偏重。紧急捐赠应按照《卫生计生单位接受公益事业捐赠管理办法（试行）》法律规定，是正常程序。

法律依据：

《卫生计生单位接受公益事业捐赠管理办法（试行）》第十五条规定："卫生计生单位领导班子集体或内部民主议事会议确定意见应当及时书面通知捐赠人。不予接受的捐赠，卫生计生单位应当向捐赠人解释和说明。"

（刘　凯　刘欢欢）

（四十二）超出捐赠协议约定的使用范围使用捐赠物资，是否违规

建议：违规。医疗机构需要改变捐赠用途使用捐赠财产时，应当征得捐赠人的书面同意。但是，考虑到执行协议的成本和效率问题，我们建议医疗机构在协议中对此种可能发生的改变用途的情形，提前进行约定。

法律依据：

《中华人民共和国公益事业捐赠法》第十八条规定："受赠人与捐赠人订立了捐赠协议的，应当按照协议约定的用途使用捐赠财产，不得擅自改变捐赠财产的用途。如果确需改变用途的，应当征得捐赠人的同意。"

《卫生计生单位接受公益事业捐赠管理办法（试行）》第三十二条规定："受赠单位应当尊重捐赠人意愿，严格按照本单位宗旨和捐赠协议约定开展公益非营利性业务活动，不得用于营利性活动。捐赠协议限定用途的捐赠财产，受赠单位不得擅自改变捐赠财产用途。如果确需改变用途的，应当征得捐赠人书面同意。"

（刘　凯　刘欢欢）

（四十三）疫情期间受赠物资是否在医疗机构之间进行调配使用

建议：关于疫情期间捐赠的物资能否在同行业、同等级、同性质的医疗机构之间调配使用这一问题，原则上不允许。但考虑到立法本意，以及此次疫情的广泛性、严重性和有可能的长期性，如在实践之中，统筹考虑相关客观情形之后，在征得捐赠人同意，并报主管部门同意，且做好记录、不改变捐赠物品使用范围的情况下，应为可行。

法律依据：

《卫生计生单位接受公益事业捐赠管理办法（试行）》第三十七条规定："受赠单位接受的捐赠财产一般不得用于转赠其他单位。"

（刘　凯　刘欢欢）

（四十四）不符合使用标准的捐赠物品如何处理

建议：秉承公开、透明、溯源清晰、不违背捐赠目的、实事求是的原则进行适当处理。对于非急需物品，在符合捐赠目的的前提下进行使用，如在疫情结束后仍有剩余捐赠物品，可以在征得捐赠人同意后用于公共卫生医疗事业。对于虽符合产品质量标准但无法被临床医务人员使用或无法核实受赠物品是否符合医用标准的物资，如果未接受，可以拒绝捐赠并向捐赠人说明，如果已经接受了，可以在取得捐赠人同意下进行处置，所取得的收入用于捐赠目的。

在防控疫情期间，时间和效率就是患者的生命健康。因此，前述问题或相关类似事项，医疗机构及相关负责人，应结合本单位实际情况，根据试行办法第十一、十二、十三和十四条的规定，制定相关制度或流程性规定，以便更好地保障疫情防控工作的开展。

法律依据：

《中华人民共和国公益事业捐赠法》第十七条第四款规定："对于不易储存、运输和超过实际需要的受赠财产，受赠人可以变卖，所取得的全部收入，应当用于捐赠目的。"

《卫生计生单位接受公益事业捐赠管理办法（试行）》第三十七条规定："受赠单位接受的捐赠财产一般不得用于转赠其他单位，不得随意变卖处理。对确属不易储存、运输或者超过实际需要的物资，在征得捐赠人同意后可以处置，所取得的全部收入，应当用于捐赠目的。"

《卫生计生单位接受公益事业捐赠管理办法（试行）》第十一至第十四条内容：

第十一条　捐赠预评估是卫生计生单位收到捐赠人捐赠申请后，在接受捐赠前对捐赠项目开展的综合评估。卫生计生单位应当建立接受捐赠预评估制度。

第十二条　预评估重点内容：

（一）是否符合国家有关法律法规；

（二）是否符合卫生计生单位职责、宗旨、业务范围和活动领域；

（三）捐赠接受必要性；

（四）捐赠人背景、经营状况及其与本单位关系；

（五）捐赠实施可行性；

（六）捐赠用途是否涉及商业营利性活动；

（七）捐赠是否涉嫌不正当竞争和商业贿赂；

（八）捐赠方是否要求与捐赠事项相关的经济利益、知识产权、科研成果、行业数据及信息等权利和主张；

（九）捐赠物资质量、资质是否符合国家标准与要求等；

（十）是否附带政治目的及其他意识形态倾向；

（十一）是否损害公共利益和其他公民的合法权益；

（十二）卫生计生单位认为必要的其他内容。

第十三条　卫生计生单位捐赠管理部门应当会同单位财务、资产、审计等部门，以及相关业务部门，建立评估工作机制，及时对捐赠申请提出评估意见。

必要时，可以引入第三方机构及有关监管部门参与评估。

第十四条　捐赠预评估意见应当经卫生计生单位领导班子集体研究确定，或履行内部民主议事程序。

（刘　凯　刘欢欢）

（四十五）非现金捐赠需要注意的法律问题

建议：接受非货币方式捐赠，鼓励受赠单位委托第三方评估机构对非货币捐赠财产价值进行评估、确认或公证。对非现金的捐赠，医疗机构是可以委托第三方对捐赠物品的价值进行确定，但考虑到此次抗击新型冠状病毒肺炎疫情特殊时期，物资紧缺且需求量大，实践操作中也难以做到对每笔捐赠物资均委托第三方确认价值，因此，在特殊时期，可以对物资捐赠不做价值确认，但要做好清点、验收、登记造册、捐赠物资的使用与管理，最后以使用物品是多少件表达。同时，可以适当的方式感谢捐赠方。

法律依据：

《卫生计生单位接受公益事业捐赠管理办法（试行）》第二十二条第二款规定："接受非货币方式捐赠，鼓励受赠单位委托第三方评估机构对非货币捐赠财产价值进行评估、确认或公证。"第二十九条规定："受赠单位接受的非货币性捐赠，财务部门应当会同资产管理部门、使用部门，按照捐赠协议验收无误后，入库登账，纳入单位资产统一管理。达到固定资产核算起点的，应当按照固定资产有关规定管理。"第三十六规定："非货币捐赠财产使用遵循以下原则：

（一）捐赠协议限定用途的，受赠单位应当按照捐赠协议约定内容，制订财产使用管理办法，明确管理责任、使用范围和使用流程。

（二）捐赠协议未限定用途的，受赠单位应当按照本办法第五条规定的使用范围，结合本单位职责或宗旨开展公益活动，并严格执行本单位统一的资产管理规定，合理安排财产使用，提高使用效率。

（三）受赠单位不得用于开展非公益活动。"

（刘　凯　刘欢欢）

（四十六）医疗机构能否接受有经济往来机构的捐赠

建议：法律上，捐赠方不能进行利益相关的捐赠，但此次疫情是面临的公共卫生紧急情况。在抗击新冠肺炎疫情的特殊时期，各个医疗机构的物资极度紧缺，在这种情况下，对于与医疗机构有经济往来的机构，只要捐赠项目是符合公益目的及自愿原则的，不违反法律禁止性规定，我们认为，医疗机构是可以接受捐赠的。

（刘　凯　刘欢欢）

（四十七）医疗机构疫情期间是否可以公开募捐

建议：法律规定不可以，但在特殊时期经过相关行政部门批准可以作为例外情况处理。虽然从疫情暴发到现在，包括湖北及湖北以外的地区均出现医院直接向社会发布接受捐赠的公告，但可以明确地说，医院不具备公开募捐资格。《慈善组织公开募捐管理办法》第三条规定，依法取得公开募捐资格的慈善组织可以面向公众开展募捐。不具有公开募捐资格的组织和个人不得开展公开募捐。民政部《关于动员慈善力量依法有序参与新型冠状病毒感染的肺炎疫情防控工作的公告》（民政部公告第476号）及湖北省、武汉市政府的通告中均要求，通过慈善组织（红十字会等）来接受捐赠，并未做出医疗机构可以公开募捐的例外规定，那么即使在疫情期间，医疗机构未经批准公开募捐也是违法的。

对于已经公开募捐并接受捐赠的医疗机构，一定要做好善款收支情况的统计，做好捐赠款项的明细、款项的使用、采购的物资记录，保留好相关记录凭证。做好接受捐赠物资的管理与使用。及时向捐赠人及社会公众公开使用情况，并在疫情接受后进行专项的审计。

法律依据：

《慈善组织公开募捐管理办法》第三条规定："依法取得公开募捐资格的慈善组织可以面向公众开展募捐。不具有公开募捐资格的组织和个人不得开展公开募捐。"

第五条规定："依法登记或者认定为慈善组织满二年的社会组织，申请公开募捐资格，应当符合下列条件：

（一）根据法律法规和本组织章程建立规范的内部治理结构，理事会能够有效决策，负责人任职符合有关规定，理事会成员和负责人勤勉尽职，诚实守信；

（二）理事会成员来自同一组织以及相互间存在关联关系组织的不超过三分之一，相互间具有近亲属关系的没有同时在理事会任职；

（三）理事会成员中非内地居民不超过三分之一，法定代表人由内地居民担任；

（四）秘书长为专职，理事长（会长）、秘书长不得由同一人兼任，有与本慈善组织开展活动相适应的专职工作人员；

（五）在省级以上人民政府民政部门登记的慈善组织有三名以上监事组成的监事会；

（六）依法办理税务登记，履行纳税义务；

（七）按照规定参加社会组织评估，评估结果为 3A 及以上；

（八）申请时未纳入异常名录；

（九）申请公开募捐资格前二年，未因违反社会组织相关法律法规受到行政处罚，没有其他违反法律、法规、国家政策行为的。"

（刘　凯　刘欢欢）

（四十八）医疗机构是否可以接受境外组织捐赠①

建议：可以接受境外非营利性机构捐赠。按照境内企业接受或向境外非营利性机构捐赠办理审批备案等手续。应持以下单证在银行办理：

（一）申请书（境内企业在申请书中须如实承诺其捐赠行为不违反国家相关禁止性规定，已按照国家相关规定办理审批备案等手续，与其发生捐赠外汇收支的境外机构为非营利性机构，境内企业将严格按照捐赠协议使用资金，并承担由此产生的法律责任）；

（二）营业执照复印件；

（三）经公证并列明资金用途的捐赠协议；

（四）境外非营利性机构在境外依法登记成立的证明文件（附中文译本）；

（五）在上述材料无法充分证明交易真实性时，要求提供的其他材料。

境内企业接受或向境外营利性机构或境外个人捐赠，按照跨境投资、对外债权债务有关规定办理。

（刘　凯　刘欢欢）

（四十九）接受捐赠是否应当公示

建议：应当进行公示。医疗机构应当建立健全受赠信息公开工作制度，通过便于公众知晓的方式，真实、准确、及时、完整地向社会公开受赠相关信息，提高受赠使用和管理工作的透明度，向社会主动公开以下信息：捐赠接受管理制度、捐赠接受工作流程、捐赠管理部门及联系方式、受赠财产情况、受赠财产使用情况、受赠项目审计报告、受赠项目绩效评估结果等。

鉴于目前正是抗击疫情的关键时期，各机构将工作重点放在防疫、抗疫、救治患者上，在这期间，各单位要做好对捐赠物资的使用与管理，在疫情结束后，依法依规进行公示。

---

① 董玉婷. 捐赠相关问答［J］. 中国外汇，2019，369（Z1）：39 - 40.

法律依据：

《卫生计生单位接受公益事业捐赠管理办法（试行）》第四十条规定："受赠单位应当建立健全受赠信息公开工作制度，通过便于公众知晓的方式，真实、准确、及时、完整地向社会公开受赠相关信息，提高受赠使用和管理工作的透明度。"

第四十一条规定"受赠单位应当向社会主动公开以下信息：

（一）捐赠接受管理制度；

（二）捐赠接受工作流程；

（三）捐赠管理部门及联系方式；

（四）受赠财产情况；

（五）受赠财产使用情况；

（六）受赠项目审计报告；

（七）受赠项目绩效评估结果；

（八）依照法律法规应当公开的其他信息。"

第四十二条规定："受赠单位应当在规定时间公开受赠信息：

（一）每年 3 月 31 日前公布上一年度本单位受赠财产、财产使用和管理情况；

（二）受赠项目审计报告和绩效评估结果完毕后 30 个工作日内；

（三）捐赠协议约定的受赠信息社会公开时间；

（四）国家有关法规对信息公开的要求。"

第四十三条规定："受赠单位应当在单位门户网站或当地主要新闻媒体等向社会公开受赠信息。

鼓励各级卫生计生行政部门和中医药管理部门建立统一的卫生计生公益事业捐赠信息平台。"

（刘 凯 刘欢欢）

（五十）采取哪种公开方式最利于社会公众对医疗机构的信任

建议：

可以采用多种方式：微博、微信、医疗机构官网、纸质记录本、特定办公地点以便于公众查询和知晓。法律没有对捐赠相关制度的公开方式进行规定，但对于受赠信息，要求在单位门户网站或当地主要新闻媒体等向社会公开，并鼓励各级卫生计生行政部门和中医药管理部门建立统一的卫生计生公益事业捐赠信息平台。

无论采取哪种方式，依法、合规是根本！真诚、真实是初心！

法律依据：

《卫生计生单位接受公益事业捐赠管理办法（试行）》第四十一条规定："受赠单位应当向社会主动公开以下信息：

（一）捐赠接受管理制度；

（二）捐赠接受工作流程；

（三）捐赠管理部门及联系方式；

（四）受赠财产情况；

（五）受赠财产使用情况；

（六）受赠项目审计报告；

（七）受赠项目绩效评估结果；

（八）依照法律法规应当公开的其他信息。"

第四十三条规定："受赠单位应当在单位门户网站或当地主要新闻媒体等向社会公开受赠信息。

鼓励各级卫生计生行政部门和中医药管理部门建立统一的卫生计生公益事业捐赠信息平台。"

（刘 凯 刘欢欢）

六、新型冠状病毒感染的肺炎患者隐私权问题

（五十一）何谓隐私权

建议：隐私专属于个人，是个人所有的，但不愿让其他人知道的个人信息、私人活动或私有领域。这些信息主要包括：（1）个人健康状况，如所患疾病及症状；（2）既往史如旅游史、与他人交往接触史、疾病史、家族史、生活史、婚姻史、生育史等；（3）身体的隐秘部位及通过诊疗探知或查明的心理生理缺陷；（4）血液、精液、血型等检查报告单；（5）一般个人信息，如家庭住址、电话号码、工作单位、年龄、籍贯、经济状况、爱好，等等。

在医疗活动中，患者为治疗疾病而需要向医生如实陈述病史及诊断疾病所需的个人信息，在一定情况下还应接受对其隐私部位进行的以诊断和治疗为目的的医学检查。

法律依据：

《侵权责任法》第二条：侵害民事权益，应当依照本法承担侵权责任。本法

所称民事权益，包括生命权、健康权、姓名权、名誉权、荣誉权、肖像权、隐私权、婚姻自主权、监护权、所有权、用益物权、担保物权、著作权、专利权、商标专用权、发现权、股权、继承权等人身、财产权益。

（聂　学　王姗姗）

（五十二）新型冠状病毒感染的肺炎防控涉及哪些隐私

建议：为早诊断、早隔离等防控传染病的需要，传染病患者或者疑似传染病患者应当向医疗机构、疾控机构如实提供自己的旅游史、行程和交往人员信息；所有患者均应当向医疗机构和疾控机构如实提供自己的疫区旅游史和疑似传染病症状；所有外出返回的群众，都应当按照要求向社区等有关单位如实陈述自己的行程。以上，包括个人姓名、年龄、单位、住址、行程、病情等，均可属于隐私信息。

法律依据：

《传染病防治法》第三十九条：医疗机构发现甲类传染病时，应当及时采取下列措施：（一）对病人、病原携带者，予以隔离治疗，隔离期限根据医学检查结果确定；（二）对疑似病人，确诊前在指定场所单独隔离治疗；（三）对医疗机构内的病人、病原携带者、疑似病人的密切接触者，在指定场所进行医学观察和采取其他必要的预防措施。拒绝隔离治疗或者隔离期未满擅自脱离隔离治疗的，可以由公安机关协助医疗机构采取强制隔离治疗措施。

《突发公共卫生事件应急条例》第四十二条　有关部门、医疗卫生机构应当对传染病做到早发现、早报告、早隔离、早治疗，切断传播途径，防止扩散。

（聂　学　王姗姗）

（五十三）新冠肺炎感染患者的隐私权有哪些特点

建议：所谓患者隐私权，是指患者对个人信息所享有的不被他人了解、观看、拍摄、公开和干涉的一种人格权利。传染病患者隐私权具有与一般隐私权不同的自身特性。第一，传染病患者隐私权的客体不仅包括患者与传染病预防控制相关的个人信息，还包括他人信息。第二，传染病患者隐私权的义务主体具有特殊性，即对患者隐私权负有保护义务不仅限于医疗机构及医务人员，还有疾控机构和疾控人员、公安部门、社区相关工作人员等。第三，患者在传染病防控过程中出于侥幸心理或者保护他人隐私的需要，可能隐瞒病情、隐瞒症状、隐瞒交往对象和行程。

法律依据：

《传染病防治法》第三十一条：任何单位和个人发现传染病病人或者疑似传染病病人时，应当及时向附近的疾病预防控制机构或者医疗机构报告。

第三十二条：港口、机场、铁路疾病预防控制机构以及国境卫生检疫机关发现甲类传染病病人、病原携带者、疑似传染病病人时，应当按照国家有关规定立即向国境口岸所在地的疾病预防控制机构或者所在地县级以上地方人民政府卫生行政部门报告并互相通报。

第三十四条：县级以上地方人民政府卫生行政部门应当及时向本行政区域内的疾病预防控制机构和医疗机构通报传染病疫情以及监测、预警的相关信息。接到通报的疾病预防控制机构和医疗机构应当及时告知本单位的有关人员。

第三十八条：国家建立传染病疫情信息公布制度。国务院卫生行政部门定期公布全国传染病疫情信息。省、自治区、直辖市人民政府卫生行政部门定期公布本行政区域的传染病疫情信息。传染病暴发、流行时，国务院卫生行政部门负责向社会公布传染病疫情信息，并可以授权省、自治区、直辖市人民政府卫生行政部门向社会公布本行政区域的传染病疫情信息。公布传染病疫情信息应当及时、准确。

（聂　学　王姗姗）

（五十四）隐私受法律保护吗

建议：个人隐私受法律保护。违法泄露隐私，属于侵权行为，不但对个人造成伤害，而且引发社会关注。

法律依据：

《侵权责任法》第二条：侵害民事权益，应当依照本法承担侵权责任。本法所称民事权益，包括生命权、健康权、姓名权、名誉权、荣誉权、肖像权、隐私权、婚姻自主权、监护权、所有权、用益物权、担保物权、著作权、专利权、商标专用权、发现权、股权、继承权等人身、财产权益。

《执业医师法》第二十二条：医师在执业活动中应当关心、爱护、尊重患者，保护患者的隐私。第三十七条：医师在执业活动中，泄漏患者隐私，造成严重后果的，由县级以上人民政府卫生行政部门给予警告或者责令暂停6个月以上1年以下执业活动；情节严重的，吊销其执业证书；构成犯罪的，依法追究刑事责任。

《护士条例》第十八条：护士应当尊重、关心、爱护患者，保护患者的隐私。

（聂　学　王姗姗）

（五十五）新冠肺炎防控牺牲部分隐私权的依据

建议：个人隐私权受法律保护，但在传染病防控中涉及公众健康和公共安全时，应当让渡公共利益。

1. 个人隐私权和公众健康、公共安全、他人健康发生冲突，位阶较低的个人隐私权应当让位于他人健康权等位阶更高的权利。传染病病人或者疑似传染病病人的隐私权应受如实告知病情、如实接受流行病学调查、强制报告义务、保护处于危险地位第三人健康权等因素的限制，不能以隐私权为由，拒绝相关的流行病学调查和诊断治疗。隐瞒病情、隐瞒症状，导致传染病扩散的，可以构成犯罪。

2. 对于与感染者有关系处于健康危险地位的第三人，除感染者本人有告知义务外，疾控部门亦有义务告知该第三人，以便第三人采取合理的防治措施，配合医学观察甚至隔离的进行。政府有权发布保护公共安全的信息。

法律依据：

《传染病防治法》第三十一条：任何单位和个人发现传染病病人或者疑似传染病病人时，应当及时向附近的疾病预防控制机构或者医疗机构报告。

第三十二条：港口、机场、铁路疾病预防控制机构以及国境卫生检疫机关发现甲类传染病病人、病原携带者、疑似传染病病人时，应当按照国家有关规定立即向国境口岸所在地的疾病预防控制机构或者所在地县级以上地方人民政府卫生行政部门报告并互相通报。

第三十四条：县级以上地方人民政府卫生行政部门应当及时向本行政区域内的疾病预防控制机构和医疗机构通报传染病疫情以及监测、预警的相关信息。接到通报的疾病预防控制机构和医疗机构应当及时告知本单位的有关人员。

第三十八条：国家建立传染病疫情信息公布制度。国务院卫生行政部门定期公布全国传染病疫情信息。省、自治区、直辖市人民政府卫生行政部门定期公布本行政区域的传染病疫情信息。传染病暴发、流行时，国务院卫生行政部门负责向社会公布传染病疫情信息，并可以授权省、自治区、直辖市人民政府卫生行政部门向社会公布本行政区域的传染病疫情信息。公布传染病疫情信息应当及时、准确。

《突发公共卫生事件应急条例》第三十九条：医疗卫生机构应当对因突发事件致病的人员提供医疗救护和现场救援，对就诊病人必须接诊治疗，并书写详细、完整的病历记录；对需要转送的病人，应当按照规定将病人及其病历记录的复印件转送至接诊的或者指定的医疗机构。

医疗卫生机构应当对传染病病人密切接触者采取医学观察措施，传染病病人密切接触者应当予以配合。

医疗机构收治传染病病人、疑似传染病病人，应当依法报告所在地的疾病预防控制机构。接到报告的疾病预防控制机构应当立即对可能受到危害的人员进行调查，根据需要采取必要的控制措施。

第四十条：传染病暴发、流行时，街道、乡镇以及居民委员会、村民委员会应当组织力量，团结协作，群防群治，协助卫生行政主管部门和其他有关部门、医疗卫生机构做好疫情信息的收集和报告、人员的分散隔离、公共卫生措施的落实工作，向居民、村民宣传传染病防治的相关知识。

（聂　学　王姗姗）

（五十六）非新冠肺炎防控目的泄露隐私违法吗

建议：出于防控传染病所需，个人必须将前述隐私信息向相关人员公开，这是个人基于公众健康、公共安全需要而必须放弃部分隐私权。传染病防控治疗人员因防控治疗传染病所获知个人信息，具有正当性，并不构成对隐私权的侵犯。但是，传染病防控治疗人员必须尊重他人人格权，妥善保护他人隐私权。因传染病防控获悉他人隐私的人，只能出于传染病防控目的使用他人隐私，不能出于非传染病防控目的泄露他人隐私，更不能肆意扩散他人隐私。如个人出于猎奇、八卦心理，私下传播或者公开他人的私人生活信息，属于侵犯他人隐私权的违法行为，应当承担相应法律责任。

法律依据：

《侵权责任法》第二条：侵害民事权益，应当依照本法承担侵权责任。本法所称民事权益，包括生命权、健康权、姓名权、名誉权、荣誉权、肖像权、隐私权、婚姻自主权、监护权、所有权、用益物权、担保物权、著作权、专利权、商标专用权、发现权、股权、继承权等人身、财产权益。

（聂　学　王姗姗）

（五十七）新冠肺炎防控泄露隐私应承担什么法律责任

建议：侵犯隐私权的法律责任主要是民事责任，包括停止侵害、赔礼道歉和赔偿损失，等等。

法律依据：

《民法通则》第一百三十四条：承担民事责任的方式主要有：（一）停止侵害；（二）排除妨碍；（三）消除危险；（四）返还财产；（五）恢复原状；

（六）修理、重作、更换；（七）赔偿损失；（八）支付违约金；（九）消除影响、恢复名誉；（十）赔礼道歉。以上承担民事责任的方式，可以单独适用，也可以合并适用。人民法院审理民事案件，除适用上述规定外，还可以予以训诫、责令具结悔过、收缴进行非法活动的财物和非法所得，并可以依照法律规定处以罚款、拘留。

《民法总则》第一百七十九条：承担民事责任的方式主要有：（一）停止侵害；（二）排除妨碍；（三）消除危险；（四）返还财产；（五）恢复原状；（六）修理、重作、更换；（七）继续履行；（八）赔偿损失；（九）支付违约金；（十）消除影响、恢复名誉；（十一）赔礼道歉。法律规定惩罚性赔偿的，依照其规定。本条规定的承担民事责任的方式，可以单独适用，也可以合并适用。

《侵权责任法》第十五条：承担侵权责任的方式主要有：（一）停止侵害；（二）排除妨碍；（三）消除危险；（四）返还财产；（五）恢复原状；（六）赔偿损失；（七）赔礼道歉；（八）消除影响、恢复名誉。以上承担侵权责任的方式，可以单独适用，也可以合并适用。

（聂　学　王姗姗）

（五十八）公布新冠肺炎患者所在小区合法吗

建议：合法。按照法律规定，政府可以根据防疫的需要公布小区疫情信息。这有利于小区居民提供警惕，采取适当的防控措施，配合隔离等防控措施的进行。

法律依据：

《传染病防治法》第三十八条：国家建立传染病疫情信息公布制度。国务院卫生行政部门定期公布全国传染病疫情信息。省、自治区、直辖市人民政府卫生行政部门定期公布本行政区域的传染病疫情信息。传染病暴发、流行时，国务院卫生行政部门负责向社会公布传染病疫情信息，并可以授权省、自治区、直辖市人民政府卫生行政部门向社会公布本行政区域的传染病疫情信息。公布传染病疫情信息应当及时、准确。

（聂　学　王姗姗）

第四章 疫情防控期间单位及个人应注意的问题

一、关于疫情防控期间患者不配合救治的讨论

（一）新冠肺炎患者或家属不配合治疗应承担什么法律责任

1. 讨论及分析

根据《医疗纠纷预防和处理条例》的相关规定，患者应如实提供与病情有关的信息，配合医务人员开展诊疗活动。新冠肺炎的患者属于传染病人具有传染性，不配合医疗机构进行救治将可能造成疫情扩散、加重等损害后果，故《传染病防治法》《突发公共卫生事件应急条例》明确要求患者以及传染病病人密切接触者必须接受医疗机构有关传染病的调查、检验、采集样本、隔离治疗等预防、控制、医学措施，如实提供有关情况。

因此，感染新冠肺炎患者或其家属应配合医疗机构进行救治以及采取的相关控制和医学措施，如果患者或其家属拒绝配合治疗、隔离、转院等工作，那么可依法由公安机关协助强制执行，同时可对有关责任人员依法给予行政处分或者纪律处分，触犯《中华人民共和国治安管理处罚法》而构成违反治安管理行为的，由公安机关依法予以处罚，构成犯罪的，依法追究刑事责任。同时，根据法律规定，对于患者或者其近亲属不配合医疗机构进行符合诊疗规范的诊疗，患者有损害的，应自行承担相应的责任，如果因此导致传染病传播、流行，给他人人身、财产造成损害的，依法应当承担民事责任。

2. 结论及建议

针对新型冠状病毒肺炎，患者及家属应积极配合医疗机构及医务人员的救治和处置，如实提供病史，一方面有利于病情及时救治，另一方面可防控新冠肺炎的传播。但是，由于患者对其感染新冠肺炎往往心理上不接受或恐惧，可能出现隐瞒病史，拒绝配合治疗、拒绝隔离等情况，此时医务人员应掌握患者

的心理进行安慰，劝说其如实提供病史、接触史等信息和积极配合治疗和处置，同时告知拒不配合的相关法律责任，并让患者签字确认。对于患者或其家属隐瞒病史、拒不配合治疗、隔离、转院等工作的，或者干扰医疗秩序、殴打医务人员的，可以联系公安机关处理，如果因此给他人造成损害的，可要求其承担赔偿等法律责任。

3. 法律依据

（1）《医疗纠纷预防和处理条例》第二十条规定："患者应当遵守医疗秩序和医疗机构有关就诊、治疗、检查的规定，如实提供与病情有关的信息，配合医务人员开展诊疗活动。"

（2）《传染病防治法》第十二条："在中华人民共和国领域内的一切单位和个人，必须接受疾病预防控制机构、医疗机构有关传染病的调查、检验、采集样本、隔离治疗等预防、控制措施，如实提供有关情况。疾病预防控制机构、医疗机构不得泄露涉及个人隐私的有关信息、资料。"

第七十七条："单位和个人违反本法规定，导致传染病传播、流行，给他人人身、财产造成损害的，应当依法承担民事责任。"

（3）《基本医疗卫生与健康促进法》第二十条第二款规定："任何组织和个人应当接受、配合医疗卫生机构为预防、控制、消除传染病危害依法采取的调查、检验、采集样本、隔离治疗、医学观察等措施。"

（4）《突发公共卫生事件应急条例》第三十九条第三款规定："医疗卫生机构应当对传染病病人密切接触者采取医学观察措施，传染病病人密切接触者应当予以配合。"

第四十四条规定："在突发事件中需要接受隔离治疗、医学观察措施的病人、疑似病人和传染病病人密切接触者在卫生行政主管部门或者有关机构采取医学措施时应当予以配合；拒绝配合的，由公安机关依法协助强制执行。"

第三十六条规定："国务院卫生行政主管部门或者其他有关部门指定的专业技术机构，有权进入突发事件现场进行调查、采样、技术分析和检验，对地方突发事件的应急处理工作进行技术指导，有关单位和个人应当予以配合；任何单位和个人不得以任何理由予以拒绝。"

第五十一条规定："在突发事件应急处理工作中，有关单位和个人未依照本条例的规定履行报告职责，隐瞒、缓报或者谎报，阻碍突发事件应急处理工作人员执行职务，拒绝国务院卫生行政主管部门或者其他有关部门指定的专业技术机构进入突发事件现场，或者不配合调查、采样、技术分析和检验的，对有关责任人员依法给予行政处分或者纪律处分；触犯《中华人民共和国治安管理处罚法》，构成违反治安管理行为的，由公安机关依法予以处罚；构成犯罪的，依法追究刑事责任。"

（5）《治安管理处罚法》第二十三条规定："有下列行为之一的，处警告或者二百元以下罚款；情节较重的，处五日以上十日以下拘留，可以并处五百元以下罚款；扰乱机关、团体、企业、事业单位秩序，致使工作、生产、营业、医疗、教学、科研不能正常进行，尚未造成严重损失的。"

（6）《侵权责任法》第六十条规定："患者有损害，因下列情形之一的，医疗机构不承担赔偿责任：（一）患者或者其近亲属不配合医疗机构进行符合诊疗规范的诊疗；（二）医务人员在抢救生命垂危的患者等紧急情况下已经尽到合理诊疗义务；（三）限于当时的医疗水平难以诊疗。前款第一项情形中，医疗机构及其医务人员也有过错的，应当承担相应的赔偿责任。"

（7）《最高人民法院、最高人民检察院〈关于办理妨害预防、控制突发传染病疫情等灾害的刑事案件具体应用法律若干问题的解释〉》第一条规定："故意传播突发传染病病原体，危害公共安全的，依照刑法第一百一十四条、第一百一十五条第一款的规定，按照以危险方法危害公共安全罪定罪处罚。患有突发传染病或者疑似突发传染病而拒绝接受检疫、强制隔离或者治疗，过失造成传染病传播，情节严重，危害公共安全的，依照刑法第一百一十五条第二款的规定，按照过失以危险方法危害公共安全罪定罪处罚。"

（童云洪　孙俊楠　刘福爽）

（二）在疫情期间拒绝隔离与他人接触可能承担的法律责任

1. 讨论及分析

在防疫期间，多地发生故意隐瞒到湖北旅行史或与新冠肺炎确诊患者有亲密接触史的事件，当事人不主动报告，有的拒不执行卫生防疫机构的预防、控制措施，还多次到公共场所活动。或明知自身感染的情况下还频繁出入人员密集的公共场所或与他人接触，不自觉隔离观察，有的传染了家庭成员，有的传染给看病的医生和其他人，置他人于传染病风险之中，导致疫情的扩散，传播给更多的人群。如果造成了他人损害，就应当承担相应的法律责任。轻则违反治安管理处罚法，应受到相应的行政处罚。重则会构成犯罪应受到刑事处罚。目前有两种观点：一种观点，涉嫌构成以危险方法危害公共安全罪，尤其是极端的情况，行为人知道自己感染了新型冠状病毒，出于某种特殊心理，如报复社会、发泄不满，故意不采取防护措施，故意与不特定的人员接触以传播疫病，一定是构成了以危险方法危害公共安全罪；另一种观点认为如果不是故意行为，应当属于妨害传染病防治罪的规制范围。

2. 结论及建议

公共卫生领域防控传染病最有效的办法就是切断传染渠道。在传染病暴发期，人与人之间的接触越少越好，要有一些基本的保护措施，如戴口罩、勤洗手。从感染区回来的人应有自觉和警惕，由于潜伏期长且隐蔽，最好要自我隔离，并如实报告有关情况。公共卫生法每一个决策、每一个措施，会带来公共利益和个人利益的冲突。在当前的应急状态下，公民的一些个人权益会受到消减，比如疑似病人确诊前需要在指定场所单独隔离治疗，可能会丧失逛商场的自由，但这是在维护他的健康，如果他以自由为借口，不采取必要的防护措施接触他人，就是对公共健康的危害。每个人要提高自己的防范意识、法律意识和公共意识，不能把自身的自由绝对化，更不能以自身自由的名义侵犯他人和公共利益。因此，在这个非常时期，每个公民为保护自身健康，同时也要服从公共利益需要，自觉在家做好隔离，外出戴口罩，配合小区的测体温检查，全民一致抗击疫情。

3. 法律依据

《传染病防治法》第十二条规定：在中华人民共和国领域内的一切单位和个人，必须接受疾病预防控制机构、医疗机构有关传染病的调查、检验、采集样本、隔离治疗等预防、控制措施，如实提供有关情况。疾病预防控制机构、医疗机构不得泄露涉及个人隐私的有关信息、资料。

第三十九条规定：医疗机构发现甲类传染病时，应当及时采取下列措施：（一）对病人、病原携带者，予以隔离治疗，隔离期限根据医学检查结果确定；（二）对疑似病人，确诊前在指定场所单独隔离治疗；（三）对医疗机构内的病人、病原携带者、疑似病人的密切接触者，在指定场所进行医学观察和采取其他必要的预防措施。拒绝隔离治疗或者隔离期未满擅自脱离隔离治疗的，可以由公安机关协助医疗机构采取强制隔离治疗措施。

《最高人民法院、最高人民检察院〈关于办理妨害预防、控制突发传染病疫情等灾害的刑事案件具体应用法律若干问题的解释〉》第一条规定：故意传播突发传染病病原体，危害公共安全的，依照刑法第一百一十四条、第一百一十五条第一款的规定，按照以危险方法危害公共安全罪定罪处罚。患有突发传染病或者疑似突发传染病而拒绝接受检疫、强制隔离或者治疗，过失造成传染病传播，情节严重，危害公共安全的，依照刑法第一百一十五条第二款的规定，按照过失以危险方法危害公共安全罪定罪处罚。

《刑法》第三百三十条对妨害传染病防治罪做了规定，违反传染病防治法的规定，有下列情形之一，引起甲类传染病传播或者有传播严重危险的，处三年以下有期徒刑或者拘役；后果特别严重的，处三年以上七年以下有期徒刑，其中第四项规定，拒绝执行卫生防疫机构依照传染病防治法提出的预防、控制措施的。

（王晨光　赵　军　王春霞）

二、关于疫情防控期间合同履行相关问题的讨论

（三）企事业单位疫情发生前签订的合同不能履行如何处理

1. 讨论及分析

此次新型冠状病毒感染的肺炎所引起的疫情，政府已启动重大突发公共卫生事件一级响应，医学界尚无绝对有效的方法可以阻止病毒传播，属于人类不可预见、不能避免且不能克服的事件，此种情形符合法律规定"不可抗力"的情形。

根据每份合同签订目的及所处情况不同，不能履行的类型分为：暂时不能履行、部分履行或者完全不履行，根据合同性质、内容等情况可协商延期、变更或者依法中止、解除合同。同时合同各方应当及时履行通知、证明义务，以减小可能给对方带来的损失并维护自己的合法权益。

2. 结论及建议

（1）协商变更或者解除合同。

合同是平等主体之间设立、变更、终止民事权利义务关系的协议。合同当事人的法律地位平等，依法享有自愿订立合同的权利。协商的内容，除不违反法律强制性规定，以双方意思自治为主。

根据《合同法》的相关规定，经合同当事人协商一致可以变更、解除合同。通过签订补充协议，变更合同履行期限、履行内容等以实现或部分实现原合同目的，若无法通过变更实现合同目的，可协商解除合同。口头协商的注意保存书面或电子证据。

（2）中止履行。

本次疫情对企业经营状况的打击不容忽视，合同当事人互负债务有先后履行顺序的，先履行一方发现对方存在经营状况严重恶化；转移财产、抽逃资金，以逃避债务等丧失或可能丧失履行能力的情形，当事人可行使不安抗辩权，中止履行合同。

但需要强调的是：

第一，当事人需有确切证据证明对方存在上述情形，否则中止履行构成违约；

第二，中止履行一方应当及时通知对方，双方明确合理恢复履行期限；

第三，若对方提供适当担保，应当恢复履行。

中止履行后，对方在合理期限内未恢复履行能力并且未提供适当担保的，中止履行的一方可以解除合同。

（3）因不可抗力致合同目的无法实现的，解除合同。

根据《合同法》规定："因不可抗力致使不能实现合同目的，当事人可以解除合同。"不可抗力属于法定解除的情形，不以约定为适用前提，在符合法律规定的情况可直接适用。因不可抗力不能履行合同的，根据不可抗力的影响，部分或者全部免除责任。此时我们需注意：

"致使"是适用法定解除的前提，即合同目的无法实现与本次疫情须存在直接因果关系，是由于疫情期间政策、交通、个人健康情况等原因导致合同目的无法实现，而不能一味地认为"疫情期间不履行合同"即可适用法定解除。

另外，我们可以看出，根据受本次疫情的影响不同并考虑是否存在恶意违约，违反公平、诚实信用原则等，部分或者全部免除无法履行合同一方的违约责任。

但合同目的若针对本次疫情或在疫情发生前一方已经违约，后因疫情致合同目的无法实现的，则不因不可抗力免除其违约责任。

（4）通知义务。

在疫情期间，无论是变更、中止还是解除合同，均应及时履行通知义务，最大限度降低双方损失。同时，须重视通知的有效性，如书面邮寄时应保证地址、联系人为合同约定或其他有效地址；邮箱、微信等电子通知方式，须保证接收人是合同授权人或单位法定代表人。并保留履行通知义务的相关证据。

（5）证明义务。

《合同法》对合同中止及法定解除，明确规定了证明义务。即主张中止或解除一方应承担证明责任。具体证明文件包括：疫情管控措施、封锁交通、限制货物交易、餐饮延期开业、企事业等非必须上班人员延期复工等通知；个人受疫情影响的医学证明文件。

另外，中国国际贸易促进委员会表示可以为企业出具不可抗力证明。

律师认为，虽疫情当前，个人或企业等经济状况均受严重影响，但决不能恶意违约，当事人之间更应公平诚信、相互理解，友好解决合同履行问题。

3. 法律依据

不可抗力。《合同法》第一百一十七条：因不可抗力不能履行合同的，根据不可抗力的影响，部分或者全部免除责任，但法律另有规定的除外。当事人迟延履行后发生不可抗力的，不能免除责任。本法所称不可抗力，是指不能预见、不能避免并不能克服的客观情况。

协商变更、解除。《合同法》第七十七条规定：当事人协商一致，可以变更合同。"第九十三条规定："当事人协商一致，可以解除合同。"

中止履行。《合同法》第六十八条规定："应当先履行债务的当事人，有确切证据证明对方有下列情形之一的，可以中止履行：（一）经营状况严重恶化；（二）转移财产、抽逃资金，以逃避债务；（三）丧失商业信誉；（四）有丧失或者可能丧失履行债务能力的其他情形。当事人没有确切证据中止履行的，应当承担违约责任。"第六十九条规定："当事人依照本法第六十八条的规定中止履行的，应当及时通知对方。"

法定解除。《合同法》第九十四条规定："因不可抗力致使不能实现合同目的，当事人可以解除合同。"第一百一十八条规定："当事人一方因不可抗力不能履行合同的，应当及时通知对方，以减轻可能给对方造成的损失，并应当在合理期限内提供证明。"

（邓利强　苗玉敏）

（四）疫情影响旅游服务合同无法正常履行，怎么办

1. 讨论及分析

旅游者和旅游经营者均有权解除合同。根据旅游法《第六十七条》第一款和第二款的规定：（1）合同不能继续履行的，旅行社和旅游者均可以解除合同。合同不能完全履行的，旅行社经向旅游者做出说明，可以在合理范围内变更合同；旅游者不同意变更的，可以解除合同。（2）合同解除的，组团社应当在扣除已向地接社或者履行辅助人支付且不可退还的费用后，将余款退还旅游者；合同变更的，因此增加的费用由旅游者承担，减少的费用退还旅游者。

文化和旅游部办公厅于 2020 年 1 月 24 日发布《关于全力做好新型冠状病毒感染的肺炎疫情防控工作暂停旅游企业经营活动的紧急通知》中要求：现将暂停旅游企业经营活动有关事项紧急通知如下：从即日起，全国旅行社及在线旅游企业暂停经营团队旅游及"机票＋酒店"旅游产品。已出行的旅游团队，可按合同约定继续完成行程。行程中，密切关注游客身体状况，做好健康防护。

因此，在 2020 年 1 月 24 日之后未出行的旅游合同，可以依据该通知，旅游

者和旅游经营者解除合同或对合同进行变更。合同解除产生的退款依照已签订的旅游合同约定执行。若对具体退款金额有争议，旅游者和旅游经营者可以援引《合同法》第五条公平原则，请求双方因本次疫情和政府规定，共同承担因此造成的损失。参照《合同法》第一百一十七条关于不可抗力的规定，不可抗力是指不能预见、不能避免且不能克服的客观情况。一旦认定构成不可抗力，旅游者则可以不付旅游费用，同时免除违约责任。或《合同法解释（二）》第二十六条中关于情势变更的规定请求解除合同。

若已出行的旅游者，若身体无任何症状，在旅游时，做好自身防护；若出现发热、咳嗽等情况，应及时告知旅行团，并听从旅行团和当地政府的安排。若因疫情造成旅游者滞留，旅行社应当采取相应的安置措施，并协助旅游者返回出发地或者旅游者指定的合理地点。因此增加的食宿费用，由旅游者承担；增加的返程费用，由旅行社与旅游者分担。

2. 结论及建议

旅游者和旅游经营者均有权解除合同，尤其是在文化和旅游部办公厅于2020年1月24日发布通知要求暂停旅游企业经营活动之后未出行的旅游合同。对于未发生的费用，旅游者可以请求旅游经营者返还。旅游经营者、旅游者若对退款金额有纠纷，可以依据《旅游法》第六十七条、《合同法》第五条公平原则，参照《合同法》第一百一十七条关于不可抗力，或《合同法解释（二）》第二十六条中关于情势变更的规定，请求解除旅游合同或对合同进行变更。若因疫情造成有旅游者滞留，旅行社应当安置旅游者，并协助旅游者返回出发地或者旅游者指定的合理地点。因此增加的食宿费用，由旅游者承担；增加的返程费用，由旅行社与旅游者分担。

3. 法律依据

《旅游法》第六十七条规定："因不可抗力或者旅行社、履行辅助人已尽合理注意义务仍不能避免的事件，影响旅游行程的，按照下列情形处理：（一）合同不能继续履行的，旅行社和旅游者均可以解除合同。合同不能完全履行的，旅行社经向旅游者做出说明，可以在合理范围内变更合同；旅游者不同意变更的，可以解除合同。（二）合同解除的，组团社应当在扣除已向地接社或者履行辅助人支付且不可退还的费用后，将余款退还旅游者；合同变更的，因此增加的费用由旅游者承担，减少的费用退还旅游者。（三）危及旅游者人身、财产安全的，旅行社应当采取相应的安全措施，因此支出的费用，由旅行社与旅游者分担。（四）造成旅游者滞留的，旅行社应当采取相应的安置措施。因此增加的食宿费用，由旅游者承担；增加的返程费用，由旅行社与旅游者分担。"

《合同法》第五条规定："当事人应当遵循公平原则确定各方的权利和义务。"第一百一十七条规定："因不可抗力不能履行合同的，根据不可抗力的影响，部分或者全部免除责任，但法律另有规定的除外。当事人迟延履行后发生不可抗力的，不能免除责任。本法所称不可抗力，是指不能预见、不能避免并不能克服的客观情况。"

《合同法解释（二）》第二十六条规定："合同成立以后客观情况发生了当事人在订立合同时无法预见的、非不可抗力造成的不属于商业风险的重大变化，继续履行合同对于一方当事人明显不公平或者不能实现合同目的，当事人请求人民法院变更或者解除合同的，人民法院应当根据公平原则，并结合案件的实际情况确定是否变更或者解除。"

（聂　学　王姗姗）

（五）疫情致停工合同不能或延迟履行如何承担违约责任

1. 讨论及分析

承担违约责任一般采取继续履行、采取补救措施或者赔偿对方损失等形式。给对方造成损失的，损失赔偿额应当相当于因违约所造成的损失，包括合同履行后可以获得的利益，但以订立合同时预见到或者应当预见到的因违反合同可能造成的损失为限。

在此次疫情发生后，如果出现合同延迟履行或不能履行的情况，应当首先看合同中对于不可抗力是否有明确约定，如果对出现不可抗力有明确约定的，按约定履行。如果合同没有约定，应当及时向对方发出通知，并在合理期限内提供证明（政府的通知或者命令等），通知应当采用双方约定的通知方式，尽量采用书面、邮件、短信等多种形式发送通知，并保留通知发出以及合同相对方收到通知的证据。

根据意思自治原则，合同双方当事人有协商一致对合同进行变更和接触的权利。因此，若双方互谅互让、协商一致签订延期履行的补充协议或签订免除企业违约责任的解除合同，则可以减轻或免除企业因违约所要承担的责任。

若协商不一致，企业可以通过向法院提起诉讼的途径进行解决，但有较大的诉讼成本。鉴于本次疫情政府管控的情况，企业可以援引《合同法》第五条的公平原则，视情适当与合同相对方合理分担因疫情防控导致的不利后果，企业若想参照《合同法》第一百一十七条有关不可抗力的条款部分或者全部免除责任，或参照《合同法解释（二）》第二十六条有关情势变更的条款变更或解除合同，需要向法院提出请求，由法院根据本次疫情的影响，并结合案件的实际情况决定是否免除企业违约责任、变更或者解除合同。因此，企业应结合如下几点：

（1）在合同缔约时，是否不可预见本次疫情事件。若在疫情暴发、政府防控措施实施后订立的合同，法院一般会认为当事人对疫情影响已有相当预期，在无其他因素情形下仍应承担相应的违约责任。

（2）迟延履行或者履行不能是否直接由于不可避免、不可克服的客观因素所导致，即直接受政府防控措施或疫情的影响。若企业因自身原因，如长期拖欠工资导致工人拒绝返工而合同履行不能，则仍应承担相应的违约责任。

（3）疫情与政府防控措施所导致企业停工的具体期间。企业可以政府启动重大突发公共卫生事件响应至措施解除这段期间为基础，或自行举证证明其因突发疫情与政府防控措施影响导致企业自身经营不能及恢复经营的期间。

（4）企业在履行不能时，是否及时通知合同相对方，以减小可能给对方带来的损失。如果另一方收到通知后，由于未采取措施造成的扩大损失，不应当由企业承担。

（5）合同的变更或者解除基于诚实信用原则，企业不存在恶意违约。疫情和政府防控措施并不会导致所有合同履行不能。若企业为将货物转售第三方赚取更高额利润为目的迟延履行或解除合同，则仍应承担相应的违约责任。

（6）继续履行合同对于企业明显不公平或者不能实现合同目的。若企业采取倒班制、在家办公等灵活方式，仍能继续履行合同的，则仍应承担相应的违约责任。

2. 结论及建议

企业在受疫情影响延迟履行或履行不能时，建议采取书面形式及时通知对方。若合同中约定了不可抗力等客观因素导致合同无法正常履行的条款，双方应按合同约定履行，若未约定此类条款，建议双方首先应秉承互谅互让的精神，协商一致对合同进行变更或解除。在协商不能时，若通过法院，会有较大诉讼成本，企业可援引《合同法》第五条公平原则，视情适当与合同相对方合理分担因疫情防控导致的不利后果。若企业想要参照不可抗力或情势变更的情形，免除己方责任或变更解除合同，则在诉讼时要考虑如下几点，来争取对己方较有利的结果：合同签订时是否对疫情因素有所预见、是否直接由于疫情和政府管控原因造成本次合同无法正常履行、企业停工的影响期限、企业是否及时履行通知义务、变更或解除合同基于诚实信用原则、继续履行合同对于企业明显不公平或者不能实现合同目的。

3. 法律依据

《合同法》第一百一十七条规定："因不可抗力不能履行合同的，根据不可抗力的影响，部分或者全部免除责任，但法律另有规定的除外。当事人迟延履行后发生不可抗力的，不能免除责任。本法所称不可抗力，是指不能预见、不能避免并不能克服的客观情况。"第一百一十八条规定："当事人一方因不可抗力不能履行合同的，应当及时通知对方，以减轻可能给对方造成的损失，并应当在合理期限内提供证明。"第七十七条规定："当事人协商一致，可以变更合同。"第九十三条规定："当事人协商一致，可以解除合同。"《合同法解释（二）》第二十六条规定："合同成立以后客观情况发生了当事人在订立合同时无法预见的、非不可抗力造成的不属于商业风险的重大变化，继续履行合同对于一方当事人明显不公平或者不能实现合同目的，当事人请求人民法院变更或者解除合同的，人民法院应当根据公平原则，并结合案件的实际情况确定是否变更或者解除。"

（聂　学　王姗姗）

（六）疫情后不能继续履行合同怎么办

1. 讨论及分析

目前对于此次疫情，法律没有明确规定为不可抗力。具体合同履行根据情况判断是不是不可抗力。不可抗力是指不能预见、不能避免且不能克服的客观情况。一旦认定构成不可抗力，企业可以同时免除部分或全部违约责任。对于援引不可抗力要严格按照具体情况进行判断。

在疫情影响消除后，企业若想解除合同，首先应看原合同中是否约定了不可抗力等客观因素导致合同无法正常履行的条款，如有约定，双方应按合同约定履行。若未约定此类条款，建议双方首先应秉承互谅互让的精神，协商一致对合同进行变更或解除。

因不可抗力致使合同目的不能实现属于法定的合同解除事由，但在不可抗力影响消除后，合同能够继续履行，且不违反订立合同的目的，也不会对继续履行方产生明显不公平，法院可能会不支持合同解除，仍建议履行。

因此，建议企业考虑参照《合同法解释（二）》第二十六条中关于情势变更的规定："合同成立以后客观情况发生了当事人在订立合同时无法预见的、非不可抗力造成的不属于商业风险的重大变化，继续履行合同对于一方当事人明显不公平或者不能实现合同目的，当事人请求人民法院变更或者解除合同的，人民法院应当根据公平原则，并结合案件的实际情况确定是否变更或者解除。"

在疫情影响消除后，企业想要解除合同，建议从如下几点向法院举证：
（1）在合同签订后发生了未预期的重大变化，而不是在合同订立时就有所预见
的。（2）企业一方不存在恶意违约的情形。（3）未履行合同一方继续履行合同，
对其显失公平，例如因疫情过后，导致原材料价格上涨远远高于合同订立前，
企业继续履行将出现资不抵债。（4）请求继续履行合同一方拒绝解除合同违反
诚实信用原则的，如疫情过后，要求继续履行一方不再具有履行资质；但具体
情形需在个案中予以裁量。

2. 结论及建议

疫情影响过后，如果原合同中约定了不可抗力等客观因素导致合同无法正
常履行的条款，双方应按合同约定履行，若未约定此类条款，建议双方首先应
秉着互谅互让的精神，协商一致对合同进行变更或解除。若无法协商一致，通
过诉讼途径，参照《公司法解释（二）》中关于情势变更的条款，对于商业风
险的重大变化，继续履行合同对企业明显不公平或者不能实现合同目的角度进
行举证。

3. 法律依据

《合同法解释（二）》第二十六条规定："合同成立以后客观情况发生了当
事人在订立合同时无法预见的、非不可抗力造成的不属于商业风险的重大变化，
继续履行合同对于一方当事人明显不公平或者不能实现合同目的，当事人请求
人民法院变更或者解除合同的，人民法院应当根据公平原则，并结合案件的实
际情况确定是否变更或者解除。"

（聂　学　王姗姗）

（七）疫情致聚餐宴席不能正常消费的，如何处理

1. 讨论及分析

在各地政府出台禁止群体性聚餐的政令后，消费者不能正常消费是因政府
及有关部门为疫情防控而采取的行政措施，商家或消费者均可根据《合同法》
第九十四条"因不可抗力导致不能实现合同目的"之规定解除合同，合同解除
后，消费者要求返还定金的，商家应及时返还收取的定金。在政府尚未出台禁
令前，尚不构成不可抗力的要件，此时可援引《合同法解释（二）》情势变更
的规定，商家和消费者基于公平原则协商变更或解除合同，如协商延迟消费、
商家返还定金。

2. 结论及建议

疫情期间，餐饮行业是防控疫情的重点部位，减少人员聚集是防控疫情的

客观需要和有效措施。为防止疫情通过餐饮扩散，部分地方政府陆续出台政令禁止群体性聚餐。如北京市《关于进一步加强疫情防控期间群体性聚餐管控的通知》中，明确要求禁止餐饮服务经营者和个人组织和承办各类群体性聚餐活动。虽然目前部分地方政府尚未采取行政干预措施明令禁止群体性聚餐活动，但考虑到餐饮企业担负着部分的社会责任，从公共利益和国家利益考虑，餐饮企业亦应主动与消费者协商解除合同，取消群体性聚餐活动，防止疫情的扩散。

3. 法律依据

《合同法》第九十四条：有下列情形之一的，当事人可以解除合同：

（一）因不可抗力致使不能实现合同目的；

（二）在履行期限届满之前，当事人一方明确表示或者以自己的行为表明不履行主要债务；

（三）当事人一方迟延履行主要债务，经催告后在合理期限内仍未履行；

（四）当事人一方迟延履行债务或者有其他违约行为致使不能实现合同目的；

（五）法律规定的其他情形。

第九十七条　合同解除后，尚未履行的，终止履行；已经履行的，根据履行情况和合同性质，当事人可以要求恢复原状、采取其他补救措施，并有权要求赔偿损失。

第一百一十七条　因不可抗力不能履行合同的，根据不可抗力的影响，部分或者全部免除责任，但法律另有规定的除外。当事人迟延履行后发生不可抗力的，不能免除责任。

本法所称不可抗力，是指不能预见、不能避免并不能克服的客观情况。

第一百一十八条　当事人一方因不可抗力不能履行合同的，应当及时通知对方，以减轻可能给对方造成的损失，并应当在合理期限内提供证明。

《合同法解释（二）》第二十六条：合同成立以后客观情况发生了当事人在订立合同时无法预见的、非不可抗力造成的不属于商业风险的重大变化，继续履行合同对于一方当事人明显不公平或者不能实现合同目的，当事人请求人民法院变更或者解除合同的，人民法院应当根据公平原则，并结合案件的实际情况确定是否变更或者解除。

（贾　嫚）

（八）疫情致国际贸易合同无法履行，怎么办

1. 讨论及分析

第一，企业应尽快将疫情影响合同履行的事实通知相对方。

当企业确定疫情将影响其国际贸易合同的正常履行时，应尽快通知合同相对方。其目的在于：明确责权，双方尽早协商解决方案，避免对方损失进一步扩大，避免因未通知而向对方承担损失扩大的赔偿责任，诚信、有效地沟通巩固良好的合作关系，树立、强化自身商业信誉等。

向合同相对方通知疫情（根据适用法律依据又可称：不可抗力、障碍等，下同）影响合同履行也是我国法律、相关国际公约、国际惯例中规定的义务。例如，我国《合同法》第一百一十八条规定"当事人一方因不可抗力不能履行合同的，应当及时通知对方，以减轻可能给对方造成的损失，并应当在合理期限内提供证明"。又如，《联合国国际货物销售合同公约》第七十九条第四款规定"（4）不履行义务的一方必须将障碍及其对他履行义务能力的影响通知另一方。如果该项通知在不履行义务的一方已知道或理应知道此一障碍后一段合理时间内仍未为另一方收到，则他对由于另一方未收到通知而造成的损害应负赔偿责任"。

企业"通知"相对方应采用原贸易合同中约定的方式，没有约定的应采用书面形式。企业应留存关于此类通知的书面证据材料，有条件的还可以要求对方企业回复"已经接到关于疫情影响合同正常履行的通知"的书面文件。

第二，双方确定解决方案并签署书面文件。

如果在原协议中明确约定了本次疫情可适用的解决方案及责任承担方式条款，双方主体可以直接适用并建议签署书面确认文件。

当原协议中没有约定、约定不明或双方主体协商一致，也可以就解决方案及责任承担方式另行协商并书面确认。

对于因疫情的免责条款，各法系、各国法律、各国际公约的规则和理论不同。建议企业先行了解我国法律规定及合同中选择适用的规则。

例如，我国《合同法》第一百一十七条第一款规定"因不可抗力不能履行合同的，根据不可抗力的影响，部分或者全部免除责任，但法律另有规定的除外。当事人迟延履行后发生不可抗力的，不能免除责任"。也即，根据我国《合同法》的规定，不可抗力影响合同履行的可以部分或全部免责。但本条规定能否直接适用于国际贸易合同中，还应遵循该合同的具体约定。

又如：我国加入的《联合国国际货物销售合同公约》第七十九条第一款规定"（1）当事人对不履行义务，不负责任，如果他能证明此种不履行义务，是由于某种非他所能控制的障碍，而且对于这种障碍，没有理由预期他在订立合同时能考虑到或能避免或克服它或它的后果"。根据此公约及我国《民事诉讼法》第二百六十条规定的国际条约优先原则，则当公约缔约国企业之间签署货物买卖合同且如不另做法律选择，则我国企业因疫情（障碍）无法履行合同的，不承担责任。

当然，除法律另有规定外，企业有权利根据经营策略放弃免责的权利，承担此次合同未正常履行引发的违约责任。

第三，疫情影响国际贸易合同正常履行的企业可以申请开具不可抗力证明。

为向合同相对方证明不可抗力事件的发生，企业可以向中国国际贸易促进委员会申请开具"不可抗力事件"的商事证明书。该证明书目前已得到全球200多个国家和地区的政府、海关、商会和企业的认可。

根据中国贸促会 1 月 30 日的公示信息，受新型冠状病毒感染的肺炎疫情的影响，导致企业无法如期履行或不能履行国际贸易合同的，企业可通过线上平台、QQ 群、电话等方式向该会申请办理与不可抗力相关的事实性证明（具体办理地点、方式、流程可以登录中国贸促会官网 www.ccpit.org 查看）。

2. 结论及建议

确定争议解决方式：当合同双方主体无法就解决方案、责任承担方式协商达成一致时应该采取诉讼或仲裁的方式解决争议。

第一，如果在原国际贸易合同中约定明确的仲裁条款或双方在后期协商时书面约定仲裁的，则应依据约定的仲裁地点、仲裁机构、仲裁规则、仲裁语言等进行仲裁以解决纠纷。

第二，如果在原国际贸易合同中没有约定纠纷解决方式，双方也不能就此达成一致意见，除非在原合同中有特别约定，我国企业可以依据《民事诉讼法》第二百六十五条规定选择合同签订地、合同履行地、诉讼标的物所在地、对方企业代表机构住所地等我国有管辖权的法院诉讼解决。

第三，提示企业在仲裁、诉讼过程中，可以援引原国际贸易合同可适用的关于疫情的免责条款，援引合同适用的国际条约、约定适用的法律依据中关于因疫情的免责规定提出诉求或抗辩。

综上，针对疫情影响国际贸易合同履行的，律师提出如下建议：

（1）企业应尽快将疫情影响合同正常履行的事实通知相对方；

（2）确认原合同中是否有可以适用的解决方案条款及责任承担方式条款；

（3）企业应充分了解原国际贸易合同适用的国际条约、法律依据中关于疫情（不可抗力、障碍）影响合同履行的免责规定；

（4）根据合作需要，开具并向相对方提供不可抗力证明。

（5）一旦争议无法协商解决，可通过诉讼或仲裁解决争议。提示企业援引关于疫情的免责约定或适用公约、法律依据相关条款提出诉求或抗辩。

3. 法律依据

（1）《合同法》第一百一十八条规定：当事人一方因不可抗力不能履行合同的，应当及时通知对方，以减轻可能给对方造成的损失，并应当在合理期限内提供证明。

（2）《联合国国际货物销售合同公约》第七十九条：当事人对不履行义务，不负责任，如果他能证明此种不履行义务，是由于某种非他所能控制的障碍，而且对于这种障碍，没有理由预期他在订立合同时能考虑到或能避免或克服它或它的后果。

如果当事人不履行义务是由于他所雇用履行合同的全部或一部分规定的第三方不履行义务所致，该当事人只有在以下情况下才能免除责任：

他按照上一款的规定应免除责任，和假如该款的规定也适用于他所雇用的人，这个人也同样会免除责任。

本条所规定的免责对障碍存在的期间有效。

不履行义务的一方必须将障碍及其对他履行义务能力的影响通知另一方。如果该项通知在不履行义务的一方已知道或理应知道此一障碍后一段合理时间内仍未为另一方收到，则他对由于另一方未收到通知而造成的损害应负赔偿责任。

本条规定不妨碍任一方行使本公约规定的要求损害赔偿以外的任何权利。

（3）《对外经济贸易部关于执行联合国国际货物销售合同公约应注意的几个问题（1987 年 12 月 4 日）》。

（4）《合同法》第一百一十七条：因不可抗力不能履行合同的，根据不可抗力的影响，部分或者全部免除责任，但法律另有规定的除外。当事人迟延履行后发生不可抗力的，不能免除责任。

本法所称不可抗力，是指不能预见、不能避免并不能克服的客观情况。

（5）中国国际贸易促进委员会官方网站 2020 年 1 月 30 日发布《"万众一心迎挑战、众志成城战疫情"中国贸促会不可抗力事实性证明与您同舟共济度时艰》。

（6）《民事诉讼法》第二百六十五条：因合同纠纷或者其他财产权益纠纷，对在中华人民共和国领域内没有住所的被告提起的诉讼，如果合同在中华人民共和国领域内签订或者履行，或者诉讼标的物在中华人民共和国领域内，或者被告在中华人民共和国领域内有可供扣押的财产，或者被告在中华人民共和国领域内设有代表机构，可以由合同签订地、合同履行地、诉讼标的物所在地、可供扣押财产所在地、侵权行为地或者代表机构住所地人民法院管辖。

（李媛莎）

（九）新冠肺炎疫情是否构成法律上的不可抗力事件

1. 讨论及分析

根据《合同法》第一百一十七条及《民法总则》第一百八十条的规定可知：不可抗力，是指不能预见、不能避免并不能克服的客观情况。笔者认为，根据合同法及民法总则的规定，在合同履行过程中认定不可抗力应注意以下几个问题：

（1）主观上不能预见该事件的发生。

主观上不能预见，是指在缔结合同时当事人不能合理预见该客观情况的发生。能否预见，学界对此还划分为主观标准和客观标准，主观标准，即以合同当事人的判断能力及认知水平来衡量合同当事人在缔结合同时是否能预见该客观情况的发生为标准；客观标准，即从一般理性人的立场出发判断在缔结合同时能否预见该客观情况的发生为标准。在司法实践中一般以客观标准进行判断；但不排除在合同当事人具有专业背景的情况下，适用主观标准进行判断。

本次疫情暴发突然，发展迅速，相较于火灾、洪涝、地震等自然灾害，具有专业水平的医护人员对此次疫情的发生尚且不能有效预防，一般人依据现有认知水平根本无法预见此次疫情事件的发生，因此笔者认为可将此次疫情认定为主观上不能预见该事件的发生，但仍不排除在个案中出现特殊情形。

（2）客观上不能避免并不能克服该事件的发生。

"不能避免"是指该事件的发生不以当事人的主观意志为转移，当事人穷尽所能施行的手段后仍不可避免该事件的发生。本次疫情暴发突然，发展速度快，且传染性较强，具有专业背景的医护人员尚不能阻止该事件的发生，一般人亦不用说，因此此次疫情事件应属于不能避免的事件。

"不能克服"是指事件发生后当事人以自身能力无法克服以正常履行该合同，且不能控制该事件造成的损害后果。此次疫情暴发后，武汉率先实行交通管制，以控制疫情，此次因武汉"交通管制"造成合同无法履行的情形应属于不能克服的事件。其他因疫情造成的不能克服的情形应结合合同履行具体情况分析后进行判断。

（3）合同的期间性。

如以本次疫情为由认定不可抗力的合同应在疫情发生前成立，疫情发生后尚未履行完毕，在合同履行期间内。笔者认为如合同成立于疫情发生后或疫情发生前已履行完毕，不可将此次疫情认定为合同履行过程中的不可抗力。

（4）因果关系。

合同不能履行或致使对方遭受损害应与本次疫情的发生具有因果关系，在认定时笔者认为还需考虑疫情与损害后果之间的原因力大小，以平衡各方责任。

本次疫情已从湖北武汉扩散至全国，现我国各地区、省市均启动了重大突发公共卫生事件一级响应，但截至本文发布之前，最高人民法院及地方各级人民法院发布的文件并未明确将此次新冠肺炎疫情确定为不可抗力事件。但中国国际贸易促进委员会针对此次疫情在认证平台中增加了不可抗力事实性证明的在线申请功能，并于 2020 年 2 月 2 日向浙江湖州某汽车出口制造企业出具了全国首份新型冠状病毒肺炎疫情不可抗力事实性证明，以帮助企业减轻因疫情导致不能履行合同的责任。根据国际贸易惯例及《中国国际贸易促进委员会章程》，中国贸促会具有出具不可抗力证明的资质。贸促会出具的不可抗力事实性证明已得到全球 200 多个国家及地区政府的认可，在域外具有较强执行力，中国贸促会及其授权分、支会均可出具该证明。

另外，全国人大常委会法工委发言人、研究室主任臧铁伟在 2 月 10 日表示，根据当前我国发生的新冠肺炎疫情，为了保护公众健康，政府也采取了相应疫情防控措施。对于因此不能履行合同的当事人来说，属于不能预见、不能避免并不能克服的不可抗力。根据《合同法》的相关规定，因不可抗力不能履行合同的，根据不可抗力的影响，部分或者全部免除责任，但法律另有规定的除外。

最后，如合同履行过程中发生不能继续履行的困难，笔者建议还可向公证处申请合同履行不能的证据保全公证，以强化因疫情导致合同履行不能相关证据材料的证明力。

2. 结论及建议

笔者认为，虽然当时有司法机关将 2003 年"非典"疫情认定为不可抗力事件，但在具体案例中各地法院仍然视合同具体履行情况做出了不同认定，现司法实践经过十几年的发展及相关法律法规、司法解释的更新发布，当前应根据法律规定并结合合同履行的实际情形判断阻碍合同不能履行的事由是否构成不可抗力。

3. 法律依据

本次"新冠"疫情与 2003 年"非典"疫情具有较大的相似性，因此对不可抗力的认定笔者认为可参照"非典"时期相关合同纠纷处理的司法文件进行考虑。

《最高人民法院〈关于在防治传染性非典型性肺炎期间依法做好人民法院相关审判、执行工作的通知〉》（法〔2003〕72号，2003年6月11日生效——现已失效）第三条第（三）款的规定："由于'非典'疫情原因，按原合同履行对一方当事人的权益有重大影响的合同纠纷案件，可以根据具体情况，适用公平原则处理。因政府及有关部门为防治'非典'疫情而采取行政措施直接导致合同不能履行，或者由于'非典'疫情的影响致使合同当事人根本不能履行而引起的纠纷，按照《合同法》第一百一十七条和第一百一十八条的规定妥善处理。"

《正确处理"非典"疫情构成不可抗力免责事由案件》（北京市第二中级人民法院课题组，载《法律适用》2003年第六期）第一条："一、'非典'疫情作为突发性事件的法律性质：这次在一些国家和我国广东、北京等地区发生的传染性非典型肺炎，世界卫生组织将其称为严重急性呼吸综合征（英文缩写为SARS）。

尽管医学专家对非典型肺炎的症状、成因等存有不同的看法，但从法律上分析，我们认为，非典型肺炎作为一种突发性的异常事件、一种世界范围内暴发的疫情，不仅当事人不能预见，而且具有广博医学知识的医学专家也无法预见；

从其暴发至今，还没有有效的方法阻止其传播，甚至还没有确定确切的传染源；尽管有许多非典型肺炎病人经过治疗病愈出院，但到目前医学界还没有确定确切有效的治疗方法，因此，这种异常的事件，至少在目前，是人类无法预见、不可避免、不能克服的客观存在，其性质属于法律上规定的不可抗力事件，是一种自然灾害。"

（刘　凯　阳献鹏）

（十）合同履行中发生不可抗力，可能发生的法律后果是什么

1. 讨论及分析

合同成立以双方当事人意思自治为基础，在合同双方当事人意思表示一致的情况下，除法律强制性规定外，应优先适用双方当事人的约定。如合同中约定了不可抗力的解决方法，应适用合同约定进行解决。如在合同无约定的情况下应依照相关法律规定执行。

2. 结论及建议

合同有约定的优先从约定，无约定的依法律规定。

3. 法律依据

（1）部分或全部免责。

《民法总则》第一百八十条第一款："因不可抗力不能履行民事义务的，不

承担民事责任。法律另有规定的，依照其规定。"

《合同法》第一百一十七条第一款："因不可抗力不能履行合同的，根据不可抗力的影响，部分或者全部免除责任，但法律另有规定的除外。当事人迟延履行后发生不可抗力的，不能免除责任。"

第一百一十九条第一款："当事人一方违约后，对方应当采取适当措施防止损失的扩大；没有采取适当措施致使损失扩大的，不得就扩大的损失要求赔偿。"

根据上述法律规定可知，如因不可抗力导致合同履行不能的，当事人可根据不可抗力的影响全部或部分免责。首先，该免责仅在不可抗力影响所及的范围内免责；其次，迟延履行后不可抗力才发生的，不能依据上述条款主张免责，不可抗力必须发生在合同履行期间且不可抗力发生前未发生迟延履行；最后，即使发生了不可抗力事件，当事人也应及时采取措施防止损失扩大，否则就扩大的损失当事人一方将不能获得支持。

（2）解除合同。

《合同法》第九十四条第（一）款："有下列情形之一的，当事人可以解除合同：（一）因不可抗力致使不能实现合同目的。"

根据本条可知，如不可抗力已导致合同目的不能实现的，当事人可主张解除该合同；本条应具体情况具体分析，不同的合同具有不同的合同目的，因此应结合实际情况进行判断，同时提出解除该合同的合同当事人一方应提供相关证据进行证明。

（3）不适用定金罚则。

《最高人民法院〈关于适用担保法若干问题的解释〉》第一百二十二条："因不可抗力、意外事件致使主合同不能履行的，不适用定金罚则。因合同关系以外第三人的过错，致使主合同不能履行的，适用定金罚则。受定金处罚的一方当事人，可以依法向第三人追偿。"

（刘　凯　阳献鹏）

（十一）新冠肺炎疫情是否构成情势变更

1. 讨论及分析

情势变更是指，合同成立以后客观情况发生了当事人在订立合同时无法预见的、非不可抗力造成的不属于商业风险的重大变化，继续履行合同对于一方当事人明显不公平或者不能实现合同目的。在分析情势变更时笔者认为应首先从其构成要素上入手。客观上，必须有情势变更的事实。"情势"，是指合同成立时所依赖的客观情况；"变更"是指合同赖以基础或环境发生异常变动。上述所称"客观情况"是指一切可能导致合同基础动摇的客观事实，包括自然灾害、意外事故、政府政策及社会环境巨变等情况；需要指出的是，该客观情况的变更必须足以使合同成立时的基础发生重大异常变动，一般的变动不应归入"情势变更"。此次疫情波及范围广，对社会生活影响巨大，各地政府部门均出台了相应的管理调控措施，但在具体合同中本次疫情是否构成情势变更仍应根据合同订立及履行情况进行判断。主观上，合同当事人在订立合同时不可预见并不可避免。不可预见，即合同当事人根据合同订立时的客观情况及商业习惯无法预见且不可能预见该客观情况的发生。不可避免，是指事前无法预防，事后尽一切努力后仍无法消除其影响。本次疫情来势凶猛，发展迅速、传染性强，因此属于不可预见并不可避免的情形。但在具体案件中进行认定时仍应具体情况具体分析。情势变更事由必须是发生在合同有效成立后至合同终止履行前。合同成立以前的情势，无论当事人在订立合同时是否知晓，其作为合同成立的基础都是确定的，无法改变的，不存在变更问题。合同履行完毕后，情势的变更不可能对合同产生任何影响，即使出现了情势变更情形，当事人也不能主张。责任上，情势变更发生的事由须不可归责于双方当事人。双方或一方当事人对情势变更的发生有过错的，不适用情势变更原则。结果上，因情势变更会导致合同的履行显失公平或不能实现合同目的。

上述乃情势变更的核心要件，情势变更原则只有在合同赖以成立的基础发生巨大变化，致使继续履行将显失公平或因情势变更致使合同目的不能实现时才可适用。如因为本次疫情影响致使合同继续履行显失公平或合同目的不能实现的，当事人可依据情势变更要求变更或解除合同。

2. 结论及建议

情势变更发生后可能会产生以下法律后果：

（1）变更合同。

变更合同即变更合同内容，消除显失公平的结果，使合同在公平基础上得到履行。

（2）解除合同。

即解除（或终止）原合同关系，并免除当事人的法律责任。实践中，如果采取变更合同内容的方式仍不足以消除情势变更给一方当事人带来的显失公平结果的，该当事人可以依法请求法律救济，解除合同关系。这里需要指出的是，适用情势变更原则解除合同，在一般情况下没有溯及力。如在承包、租赁、供应等长期履行的合同中，因情势变更需解除合同关系时，通常应终止合同，并无溯及既往的效力。只有在终止合同仍不能使双方当事人获得公平结果时，才应使合同关系溯及既往地解除，使合同关系自始消灭，基于情势变更更易适用这一原则终止或解除合同，应免除当事人不履行合同的责任，且相对方不得对此请求损害赔偿。

建议：（1）制定对应方案。

受当前疫情影响，如合同履行过程中发生困难或已经无法履行的，应及时制定应对方案，有计划、有步骤地解决合同履行中遇到的困难，如遇到困难应及时咨询相关专业人士以获取专业意见，这样有助于纠纷妥善解决。如因疫情导致合同不能履行的，应及时采取措施进行减损，以防止损失扩大。

（2）通知合同相对方。

合同履行发生困难后，应及时通知对方（建议以书面形式通知，邮件、电话、传真也可），阐明自身所遇困难及影响，提出解决方案并说明理由，并可提供相关证明材料。《合同法》第一百一十八条规定："当事人一方因不可抗力不能履行合同的，应当及时通知对方，以减轻可能给对方造成的损失，并应当在合理期限内提供证明。"

（3）保存证据。

合同发生履行困难后，企业、单位应注意保存好双方关于合同履行的相关证据材料，特别是受疫情影响无法履行的证据，例如政府部门发布的公告、通知等；如因专业人员感染肺炎住院治疗、被隔离观察或参加疫情防控工作导致合同不能履行的，应提供相关证据材料进行佐证。

（4）关注时事。

及时关注因此次疫情国家相关部门出台的相关政策、文件及通知，以及时采取相应措施。

（5）及时协商。

因疫情影响，合同履行不能发生前或发生后，当事人一方应及时与对方商讨对策，以期能最大程度减少损失，维护良好合作关系。在当前全国各界众志成城抗击疫情的形势下，合同双方应通过友好协商解决纠纷，以共克时艰，支持疫情防控。

（6）积极主张权利。

在对方发生违约情形后应积极向对方主张权利，对于无法达成一致意见且在当下不便提起诉讼或仲裁的，应在疫情得到有效控制后，及时通过法律途径或其他途径主张权利，注意3年的诉讼时效期限。

3. 法律依据

《最高人民法院关于适用〈中华人民共和国合同法〉若干问题的解释（二）》（法释〔2009〕5 号，2009 年 5 月 13 日生效）第二十六条规定："合同成立以后客观情况发生了当事人在订立合同时无法预见的、非不可抗力造成的不属于商业风险的重大变化，继续履行合同对于一方当事人明显不公平或者不能实现合同目的，当事人请求人民法院变更或者解除合同的，人民法院应当根据公平原则，并结合案件的实际情况确定是否变更或者解除。"

最高人民法院于 2009 年发布了《关于当前形势下审理民商事合同纠纷案件若干问题的指导意见》，虽然该指导意见是在 2008 年全球金融危机爆发的大背景下发布的，但笔者认为对于情势变更的适用仍具有一定的指导意义，该《意见》第一条第三款规定："人民法院要合理区分情势变更与商业风险。商业风险属于从事商业活动的固有风险，诸如尚未达到异常变动程度的供求关系变化、价格涨跌等。情势变更是当事人在缔约时无法预见的非市场系统固有的风险。人民法院在判断某种重大客观变化是否属于情势变更时，应当注意衡量风险类型是否属于社会一般观念上的事先无法预见、风险程度是否远远超出正常人的合理预期、风险是否可以防范和控制、交易性质是否属于通常的'高风险高收益'范围等因素，并结合市场的具体情况，在个案中识别情势变更和商业风险。"另外，最高人民法院《关于正确适用〈中华人民共和国合同法〉若干问题的解释（二）服务党和国家的工作大局的通知》（法〔2009〕165 号）第二条规定："二、严格适用《中华人民共和国合同法》若干问题的解释（二）第二十六条

为了因应经济形势的发展变化，使审判工作达到法律效果与社会效果的统一，根据民法通则、合同法规定的原则和精神，解释第二十六条规定：合同成立以后客观情况发生了当事人在订立合同时无法预见的、非不可抗力造成的不属于商业风险的重大变化，继续履行合同对于一方当事人明显不公平或者不能实现合同目的，当事人请求人民法院变更或者解除合同的，人民法院应当根据公平原则，并结合案件的实际情况确定是否变更或者解除。

对于上述解释条文，各级人民法院务必正确理解、慎重适用。如果根据案件的特殊情况，确需在个案中适用的，应当由高级人民法院审核。必要时应提请最高人民法院审核。"

4. 不可抗力与情势变更的区别

（1）两者虽均构成履行障碍，但程度不同。不可抗力已构成履行不能，而情势变更未达到履行不能的程度，仍属于可能履行，只是其履行极为困难并导致显失公平，不利于债务人。

（2）不可抗力属于法定免责事由，当事人只要举证证明因不可抗力导致合同履行不能，即可获得免责，法院对于是否免责无裁量余地；情势变更不是法定免责事由，其本质是使当事人享有请求变更或解除合同的请求权，而同时授予法院公平裁量权。

（3）情势变更是从合同效力角度出发，解决是否继续履行合同的问题，而不可抗力是从违约的角度出发，解决是否承担责任的问题，两个制度处于同一体系下，解决不同的问题。

（4）不可抗力导致合同不能履行，一方当事人当然免于承担违约或侵权责任；在发生情势变更的情况下，即使法院或仲裁机构同意变更或解除合同，并不当然免除该当事人对对方当事人的赔偿或补偿责任。

（5）在不可抗力下，当事人享有延期履行、部分履行或解除合同的权利为形成权，只要不可抗力发生后，当事人履行了附随义务，即可发生法律上的后果，无须征得对方当事人同意；情势变更情形下的变更或解除合同，当事人不能自行决定，须申请人民法院或仲裁机构决定。

（刘　凯　阳献鹏）

三、关于疫情防控期间房屋租赁问题的讨论

（十二）疫情致租赁房屋无法使用能否减免租金或解除合同

1. 讨论及分析

对于这种情形，首先看《租赁合同》，合同中如果对出现不可抗力等客观原因有减免租金或者解除合同的明确约定的，有约定，按约定履行。

如果《租赁合同》没有约定，承租人可以根据影响力的大小，与出租人协商部分或全部减免租金。当然，最终是否减免，或减免多少，还需双方协商确定，但并不代表租金一定要减免。

房屋无法使用是疫情防控这一不可归责于出租人、承租人的客观原因导致的，是无法预见和避免的。目前对于此次疫情，法律没有明确规定为不可抗力。不可抗力是指不能预见、不能避免且不能克服的客观情况。一旦认定构成不可抗力，租户则可以不付房租，同时免除违约责任。对于援引不可抗力要严格按照具体情况进行判断，如不可抗力是否致使合同目的无法实现。承租人租赁房屋的目的是使用房屋。房屋暂时无法使用，即承租人合同目的暂时无法达成，若租赁期限较长，则合同目的并非完全无法实现。

若承租人要求解除合同，出租人则将面临房屋空置的经济损失，这也有违《合同法》公平原则的要求。依据公平原则，承租人和出租人应视情适当合理分担因疫情防控导致的不利后果。

对于这种合同订立时无法预见的政策层面带来重大变化和影响，可考虑"情势变更"，适用《合同法解释（二）》第二十六条的规定，当继续履行合同对于一方当事人明显不公平或者不能实现合同目的，当事人请求人民法院变更或者解除合同的，人民法院根据公平原则，并结合案件的实际情况确定是否变更或者解除。

目前，有些地方政府推出扶持中小微企业的特殊政策，明确减免租金。北京市人民政府办公厅发布《关于应对新型冠状病毒感染的肺炎疫情影响而出台的促进中小微企业持续健康发展的若干措施》，对符合条件的中小微企业免收 2 月份房租。

2. 结论及建议

首先看《租赁合同》中是否有关于不可抗力等情形减免租金或解除合同的约定，有约定按约定履行。无约定的，建议承租人可以与出租人协商减免租金，但不建议承租人以此要求解除合同。

此外，若通过诉讼的途径进行解决，可根据《合同法》第五条关于公平原则的规定承租人和出租人应视情适当合理分担因疫情防控导致的不利后果；参考《合同法》第一百一十七条关于不可抗力的规定请求部分免除或全部免除违约责任；或参考《合同法解释（二）》第二十六条关于情势变更的规定，对租赁合同进行变更或解除。

若承租人在有关政策的扶持范围内，可以依据相关政策法规，少付租金。

3. 法律依据

《合同法》第五条规定："当事人应当遵循公平原则确定各方的权利和义务。"《合同法解释（二）》第二十六条规定："合同成立以后客观情况发生了当事人在订立合同时无法预见的、非不可抗力造成的不属于商业风险的重大变化，继续履行合同对于一方当事人明显不公平或者不能实现合同目的，当事人请求人民法院变更或者解除合同的，人民法院应当根据公平原则，并结合案件的实际情况确定是否变更或者解除。"

（聂　学　王姗姗）

（十三）疫情期间租赁房屋，延迟交付可以不付房租吗

1. 分析及建议

未能交付房屋首先应区分是出于房东还是租户一方引发，不能交付的原因是出于疫情耽误还是其他因素，根据《租赁合同》是否约定违约赔偿条款，若为疫情原因可援引不可抗力，公平原则双方协商免除违约赔偿，继续履行租金从实际交付使用开始计算。若为其他原因造成的未能交付房屋，双方协商继续履行、采取补救措施，或依据双方签订的《租赁合同》追究违约责任。

2. 法律依据

《合同法》第一百零七条：当事人一方不履行合同义务或者履行合同义务不符合约定的，应当承担继续履行、采取补救措施或者赔偿损失等违约责任。

第二百一十六条：出租人应当按照约定将租赁物交付承租人，并在租赁期间保持租赁物符合约定的用途。

（侯彩军）

（十四）疫情期间租赁房屋且交付使用，可以不付房租吗

1. 分析及建议

可以与出租方进行协商，在协商不成的情况下，自行拒付房租或少付房租，自然构成合同违约。本次新冠病毒疫情暴发情况较为特殊，虽然最高法并未出台相关司法解释，可以参考2003"非典"时期针对类似情况处理，相应司法解释虽已废止但仍具有借鉴意义。由于疫情原因，按原合同履行对一方当事人的权益有重大影响的可以适用公平原则处理；因政府及有关部门对疫情而采取行政措施直接导致合同不能履行的，可适用"不可抗力"。

不可抗力是我国法定的违约免责事由，是否构成"不可抗力"属于不能遇见、不能避免且不能克服的情况，需要具体考察商业经营性质、合同目的能否实现、行政部门措施、租赁双方真实意思表示、是否存在其他违约行为等因素，进行综合评判。如若符合不可抗力，则赋予合同当事人一定的免责抗辩权利，可以不付或减免房租，同时免除违约责任。

2. 法律依据

《民法总则》第六条：民事主体从事民事活动，应当遵循公平原则，合理确定各方的权利和义务。

第一百八十条：因不可抗力不能履行民事义务的，不承担民事责任。法律另有规定的，依照其规定。不可抗力是指不能预见、不能避免且不能克服的客观情况。

《合同法》第五条：当事人应当遵循公平原则确定各方的权利和义务。

第一百一十七条：因不可抗力不能履行合同的，根据不可抗力的影响，部分或者全部免除责任，但法律另有规定的除外。当事人迟延履行后发生不可抗

力的，不能免除责任。

第一百一十八条：当事人一方因不可抗力不能履行合同的，应当及时通知对方，以减轻可能给对方造成的损失，并应当在合理期限内提供证明。

《最高人民法院关于适用〈中华人民共和国合同法〉若干问题的解释（二）》第二十六条：合同成立以后客观情况发生了当事人在订立合同时无法预见的、非不可抗力造成的不属于商业风险的重大变化，继续履行合同对于一方当事人明显不公平或者不能实现合同目的，当事人请求人民法院变更或者解除合同的，人民法院应当根据公平原则，并结合案件的实际情况确定是否变更或者解除。

最高人民法院于2003年6月11日紧急颁布了《关于在防治传染性非典型肺炎期间依法做好人民法院相关审判、执行工作的通知》（法〔2003〕72号——已废止，可参考其要求）第三条"依法妥善处理好与'非典'防治有关的民事案件"中的第（三）项明确：由于"非典"疫情原因，按原合同履行对一方当事人的权益有重大影响的合同纠纷案件，可以根据具体情况，适用公平原则处理。因政府及有关部门为防治"非典"疫情而采取行政措施直接导致合同不能履行，或者由于"非典"疫情的影响致使合同当事人根本不能履行而引起的纠纷，按照《中华人民共和国合同法》第一百一十七条和第一百一十八条的规定妥善处理。

（侯彩军）

（十五）疫情期间，承租人是否可以要求减免租金

1. 分析及建议

（1）个人租户。

根据相关规定疫情期间员工带薪隔离，即使劳动者因不可抗力无法上班，但实际上却是有工资的。个人租户虽不能返工但实际占有使用房屋，故此无权以该月本人未入住就要求或强制房东减免房租。

（2）商业租户。

某些小微企业归属于有关政策的扶持范围内，可以减免租金。疫情期间，各地政府分别推出扶持中小微企业的特殊政策，明确减免租金。如北京市政府出台促进中小微企业发展"16条"措施：按照政府要求坚持营业或依照防疫规定关闭停业且不裁员、少裁员的，免收2月份房租；承租用于办公用房的，给予2月份租金50%的减免。

疫情导致该区域依法被封锁直接影响合同履行，比如武汉封城，或因国家防疫措施的规定强制关闭门店，如商场、娱乐厅、KTV、游乐场等，在无盈利

性收入的同时仍需承担人员工资、商铺租金及物业费等支出，可援引公平原则、情势变更或不可抗力，要求相应减免部分租金，甚至解除合同。

对非封锁、限制的区域或行业，并不因突发的疫情直接影响合同的履行，承租方无权主张调整租金或免除责任。如住宅、厂房、仓库不影响租赁使用，北京地区商场、餐馆、图书室并未明令禁止开业等均不应减免租金。

2. 法律依据

北京市人民政府办公厅《关于应对新型冠状病毒感染的肺炎疫情影响促进中小微企业持续健康发展的若干措施》：2. 减免中小微企业房租。中小微企业承租京内市及区属国有企业房产从事生产经营活动，按照政府要求坚持营业或依照防疫规定关闭停业且不裁员、少裁员的，免收 2 月份房租；承租用于办公用房的，给予 2 月份租金 50% 的减免。对承租其他经营用房的，鼓励业主（房东）为租户减免租金，具体由双方协商解决。对在疫情期间为承租房屋的中小微企业减免租金的企业，由市区政府给予一定资金补贴。

（侯彩军）

（十六）疫情期间不想继续租房可以解除合同吗

1. 分析及建议

如果因疫情原因导致合同根本目的无法实现，非暂时性的不能履行，租赁双方可以协商解除合同。例如，春节期间开展特定商业活动而进行场地租赁，因封城、关闭娱乐场所、限制人员出行等政策影响，已经不可能实现合同根本目的，因此可以提出解除合同。

若为短暂性、暂时性的合同履行困难，可援引公平原则进行调整，与出租人进行协商，不能直接解除合同。

2. 法律依据

《合同法》第九十四条：有下列情形之一的，当事人可以解除合同：

（一）因不可抗力致使不能实现合同目的；

（二）在履行期限届满之前，当事人一方明确表示或者以自己的行为表明不履行主要债务；

（三）当事人一方迟延履行主要债务，经催告后在合理期限内仍未履行；

（四）当事人一方迟延履行债务或者有其他违约行为致使不能实现合同目的；

（五）法律规定的其他情形。

（侯彩军）

（十七）疫情期间承租人不付房租出租人可以扣押金吗

1. 讨论及分析

租房押金如何收取没有具体法律规定，一般是由双方协商约定租赁合同条款。租房押金，具有担保性质，在租赁合同中未明确约定押金性质的情况下，通常认为一方违约后，交付的押金可以部分转化为违约金。

2. 结论及建议

出租人可以没收承租人事先交付的押金，用于抵扣相应违约金或相应的损害赔偿。承租人认为不付租金却因新冠肺炎疫情暴发引起构成不可抗力，可诉至法院提交相关证明要求出租人返还。

3. 法律依据

《合同法》第十二条：合同的内容由当事人约定，一般包括以下条款：（一）当事人的名称或者姓名和住所；（二）标的；（三）数量；（四）质量；（五）价款或者报酬；（六）履行期限、地点和方式；（七）违约责任；（八）解决争议的方法。当事人可以参照各类合同的示范文本订立合同。

第九十七条：合同解除后，尚未履行的，终止履行；已经履行的，根据履行情况和合同性质，当事人可以要求恢复原状、采取其他补救措施，并有权要求赔偿损失。

《最高人民法院关于适用〈中华人民共和国担保法〉若干问题的解释》第一百一十八条：当事人交付留置金、担保金、保证金、订约金、押金或者订金等，但没有约定定金性质的，当事人主张定金权利的，人民法院不予支持。

（侯彩军）

四、关于疫情防控期间企业破产相关问题的讨论

（十八）疫情致不能清偿到期债务，债权人可否申请企业破产

1. 讨论及分析

根据《企业破产法》的规定，债权人提出破产申请需要法院做出是否受理的裁定，而是否受理主要决定于是否有证据证明"企业法人不能清偿到期债务，并且资产不足以清偿全部债务或者明显缺乏清偿能力"。如果该企业主营业务良好且疫情发生前资金流正常，但仅因疫情影响造成短期的资金困难而不能清偿到期债务的，债权人如果申请破产，人民法院一般会严格审慎把握破产原因认

定，不予受理债权人提出的对该类企业的破产清算申请。且目前的新冠肺炎疫情系突发公共事件，属于不可抗力，应考虑双方有关债务合同履行在遭遇不可抗力时的具体约定。

2. 结论及建议

双方进行友好协商，达成债务清偿和解方案。

3. 法律依据

《企业破产法》第二条：企业法人不能清偿到期债务，并且资产不足以清偿全部债务或者明显缺乏清偿能力的，依照本法规定清理债务。

第十条：债权人提出破产申请的，人民法院应当自收到申请之日起五日内通知债务人。债务人对申请有异议的，应当自收到人民法院的通知之日起七日内向人民法院提出。人民法院应当自异议期满之日起十日内裁定是否受理。

除前款规定的情形外，人民法院应当自收到破产申请之日起十五日内裁定是否受理。

（赵　波　李欣欣）

（十九）破产企业债权人如何在疫情防控期间申报债权

1. 讨论及分析

按照法律规定，破产企业债权人应当在规定的期限内申报所持有的债权，并提供完善的信息及相应的证据材料，以便管理人登记造册并进行相关审查。由于疫情防控工作的特殊要求，破产企业的债权人无法进行现场申报，甚至因疫情原因暂时无法收集申报债权所需材料，这就需要采取一些电子技术方法，既能满足申报债权的需求，又能符合疫情防控的要求。

2. 结论及建议

可以通过电子邮件、微信等电子信息方式向管理人申报债权。如因疫情原因暂时无法收集申报债权所需材料的，可以通过电子邮件、微信等方式向管理人申请延期提交。

3. 法律依据

（1）《中华人民共和国企业破产法》第四十五条　人民法院受理破产申请后，应当确定债权人申报债权的期限。债权申报期限自人民法院发布受理破产申请公告之日起计算，最短不得少于三十日，最长不得超过三个月。

第四十八条　债权人应当在人民法院确定的债权申报期限内向管理人申报债权。

（2）《最高人民法院关于适用〈中华人民共和国企业破产法〉若干问题的

规定（三）》第六条：管理人应当依照企业破产法第五十七条的规定对所申报的债权进行登记造册，详尽记载申报人的姓名、单位、代理人、申报债权额、担保情况、证据、联系方式等事项，形成债权申报登记册。

管理人应当依照企业破产法第五十七条的规定对债权的性质、数额、担保财产、是否超过诉讼时效期间、是否超过强制执行期间等情况进行审查、编制债权表并提交债权人会议核查。

（赵　波　李欣欣）

（二十）疫情致无法召开债权人会议，债权人怎么办

1. 讨论及分析

因新冠肺炎疫情防控要求，无法到场参加债权人会议的，债权人怎么应对？为防止疫情扩散，各地政府做出了隔离、封闭小区、取消各种聚会等，作为公民都应当配合。因此，任何形式的会议、聚会都应尽量避免。对于拟定中的或已经公告的债权人会议已不适宜以现场形式召开，而应考虑可通过非现场方式召开债权人会议，必要时可以延期。

2. 结论及建议

对于拟定中的债权人会议可以由管理人事先将相关决议事项告知债权人，采取通信、网络投票等非现场方式进行表决。对于已经公告且即将召开的现场债权人会议的，也可由管理人报人民法院同意，暂停现场债权人会议，在做好公告和债权人通知工作后延期召开债权人会议。

3. 法律依据

《最高人民法院关于适用〈中华人民共和国企业破产法〉若干问题的规定（三）》第十一条：债权人会议的决议除现场表决外，可以由管理人事先将相关决议事项告知债权人，采取通信、网络投票等非现场方式进行表决。采取非现场方式进行表决的，管理人应当在债权人会议召开后的三日内，以信函、电子邮件、公告等方式将表决结果告知参与表决的债权人。

（赵　波　李欣欣）

（二十一）破产程序中，如何召开债权人会议

1. 讨论及分析

破产程序中，债权人如何应对在新型冠状病毒肺炎疫情防控期间召开的债权人会议？债权人会议是由依法申报债权的债权人组成，以保障债权人共同利益为目的，实现债权人在破产程序中的参与权，共同讨论决定有关破产事宜的

议事机构，表达债权人的意志，关乎债权人的切身利益。根据法律规定，第一次债权人会议应当自债权申报期限届满之日起十五日内召开。对于已经公告安排在疫情防控期间召开的债权人会议，如按计划时间召开，无疑是不合适的。新冠肺炎的传播途径以经呼吸道飞沫和接触传播为主要传播途径，根据目前的病例统计，感染者在潜伏期也可能存在传染性。在疫情防控期间，各债权人、职工代表、债务人代表、破产清算组成员等众多人员面对面召开债权人会议，不光对参会人员来说是十分危险的，还容易发生聚集性疫情，同时也不利于地区范围内疫情的防控，尤其是当疫情正处于扩散期时，"拐点"尚未到来，几十人甚至上百人的聚集，势必对疫情防控不利。

2. 结论及建议

企业破产法规定，第一次债权人会议由人民法院召集，自债权申报期限届满之日起十五日内召开。以后的债权人会议，在人民法院认为必要时，或者管理人、债权人委员会、占债权总额四分之一以上的债权人向债权人会议主席提议时召开。这里所谓的"自债权申报期限届满之日起十五日内召开"，并非像"除斥期间""诉讼时效"的规定那样，超过该期间权利灭失或当事人可能承担不利的法律后果。债权申报期限届满十五日后，人民法院仍可以召集第一次债权人会议。对于已经公告召开的债权人会议，存在合理理由的情况下，人民法院可通知债权人延期召开。此后的债权人会议，在管理人报人民法院同意并公告和通知债权人后，也可以延期召开。

但延期召开债权人会议，势必会对债权人的利益造成损失，尤其是对于涉案金额较大的案件，每延期一天，债权人的损失都是巨大的。目前，国内的很多法院都已经具备互联网线上开庭的条件，因此更建议通过网络形式召开债权人会议或管理人事先将相关决议事项告知债权人，采取通信、网络等方式进行非现场方式表决。广州、温州地区人民法院已经在疫情防控期间利用线上软件召开债权人会议。杭州中院发布通知，疫情防控期间通过非现场形式召开债权人会议，可借助信息化手段线上召开。南京中院通知，债权人会议的决议可以由管理人事先将相关决议事项告知债权人，采取通信、网络投票等非现场方式进行表决。

3. 法律依据

《企业破产法》第六十二条：第一次债权人会议由人民法院召集，自债权申报期限届满之日起十五日内召开。

以后的债权人会议，在人民法院认为必要时，或者管理人、债权人委员会、占债权总额四分之一以上的债权人向债权人会议主席提议时召开。

第六十三条：召开债权人会议，管理人应当提前十五日通知已知的债权人。

《最高人民法院关于适用〈中华人民共和国企业破产法〉若干问题的规定（三）》第十一条：债权人会议的决议除现场表决外，可以由管理人事先将相关决议事项告知债权人，采取通信、网络投票等非现场方式进行表决。采取非现场方式进行表决的，管理人应当在债权人会议召开后的三日内，以信函、电子邮件、公告等方式将表决结果告知参与表决的债权人。

（刘　凯　刘欢欢）

（二十二）破产重整案件在防疫期间如何处理

1. 讨论及分析

破产重整是指专门针对可能或已经具备破产原因但又有维持价值和再生希望的企业，经由各方利害关系人的申请，在法院的主持和利害关系人的参与下，进行业务上的重组和债务调整，以帮助债务人摆脱财务困境、恢复营业能力的法律制度。重整过程涉及法院、管理人、债务人、债权人和投资人等众多人员，包括企业尽职调查、召开债权人会议、投资人引入谈判等各个环节，其中每个环节都有可能成为病毒传播的途径。

在当前防疫形势下，为减少与他人不必要的见面，切断病毒传播的潜在途径，然而这势必会影响破产重整案件的进程。另外，企业破产重整涉及多个期间的计算，例如法院对债权人会议通过重整计划后的批准期限；管理人重整计划的提出期限；债务人重整期间的计算、重整计划的执行期限；第一次债权人会议召开期限等，这些期间可能会因防疫工作而中止，然而防疫是否属于不可抗力目前尚无定论，在缺乏法定理由的情况下，若不对此做出特别安排，必然会影响当事人的权利行使。

2. 结论及建议

（1）当事人可以申请法院充分利用通信手段和网络平台，实现线上交流，以减少人口聚集及与他人见面的概率；

（2）可以向法院申请审理破产重整案件，适当延长期限，以保障当事人的程序性权利和实体性权利。

3. 法律依据

（1）《最高人民法院关于适用〈中华人民共和国企业破产法〉若干问题的规定（三）》第十一条："债权人会议的决议除现场表决外，可以由管理人事先将相关决议事项告知债权人，采取通信、网络投票等非现场方式进行表决，采取非现场方式进行表决的，管理人应当在债权人会议召开后的三日内，以信函、电子邮件、公告等方式将表决结果告知参与表决的债权人。"

（2）最高人民法院《全国法院破产审判工作会议纪要》第四十五条："充分发挥破产重整案件信息平台对破产审判工作的推动作用。各级法院要按照最高人民法院相关规定，通过破产重整案件信息平台规范破产案件审理，全程公开、步步留痕。要进一步强化信息网的数据统计、数据检索等功能，分析研判企业破产案件情况，及时发现新情况，解决新问题，提升破产案件审判水平。"

第四十八条："进一步发挥人民法院破产重整案件信息网的枢纽作用。要不断完善和推广使用破产重整案件信息网，在确保增量数据及时录入信息网的同时，加快填充有关存量数据，确立信息网在企业破产大数据方面的枢纽地位，发挥信息网的宣传、交流功能，扩大各方运用信息网的积极性。"

（3）《企业破产法》第七十九条："债务人或者管理人应当自人民法院裁定债务人重整之日起六个月内，同时向人民法院和债权人会议提交重整计划草案。前款规定的期限届满，经债务人或者管理人请求，有正当理由的，人民法院可以裁定延期三个月。债务人或者管理人未按期提出重整计划草案的，人民法院应当裁定终止重整程序，并宣告债务人破产。"

第九十一条："监督期届满时，管理人应当向人民法院提交监督报告。自监督报告提交之日起，管理人的监督职责终止。管理人向人民法院提交的监督报告，重整计划的利害关系人有权查阅。经管理人申请，人民法院可以裁定延长重整计划执行的监督期限。"

（纪　磊　臧立娜）

（二十三）疫情防控期间破产财产的处置如何进行

1. 讨论及分析

破产程序是集体的债务清理程序，具有人员密集型的特点。在新冠肺炎疫情防控期间，疫情必然会加剧疫区债务人财产处置难度。为了尽量避免人群聚集活动，应积极响应《全国法院破产审判工作会议纪要》的精神，可以多运用信息化的手段，将债权人会议和破产财产拍卖在线化。此外，管理人应当及时关注社会动态，正确认识到其接管的破产企业与疫情防控的相关性。对于非防疫相关破产财产，变现价值受影响较大时，可以延后处置。对于防疫相关破产财产，人民法院和管理人可根据破产企业的实际情况，在确定紧急处置破产财产工作的合法性的同时，紧急高效地处置防疫相关破产财产，为疫情防控作出贡献，实现破产财产的变现增值。

2. 结论及建议

（1）基于防疫需要，避免人员聚集，可以网络方式线上拍卖处置破产财产。条件允许情况下，可以借助在线直播、VR 技术的途径给买受人展示，提高破产财产处置的成功率和溢价率。

（2）管理人可以快速盘点破产财产，尽力维护破产财产价值，避免疫情防控期间发生不当贬损情况。破产财产变现价值受疫情影响较大的，管理人可以暂停处置有关财产，待疫情稳定后再予处置和分配。

（3）在相关财产属于抗击疫情的医疗保障物资的情况下，若管理人在第一次债权人会议召开前处置该类破产财产，根据《企业破产法》第二十六条的规定，由人民法院决定许可，此时人民法院应当及时决定许可企业紧急处置破产财产。

（4）相关财产属于抗击疫情的医疗保障物资的，管理人在处置财产时，应当在维护债权人利益的同时，确保维护社会公共利益。在经法院或债权人会议许可后，管理人应当迅速起草财产处置方案并通过线上方式送达各债权人，在限定时间内各债权人未有异议的，及时依照表决通过的财产处置方案以市场价格紧急供应该类医疗保障物资。在这种特殊情况下，经过债权人同意的，管理人可以直接通过变卖方式进行处置。虽然时间紧急，在处置方式和决定程序上，也要符合现行法律规定和债权人会议决议的各项要求。

3. 法律依据

（1）最高人民法院《全国法院破产审判工作会议纪要》第二十六条规定："破产财产的处置。破产财产处置应当以价值最大化为原则，兼顾处置效率。人民法院要积极探索更为有效的破产财产处置方式和渠道，最大限度提升破产财产变价率。采用拍卖方式进行处置的，拍卖所得预计不足以支付评估拍卖费用，或者拍卖不成的，经债权人会议决议，可以采取作价变卖或实物分配方式，变卖或实物分配的方案经债权人会议两次表决仍未通过的，由人民法院裁定处理。"

第四十七条规定："运用信息化手段提高破产案件处理的质量与效率。要适应信息化发展趋势，积极引导以网络拍卖方式处置破产财产，提升破产财产处置效益。鼓励和规范通过网络方式召开债权人会议，提高效率，降低破产费用，确保债权人等主体参与破产程序的权利。"

（2）《企业破产法》第二十六条规定："第一次债权人会议召开前，管理人决定继续债务人的营业或实施本法第六十九条规定的财产处分行为的，应当经人民法院许可。"

第一百一十二条规定："变价出售破产财产应当通过拍卖进行，但是，债权人会议另有决议的除外。"

（3）《最高人民法院关于适用〈中华人民共和国企业破产法〉若干问题的规定（三）》第十一条规定："债权人会议的决议除现场表决外，可以由管理人事先将相关决议事项告知债权人，采取通信、网络投票等非现场方式进行表决，采取非现场方式进行表决的，管理人应当在债权人会议召开后的三日内，以信函、电子邮件、公告等方式将表决结果告知参与表决的债权人。"

第十五条规定："管理人处分企业破产法第六十九条规定的债务人重大财产的，应当事先制作财产管理或者变价方案并提交债权人会议进行表决，债权人会议表决未通过的，管理人不得处分。"

（纪　磊　周凤娟）

五、关于疫情防控期间劳动人事相关问题的讨论

（二十四）国家延长假期，劳动者可否要求劳动报酬

1. 讨论及分析

根据《劳动法》第四十四条的规定，安排劳动者延长工作时间的、休息日安排劳动者工作又不能安排补休的、法定休假日安排劳动者工作的，用人单位应当支付不低于工资150%、200%及300%的报酬。由于新型冠状病毒肺炎疫情暴发，国务院决定延长2020年春节假期3天（1月31日－2月2日），该延长的3天为休息日，用人单位应当支付劳动者正常的劳动报酬，如果安排劳动者工作又不能安排补休，那么用人单位应当支付不低于工资200%的报酬。

2. 结论及建议

如果该延长的3天休息日用人单位安排劳动者工作的，首先应安排补休，补休后用人单位支付正常的劳动报酬。如果该延长的3天休息日安排劳动者工作又不能安排补休的，则该用人单位应当支付不低于工资200%的报酬，即：除用人单位发放的正常工资报酬外，劳动者还可要求用人单位再按不低于该3天的工资数额支付报酬。

3. 法律依据

（1）《劳动法》第四十四条："有下列情形之一的，用人单位应当按照下列标准支付高于劳动者正常工作时间工资的工资报酬：（一）安排劳动者延长工作时间的，支付不低于工资的百分之一百五十的工资报酬；（二）休息日安排劳动

者工作又不能安排补休的，支付不低于工资的百分之二百的工资报酬；（三）法定休假日安排劳动者工作的，支付不低于工资的百分之三百的工资报酬。"

（2）《关于延长 2020 年春节假期的通知》第一条："延长 2020 年春节假期至 2 月 2 日（农历正月初九，星期日），2 月 3 日（星期一）起正常上班。"

第三条："因疫情防控不能休假的职工，应根据《中华人民共和国劳动法》规定安排补休，未休假期的工资报酬应按照有关政策保障落实。"

（童云洪　孙俊楠　刘福爽）

（二十五）劳动者隔离治疗、医学观察期能否要求劳动报酬

1. 讨论及分析

因新冠肺炎疫情防控需要，劳动者隔离治疗期间、医学观察期间、因政府实施隔离措施或采取其他紧急措施导致不能提供正常劳动的，由于不是劳动者的过错造成的，故相关规定要求用人单位应当支付职工在此期间的工作报酬。同时，劳动法律法规的重要宗旨之一是保护劳动者的合法权益，对于一些处于特殊困难、特殊情况阶段或者做出特殊贡献的劳动者，应予以特殊保护，如果在此期间劳动合同到期的，根据规定应分别顺延至职工医疗期期满、医学观察期期满、隔离期期满或者政府采取的紧急措施结束。

2. 结论及建议

如果劳动者因新冠肺炎疫情防控需要被隔离治疗、医学观察、实施隔离或被采取其他紧急措施而无法提供正常劳动时，本着诚实信用的原则，应及时电话或网络方式通知用人单位，以便用人单位知晓并妥善安排后续工作事宜。同时，劳动者应严格遵守传染病防控治疗的相关要求，结束后可要求相关部门开具证明或调取相关证据（如病历），以证明被隔离治疗、医学观察、实施隔离或被采取其他紧急措施的事实。如果用人单位未依法支付在此期间的工作报酬，或劳动合同未依法顺延，那么劳动者可提起劳动仲裁要求支付或延长劳动合同终止时间。

3. 法律依据

（1）《中华人民共和国传染病防治法》第四十一条第二款："在隔离期间，实施隔离措施的人民政府应当对被隔离人员提供生活保障；被隔离人员有工作单位的，所在单位不得停止支付其隔离期间的工作报酬。"

（2）《人力资源社会保障部办公厅〈关于妥善处理新型冠状病毒感染的肺炎疫情防控期间劳动关系问题的通知〉》第一条："对新型冠状病毒感染的肺炎患者、疑似病人、密切接触者在其隔离治疗期间或医学观察期间以及因政府实

施隔离措施或采取其他紧急措施导致不能提供正常劳动的企业职工，企业应当支付职工在此期间的工作报酬，并不得依据《劳动合同法》第四十条、四十一条与职工解除劳动合同。在此期间，劳动合同到期的，分别顺延至职工医疗期期满、医学观察期期满、隔离期期满或者政府采取的紧急措施结束。"

（童云洪　孙俊楠　刘福爽）

（二十六）疫情致不能申请劳动人事争议仲裁的，仲裁时效如何计算

1. 讨论及分析

当事人因受疫情影响不能在法定仲裁时效期间申请劳动人事争议仲裁的，仲裁时效如何计算？根据《劳动争议调解仲裁法》的规定，劳动争议申请仲裁的时效期间为一年，如因不可抗力或者有其他正当理由当事人不能在该仲裁时效期间申请仲裁的，仲裁时效中止。因此，因受新冠肺炎疫情影响，主张权利存在障碍，造成当事人不能在法定仲裁时效期间申请劳动人事争议仲裁的，仲裁时效中止，从该中止时效的原因消除之日起，仲裁时效期间继续计算，从而维护当事人的合法权益。

2. 结论及建议

由于只有"因受疫情影响造成当事人不能在法定仲裁时效期间申请劳动人事争议仲裁"才仲裁时效中止，故仲裁时效中止的前提是"疫情发生且造成了权利主张障碍"，如果疫情并没有造成当事人不能申请劳动人事仲裁，则仲裁时效并不中止。因此，当事人不能简单认为"疫情"必然导致劳动人事仲裁时效中止，故建议当事人在疫情期间可通过电话、电子邮件、短信、网络以及其他通信手段向对方当事人主张权利，从而仲裁时效依法中断，仲裁时效期间重新计算。如果在此期间确实因受疫情影响造成不能在法定仲裁时效期间申请劳动人事争议仲裁，那么应留取相关证据，并在该仲裁时效中止结束后尽快申请劳动人事争议仲裁，以保障自己的合法权益。

3. 法律依据

（1）《人力资源社会保障部办公厅〈关于妥善处理新型冠状病毒感染的肺炎疫情防控期间劳动关系问题的通知〉》第三条规定："因受疫情影响造成当事人不能在法定仲裁时效期间申请劳动人事争议仲裁的，仲裁时效中止。从中止时效的原因消除之日起，仲裁时效期间继续计算。因受疫情影响导致劳动人事争议仲裁机构难以按法定时限审理案件的，可相应顺延审理期限。"

（2）《劳动争议调解仲裁法》第二十七条规定："劳动争议申请仲裁的时效期间为一年。仲裁时效期间从当事人知道或者应当知道其权利被侵害之日起计

算。前款规定的仲裁时效，因当事人一方向对方当事人主张权利，或者向有关部门请求权利救济，或者对方当事人同意履行义务而中断。从中断时起，仲裁时效期间重新计算。因不可抗力或者有其他正当理由，当事人不能在本条第一款规定的仲裁时效期间申请仲裁的，仲裁时效中止。从中止时效的原因消除之日起，仲裁时效期间继续计算。

劳动关系存续期间因拖欠劳动报酬发生争议的，劳动者申请仲裁不受本条第一款规定的仲裁时效期间的限制；但是，劳动关系终止的，应当自劳动关系终止之日起一年内提出。"

（童云洪　孙俊楠　刘福爽）

（二十七）疫情期间推迟复工，劳动者是否有权要求支付劳动报酬

1. 讨论及分析

该问题目前存在两种观点。

第一种观点认为应当根据《工资支付暂行规定》第十二条的规定，非因劳动者原因造成单位停工、停产在一个工资支付周期内的，用人单位应按劳动合同规定的标准支付劳动者工资。超过一个工资支付周期的，若劳动者提供了正常劳动，则支付给劳动者的劳动报酬不得低于当地的最低工资标准；若劳动者没有提供正常劳动，应按国家有关规定办理。这是现行国家层面法律对于非因劳动者原因造成停工、停产的主要规定。《人力资源社会保障部办公厅〈关于妥善处理新型冠状病毒感染的肺炎疫情防控期间劳动关系问题的通知〉》（人社厅明电〔2020〕5号）中明确，企业因受疫情影响导致生产经营困难的，可以通过与职工协商一致采取调整薪酬、轮岗轮休、缩短工时等方式稳定工作岗位，尽量不裁员或者少裁员。企业停工停产在一个工资支付周期内的，企业应按劳动合同规定的标准支付职工工资。超过一个工资支付周期的，若职工提供了正常劳动，企业支付给职工的工资不得低于当地最低工资标准。职工没有提供正常劳动的，企业应当发放生活费，生活费标准按各省、自治区、直辖市规定的办法执行。

北京市人社局〔2020〕11号文件《关于做好疫情防控期间维护劳动关系稳定有关问题的通知》要求：对于因疫情未及时返京复工的职工，企业可以优先考虑安排职工年休假。其中，职工累计工作已满1年不满10年的，年休假5天；已满10年不满20年的，年休假10天；已满20年的，年休假15天。职工在年休假期间享受与正常工作期间相同的工资收入。职工未复工时间较长的，企业经与职工协商一致，可以安排职工待岗。待岗期间，企业应当按照不低于本市

最低工资标准的70%支付基本生活费。执行工作任务的出差职工，因疫情未能及时返京期间的工资待遇由所属企业按正常工作期间工资支付。

第二种观点认为，新型冠状病毒疫情防控导致企业停工停产属于不可抗力，用人单位可以不支付工资。该条除《江苏省劳动合同条例》有明确规定外，国家层面以及其他地方并无明确规定，直接适用该观点还是存在一定的法律风险。

2. 结论及建议

应当适用第一种观点，即劳动者有权要求企业支付报酬。但各地方具体规定不同，如具体稳定工作岗位方式、报酬支付基准、是否享有特殊看护假期等，所以劳动者还应按照各省、自治区、直辖市规定的具体办法。北京市劳动者在待岗期间，可获得企业支付的不低于北京市最低工资标准的70%的基本生活费，企业也可以按照职工年休假进行调整或与职工进行协商待岗期限。

3. 法律依据

《工资支付暂行规定》第十二条规定：非因劳动者原因造成单位停工、停产在一个工资支付周期内的，用人单位应按劳动合同规定的标准支付劳动者工资。超过一个工资支付周期的，若劳动者提供了正常劳动，则支付给劳动者的劳动报酬不得低于当地的最低工资标准；若劳动者没有提供正常劳动，应按国家有关规定办理。

（聂　学　王姗姗）

六、关于疫情防控期间信息公布与隐私保护相关问题的讨论

（二十八）公布疫情信息的主体、内容和作用是什么

1. 讨论及分析

《传染病防治法》《突发公共卫生事件应急条例》中规定了国家建立传染病疫情信息公布制度和突发事件的信息发布制度。在传染病暴发、流行时，法律对疫情信息的公布主体是这样规定的：国务院卫生行政部门负责向社会公布传染病疫情信息，可授权省、自治区、直辖市人民政府卫生行政部门向社会公布本行政区域的传染病疫情信息。目前尚无法律法规和相关规范性文件规定公布疫情信息的具体内容，这要在实践中根据疫情防控工作的实际情况具体进行决定。传染病防控的有效措施仍然是阻断传染途径，隔离传染源。如果感染者在感染前和其他人有接触或未采用有效的防范和隔离措施，就会造成一定的公共健康风险。为使周围民众对这种健康风险有所了解，并采取相应的防范措施，

即出于有效阻断传染渠道和保障公共健康的考虑，就需要公布相关疫情信息，有的放矢地指导疫情的防控工作。

2. 结论及建议

国务院卫生行政部门负责向社会公布传染病疫情信息，可授权省、自治区、直辖市人民政府卫生行政部门向社会公布本行政区域的传染病疫情信息。由于并无法律法规和相关规范性文件规定政府应向社会公布哪些疫情信息内容，建议应根据实际情况，按照防疫工作的需要确定公布疫情信息的内容。

3. 法律依据

《传染病防治法》第三十八条：国家建立传染病疫情信息公布制度。国务院卫生行政部门定期公布全国传染病疫情信息。省、自治区、直辖市人民政府卫生行政部门定期公布本行政区域的传染病疫情信息。传染病暴发、流行时，国务院卫生行政部门负责向社会公布传染病疫情信息，并可以授权省、自治区、直辖市人民政府卫生行政部门向社会公布本行政区域的传染病疫情信息。公布传染病疫情信息应当及时、准确。

《突发公共卫生事件应急条例》第二十五条：国家建立突发事件的信息发布制度。国务院卫生行政主管部门负责向社会发布突发事件的信息。必要时，可以授权省、自治区、直辖市人民政府卫生行政主管部门向社会发布本行政区域内突发事件的信息。信息发布应当及时、准确、全面。

（郑雪倩　岳　觐）

（二十九）公布确诊患者的相关信息是否侵犯隐私权

1. 讨论及分析

我国法律规定保护隐私权，但是并未明确规定隐私权的定义及具体内容。学界认为，隐私权是指公民享有的私人生活安宁与私人信息依法受到保护，不被他人非法侵扰、知悉、收集、利用和公开等的一种人格权。根据《传染病防治法》《突发公共卫生事件应急条例》，在疫情面前，一切单位和个人都要配合防疫工作的展开。有关人员必须配合相关信息的提供。目前在实践当中，部分城市、地区公布了确诊患者涉及的区域或小区，有观点认为要保护患者隐私不应当公布，也有观点认为应当公布患者的活动区域来指导防控工作的开展。公布确诊患者涉及的区域并未显示患者本人的标识，没有影响到患者私人生活安宁，并不涉及侵犯隐私权的问题。但是不能够公布患者的姓名、出生日期、身份证件号码、个人生物识别信息、住址、通信联系方式等能够识别患者本人的个人信息，如果直接公开披露了这些个人信息未做去标识化处理，就涉及侵扰患者的私人生活安宁，侵犯其隐私权。

2. 结论及建议

目前在新闻报道中很多社区都在积极进行防疫工作，防范意识较强。在这些防疫工作井井有条、防范措施科学到位的社区，便无须公布患者活动区域，以免引起居民恐慌。如果出现疫情严重的社区，类似 2002 年至 2003 年"非典"期间香港淘大花园有超过 300 人感染，其中 42 人死亡，占香港报告的死亡人数的近 20％，那么这类社区就可能需要向社会公众公布，以减少外来人员进入该区域。建议根据防控需要，公布或不公布患者的活动区域和活动轨迹。必须明确的是，如果公布，只能公布患者居住和活动的大致区域，如小区或社区，曾经搭乘的列车、航班等，不能公开其姓名、具体住址（门牌号码）、家庭状况等，并进行去标识化处理，不得侵犯公民隐私权，并尽可能减少对患者个人和家庭的负面影响，绝对禁止导致患者个人和家庭的污名化。

3. 法律依据

《传染病防治法》第十二条：在中华人民共和国领域内的一切单位和个人，必须接受疾病预防控制机构、医疗机构有关传染病的调查、检验、采集样本、隔离治疗等预防、控制措施，如实提供有关情况。

《突发公共卫生事件应急条例》第二十一条：任何单位和个人对突发事件，不得隐瞒、缓报、谎报或者授意他人隐瞒、缓报、谎报。

国家卫生健康委《新型冠状病毒感染的肺炎防控方案（第三版）》：要及时发现和报告新型冠状病毒感染的肺炎病例（疑似病例和确诊病例）、感染者（轻症病例和无症状感染者），了解疾病特征与暴露史，规范密切接触者管理，指导公众和特定人群做好个人防护，严格特定场所的消毒，有效遏制社区扩散和蔓延，减少新型冠状病毒感染对公众健康造成的危害。

国家卫生健康委疾病预防控制局《关于加强新型冠状病毒感染的肺炎疫情社区防控工作的通知》：充分发挥社区动员能力，实施网格化、地毯式管理，群防群控，稳防稳控，有效落实综合性防控措施，做到"早发现、早报告、早隔离、早诊断、早治疗"，防止疫情输入、蔓延、输出，控制疾病传播。

（郑雪倩　岳　靓）

（三十）公开在网络媒体等散布个人不实信息，是否侵害其名誉权

1. 讨论及分析

根据我国相关法律规定，是否构成侵害名誉权的责任，应当根据受害人确有名誉被损害的事实、行为人行为违法、违法行为与损害后果之间有因果关系、

行为人主观上有过错来认定，只有具备上述全部要件后，行为人才构成侵犯他人名誉权。

如果在疫情防控期间针对某人在网络等公众场合散布涉及疫情的不实信息或谣言，因为该行为人主观上存在过错，且行为也具有违法性，通过网络等媒体或者在公众场合散布谣言在一定程度上造成了受害人的社会评价降低，故行为人的行为构成对他人名誉权的损害，受害人可要求散布谣言者等责任主体承担停止侵害、恢复名誉、消除影响、赔礼道歉、赔偿损失等侵权责任。若造成严重后果，构成犯罪的（如侮辱罪、诽谤罪），依法可追究其刑事责任。

另外，虽然在网络等公众场合公开对某人的涉疫情信息属实，但侵权人公开该自然人基因信息、病历资料、健康检查资料、犯罪记录、家庭住址、私人活动等个人隐私和其他个人信息，除法律规定不构成侵权的情形外，也成侵犯了他人的隐私权，如果造成他人损害，则应承担侵权责任。

2. 结论及建议

在疫情防控期间，我们应当谨言慎行，对自己发表的言论的真实性和合法性负责，不发布侵犯他人名誉权和隐私权的言论及信息，不转发明显虚假或明知不属实的文章，尤其针对具体个人进行评价时要对相关内容进行审查，防止因不当言论侵害他人的名誉权、隐私权等合法权利，或引发公众恐慌而增加疫情防控的难度。

如果有人捏造事实及使用侮辱性语言，或违法公布个人的隐私信息，侵犯了自己的合法权利，那么可以根据情况要求侵权人停止侵害、恢复名誉、消除影响、赔礼道歉、赔偿损失等，同时对于通过网络平台发布的侵权言论及信息，可通知网络服务提供者采取删除、屏蔽、断开链接等必要措施。如果该侵权行为以及相关言论构成犯罪的，可依法追究其刑事责任。

3. 法律依据

（1）《民法通则》第一百零一条规定："公民、法人享有名誉权，公民的人格尊严受法律保护，禁止用侮辱、诽谤等方式损害公民、法人的名誉。

第一百二十条规定："公民的姓名权、肖像权、名誉权、荣誉权受到侵害的，有权要求停止侵害，恢复名誉，消除影响，赔礼道歉，并可以要求赔偿损失。"

（2）最高人民法院《关于贯彻执行〈中华人民共和国民法通则〉若干问题的意见（试行）》第140条规定："以书面、口头等形式宣扬他人的隐私，或者捏造事实公然丑化他人人格，以及用侮辱、诽谤等方式损害他人名誉，造成一定影响的，应当认定为侵害公民名誉权的行为。"

（3）《侵权责任法》第二条规定："侵害民事权益，应当依照本法承担侵权责任。本法所称民事权益，包括生命权、健康权、姓名权、名誉权、荣誉权、肖像权、隐私权、婚姻自主权、监护权、所有权、用益物权、担保物权、著作权、专利权、商标专用权、发现权、股权、继承权等人身、财产权益。"

第三十六条规定："网络用户、网络服务提供者利用网络侵害他人民事权益的，应当承担侵权责任。网络用户利用网络服务实施侵权行为的，被侵权人有权通知网络服务提供者采取删除、屏蔽、断开链接等必要措施。网络服务提供者接到通知后未及时采取必要措施的，对损害的扩大部分与该网络用户承担连带责任。网络服务提供者知道网络用户利用其网络服务侵害他人民事权益，未采取必要措施的，与该网络用户承担连带责任。"

（4）《最高人民法院〈关于审理利用信息网络侵害人身权益民事纠纷案件适用法律若干问题的规定〉》第十二条规定："网络用户或者网络服务提供者利用网络公开自然人基因信息、病历资料、健康检查资料、犯罪记录、家庭住址、私人活动等个人隐私和其他个人信息，造成他人损害，被侵权人请求其承担侵权责任的，人民法院应予支持。但下列情形除外：（一）经自然人书面同意且在约定范围内公开；（二）为促进社会公共利益且在必要范围内；（三）学校、科研机构等基于公共利益为学术研究或者统计的目的，经自然人书面同意，且公开的方式不足以识别特定自然人；（四）自然人自行在网络上公开的信息或者其他已合法公开的个人信息；（五）以合法渠道获取的个人信息；（六）法律或者行政法规另有规定。网络用户或者网络服务提供者以违反社会公共利益、社会公德的方式公开前款第四项、第五项规定的个人信息，或者公开该信息侵害权利人值得保护的重大利益，权利人请求网络用户或者网络服务提供者承担侵权责任的，人民法院应予支持。国家机关行使职权公开个人信息的，不适用本条规定。"

（5）《最高人民法院〈关于审理名誉权案件若干问题的解答〉》第七条规定："问：侵害名誉权责任应如何认定？答：是否构成侵害名誉权的责任，应当根据受害人确有名誉被损害的事实、行为人行为违法、违法行为与损害后果之间有因果关系、行为人主观上有过错来认定。以书面或者口头形式侮辱或者诽谤他人，损害他人名誉的，应认定为侵害他人名誉权。对未经他人同意，擅自公布他人的隐私材料或者以书面、口头形式宣扬他人隐私，致他人名誉受到损害的，按照侵害他人名誉权处理。"

第十条规定："问：侵害名誉权的责任承担形式如何掌握？答：人民法院依照《中华人民共和国民法通则》第一百二十条和第一百三十四条的规定，可以责令侵权人停止侵害、恢复名誉、消除影响、赔礼道歉、赔偿损失。恢复名誉、消除影响、赔礼道歉可以书面或者口头的方式进行，内容须事先经人民法院审查。恢复名誉、消除影响的范围，一般应与侵权所造成不良影响的范围相当。公民、法人因名誉权受到侵害要求赔偿的，侵权人应赔偿侵权行为造成的经济损失；公民并提出精神损害赔偿要求的，人民法院可根据侵权人的过错程度、侵权行为的具体情节、给受害人造成精神损害的后果等情况酌定。"

（6）《刑法》第二百四十六条规定："【侮辱罪】【诽谤罪】以暴力或者其他方法公然侮辱他人或者捏造事实诽谤他人，情节严重的，处三年以下有期徒刑、拘役、管制或者剥夺政治权利。前款罪，告诉的才处理，但是严重危害社会秩序和国家利益的除外。"

（童云洪　孙俊楠　刘福爽）

七、关于疫情防控期间金融市场相关问题的讨论

（三十一）疫情期间借款人迟延履行还款义务的，是否承担违约责任

1. 讨论及分析

疫情防控期间，借款人迟延履行还款义务的，是否承担违约责任？受疫情影响，银行等金融机构现场办理业务虽存在现实的困难，但当下社会网上银行普及，借款人通过电子支付等方式亦可履行其还款义务，同时，《中国人民银行、财政部、银保监会等关于进一步强化金融支持防控新型冠状病毒感染肺炎疫情的通知》中明确要求：保障基本金融服务畅通，加大电子支付服务保障力度。银行业金融机构、非银行支付机构要强化电子渠道服务保障，灵活调整相关业务限额，引导客户通过电子商业汇票系统、个人网上银行、企业网上银行、手机银行、支付服务 App 等电子化渠道在线办理支付结算业务。因此，若借款人以无法现场办理业务为由迟延履行还款义务，其理由并不充分，借款人延迟履行还款业务构成违约，应承担相应的违约责任。

若借款人因新型肺炎治疗需要隔离、因疫情防控需要隔离观察或因参加疫情防控工作等客观原因，未能及时还款，可根据不可抗力的规定处理，该种事由借款人应保留导致其未能及时还款的证据，并及时通知相对方迟延履行原因，待相关事由消失后再行履行还款义务。若借款人因受疫情影响暂时失去收入来源进而导致迟延履行还款义务，可根据情势变更的规定，出借人与借款人协商解决处理。同时，针对后两种非违约导致的迟延还款，国家及地方也陆续出台

政策予以帮扶。《中国人民银行、财政部、银保监会等〈关于进一步强化金融支持防控新型冠状病毒感染肺炎疫情的通知〉》中提出对因感染新冠肺炎住院治疗或隔离人员、疫情防控需要隔离观察人员、参加疫情防控工作人员以及受疫情影响暂时失去收入来源的人群，金融机构要在信贷政策上予以适当倾斜，灵活调整住房按揭、信用卡等个人信贷还款安排，合理延后还款期限。感染新冠肺炎的个人创业担保贷款可展期一年，继续享受财政贴息支持。

2. 结论及建议

疫情防控期间，借款人迟延履行还款义务是否承担违约责任应区别不同的情形处理。如借款人以受疫情影响不能现场办理业务为由，迟延履行还款义务，其理由不充分，迟延还款构成违约，应依据法律规定及双方的约定承担相应的违约责任。如借款人系感染新冠肺炎住院治疗或隔离人员、疫情防控需要隔离观察人员和参加疫情防控工作人员，因疫情影响未能及时还款的，或借款人因受疫情影响暂时失去收入来源，进而迟延履行还款义务的，借款人应保留相关可证明该事由的证据，根据不同的情况并结合相应的支持政策进一步处理。

3. 法律依据

《合同法》第一百零七条：当事人一方不履行合同义务或者履行合同义务不符合约定的，应当承担继续履行、采取补救措施或者赔偿损失等违约责任。

《中国人民银行、财政部、银保监会等〈关于进一步强化金融支持防控新型冠状病毒感染肺炎疫情的通知〉》：（四）完善受疫情影响的社会民生领域的金融服务。对因感染新冠肺炎住院治疗或隔离人员、疫情防控需要隔离观察人员、参加疫情防控工作人员以及受疫情影响暂时失去收入来源的人群，金融机构要在信贷政策上予以适当倾斜，灵活调整住房按揭、信用卡等个人信贷还款安排，合理延后还款期限。感染新冠肺炎的个人创业担保贷款可展期一年，继续享受财政贴息支持。对感染新冠肺炎或受疫情影响受损的出险理赔客户，金融机构要优先处理，适当扩展责任范围，应赔尽赔。（十三）加大电子支付服务保障力度。支持银行业金融机构、非银行支付机构在疫情防控期间，采用远程视频、电话等方式办理商户准入审核和日常巡检，通过交易监测强化风险防控。鼓励清算机构、银行业金融机构和非银行支付机构对特定领域或区域特约商户实行支付服务手续费优惠。银行业金融机构、非银行支付机构要强化电子渠道服务保障，灵活调整相关业务限额，引导客户通过电子商业汇票系统、个人网上银行、企业网上银行、手机银行、支付服务 App 等电子化渠道在线办理支付结算业务。

（贾　嫚）

（三十二）疫情期间金融机构提前单方解除金融借款等合同合理吗

1. 讨论及分析

此次疫情对部分企业的生产经营造成了一定的影响，尤其是对交通运输、餐饮、住宿和旅游等行业以及中小微企业。为了减轻疫情的影响，帮助企业共渡难关和稳定发展，《中国人民银行、财政部、银保监会等〈关于进一步强化金融支持防控新型冠状病毒感染肺炎疫情的通知〉》中要求对受疫情影响较大的批发零售、住宿餐饮、物流运输、文化旅游等行业，以及有发展前景但受疫情影响暂遇困难的企业，特别是小微企业，不得盲目抽贷、断贷、压贷。对受疫情影响严重的企业到期还款困难的，可予以展期或续贷。通过适当下调贷款利率、增加信用贷款和中长期贷款等方式，支持相关企业战胜疫情灾害影响。

《财政部、税务总局〈关于支持新型冠状病毒感染的肺炎疫情防控有关税收政策的公告〉》中要求对于受疫情影响较大的困难行业企业，包括交通运输、餐饮、住宿、旅游（指旅行社及相关服务、游览景区管理两类）四大类，2020 年度发生的亏损，最长结转年限由 5 年延长至 8 年。同时，各地也陆续出台了对中小微企业的扶持政策。《北京市人民政府办公厅〈关于应对新型冠状病毒感染的肺炎疫情影响促进中小微企业持续健康发展的若干措施〉》中明确要求疫情期间，对受影响较大的中小微企业停征特种设备检验费、污水处理费、占道费，减免中小微企业房租，为经营困难企业办理延期纳税，补贴小微企业研发成本。并对中小微企业加大金融支持力度，保障企业正常生产经营。

2. 结论及建议

疫情防控期间金融机构如没有法定或约定解除合同的事由，仅以疫情给企业生产经营造成影响为由提出解除金融借款合同并停止或迟延发放贷款、提前收回贷款的，应认定为违约行为，借款人有权要求金融机构继续履行合同并承担相应的违约责任。

3. 法律依据

《中国人民银行、财政部、银保监会等〈关于进一步强化金融支持防控新型冠状病毒感染肺炎疫情的通知〉》：（三）为受疫情影响较大的地区、行业和企业提供差异化优惠的金融服务。金融机构要通过调整区域融资政策、内部资金转移定价、实施差异化的绩效考核办法等措施，提升受疫情影响严重地区的金融供给能力。对受疫情影响较大的批发零售、住宿餐饮、物流运输、文化旅游等行业，以及有发展前景但受疫情影响暂遇困难的企业，特别是小微企业，不得盲目抽贷、断贷、压贷。对受疫情影响严重的企业到期还款困难的，可予以展期或续贷。通过适当下调贷款利率、增加信用贷款和中长期贷款等方式，支持相关企业战胜疫情灾害影响。各级政府性融资担保再担保机构应取消反担保要求，降低担保和再担保费。对受疫情影响严重地区的融资担保再担保机构，国家融资担保基金减半收取再担保费。

《财政部、税务总局〈关于支持新型冠状病毒感染的肺炎疫情防控有关税收政策的公告〉》：四、受疫情影响较大的困难行业企业 2020 年度发生的亏损，最长结转年限由 5 年延长至 8 年。

困难行业企业，包括交通运输、餐饮、住宿、旅游（指旅行社及相关服务、游览景区管理两类）四大类，具体判断标准按照现行《国民经济行业分类》执行。困难行业企业 2020 年度主营业务收入须占收入总额（剔除不征税收入和投资收益）的 50% 以上。

（贾　嫚）

（三十三）疫情延误办理商标法、专利法等期限怎么办

1. 讨论及分析

当事人因疫情相关原因延误商标法、专利法及实施细则规定的期限或者国家知识产权局指定的期限，导致其权利丧失的，如何处理？本次疫情突发，在疫情防控期间如何办理专利、商标等业务，当事人如因疫情无法按期办理业务如何处理？对此，国家知识产权局也出台了相应政策，维护当事人受疫情影响的专利、商标等权益。

在疫情发生后，对于当事人延误专利的申请与审查时，可免费恢复。国家知识产权局发布第三五零号公告，比如"当事人因疫情相关原因延误专利法及其实施细则规定的期限或者国家知识产权局指定的期限，导致其权利丧失的，适用专利法实施细则第六条第一款的规定"。《专利法实施细则》第六条第一款规定，"当事人因不可抗拒的事由而延误专利法或者本细则规定的期限或者国务院专利行政部门指定的期限，导致其权利丧失的，自障碍消除之日起 2 个月内，最迟自期限届满之日起 2 年内，可以向国务院专利行政部门请求恢复权利"。但要注意的是，请求恢复权利的类型是有所限制的，专利法实施细则第六条第一款的规定不适用专利法第二十四条、第二十九条、第四十二条、第六十八条规定的期限，即除专利法第二十四条（不丧失新颖性宽限期的期限）、第二十九条（优先权的期限）、第四十二条（专利权的保护期限）、第六十八条（侵犯专利权的诉讼时效）规定的期限外，当事人因延误相关期限，导致其权利丧失的，可以按规定请求恢复权利。

对于商标相关业务，同样也可以适用国家知识产权局发布的第三五零号公告中相关商标部分的规定，即"当事人因疫情相关原因延误商标法及其实施条例规定的期限或者国家知识产权局指定的期限，导致其不能正常办理相关商标事务的，相关期限自权利行使障碍产生之日起中止，待权利行使障碍消除之日继续计算，法律另有规定的除外；因权利行使障碍导致其商标权利丧失的，可以自权利行使障碍消除之日起 2 个月内提出书面申请，说明理由，出具相应的证明材料，请求恢复权利"。

2. 结论及建议

从国家知识产权局下发通知看，目前对因受疫情影响不能及时办理相关手续导致权利丧失的情况已经出台了政策。当事人可在疫情结束后，根据国家知识产权局规定办理相应手续，申请恢复权利。

如当事人在此期间涉及法院诉讼的，且确因疫情防控原因导致暂时失权的上述情形，应及时向法院说明事实及理由，并可请求延期处理。在权利恢复后，当事人可继续以该权利为事实依据作相应诉讼主张。

3. 法律依据

（1）《国家知识产权局公告（第三五零号）》。

为落实党中央、国务院防控新型冠状病毒感染肺炎疫情的决策部署，切实维护受疫情影响的当事人办理专利、商标、集成电路布图设计等事务的合法权益，根据突发事件应对法、专利法及其实施细则、商标法及其实施条例、集成电路布图设计保护条例及其实施细则等法律法规规章的有关规定，现对专利、商标、集成电路布图设计等事务办理的相关期限事项公告如下：

一、当事人因疫情相关原因延误专利法及其实施细则规定的期限或者国家知识产权局指定的期限，导致其权利丧失的，适用专利法实施细则第六条第一款的规定。当事人可以自障碍消除之日起 2 个月内，最迟自期限届满之日起 2 年内，请求恢复权利。请求恢复权利的，无须缴纳恢复权利请求费，但需提交恢复权利请求书，说明理由，附具相应的证明材料，同时办理权利丧失前应当办理的相应手续。

二、当事人因疫情相关原因延误商标法及其实施条例规定的期限或者国家知识产权局指定的期限，导致其不能正常办理相关商标事务的，相关期限自权利行使障碍产生之日起中止，待权利行使障碍消除之日继续计算，法律另有规定的除外；因权利行使障碍导致其商标权利丧失的，可以自权利行使障碍消除之日起 2 个月内提出书面申请，说明理由，出具相应的证明材料，请求恢复权利。

（2）《专利法实施细则》。

第六条：当事人因不可抗拒的事由而延误专利法或者本细则规定的期限或者国务院专利行政部门指定的期限，导致其权利丧失的，自障碍消除之日起2个月内，最迟自期限届满之日起2年内，可以向国务院专利行政部门请求恢复权利。……

本条第一款和第二款的规定不适用专利法第二十四条、第二十九条、第四十二条、第六十八条规定的期限。

（韩　茵）

（三十四）证券市场做虚假导致投资人损失，是否能够提起赔偿诉讼

1. 讨论及分析

疫情防控期间，投资人因证券市场虚假所导致的损失，是否能够提起赔偿诉讼？疫情期间证券市场波动较大，如果投资人的损失是由证券市场系统风险导致的，投资人对此应自行承担风险；如果损失是由于证券市场虚假陈述所导致的，投资人可以依法要求赔偿。

证券市场虚假陈述，是指信息披露义务人违反证券法律规定，在证券发行或者交易过程中，对重大事件做出违背事实真相的虚假记载、误导性陈述，或者在披露信息时发生重大遗漏、不正当披露信息的行为。

如果投资人所投资的是与虚假陈述直接关联的证券；投资人在虚假陈述实施日及以后，至揭露日或者更正日之前买入该证券；投资人在虚假陈述揭露日或者更正日及以后，因卖出该证券发生亏损，或者因持续持有该证券而产生的亏损，应当认定该损失与虚假陈述之间存在因果关系。

投资人可向发起人、发行人或者上市公司提起证券虚假陈述损害赔偿诉讼，要求其对虚假陈述给投资人造成的损失承担民事赔偿责任，并可要求发行人、上市公司负有责任的董事、监事和经理等高级管理人员对该损失承担连带赔偿责任。

对于投资人因虚假陈述而实际发生的损失，包括投资差额损失，以及投资差额损失部分的佣金和印花税。在确定投资差额损失时，应当综合考虑虚假陈述行为的重大程度以及疫情对证券市场的影响程度，公平合理地确定投资差额损失。

2. 结论及建议

疫情防控期间，投资人因证券市场虚假陈述所导致的损失，可以依据《证券法》《最高人民法院〈关于审理证券市场因虚假陈述引发的民事赔偿案件的若

干规定〉》等规定向虚假陈述行为人提起证券虚假陈述损害赔偿诉讼，要求其赔偿损失，并可要求虚假陈述行为人负有责任的董事、监事和经理等高级管理人员对该损失承担连带赔偿责任。

3. 法律依据

《证券法》第七十八条：发行人及法律、行政法规和国务院证券监督管理机构规定的其他信息披露义务人，应当及时依法履行信息披露义务。

信息披露义务人披露的信息，应当真实、准确、完整，简明清晰，通俗易懂，不得有虚假记载、误导性陈述或者重大遗漏。

第八十五条：信息披露义务人未按照规定披露信息，或者公告的证券发行文件、定期报告、临时报告及其他信息披露资料存在虚假记载、误导性陈述或者重大遗漏，致使投资者在证券交易中遭受损失的，信息披露义务人应当承担赔偿责任；发行人的控股股东、实际控制人、董事、监事、高级管理人员和其他直接责任人员以及保荐人、承销的证券公司及其直接责任人员，应当与发行人承担连带赔偿责任，但是能够证明自己没有过错的除外。

《最高人民法院〈关于审理证券市场因虚假陈述引发的民事赔偿案件的若干规定〉》第二十一条：发起人、发行人或者上市公司对其虚假陈述给投资人造成的损失承担民事赔偿责任。

发行人、上市公司负有责任的董事、监事和经理等高级管理人员对前款的损失承担连带赔偿责任。但有证据证明无过错的，应予免责。

第三十条：虚假陈述行为人在证券交易市场承担民事赔偿责任的范围，以投资人因虚假陈述而实际发生的损失为限。投资人实际损失包括：

（一）投资差额损失；

（二）投资差额损失部分的佣金和印花税。

（郑　健）

（三十五）行政部门如何依法采取措施加强对市场的管控？当发现商品价格激增，消费者如何维护自身的权益

1. 讨论及分析

疫情防控时期，各地纷纷采取防控措施有效控制疫情。此时，群众的防疫用品和关乎生活必须的米面油蛋菜奶的充足供应和物价稳定尤为重要。但恰恰有些经营者在此阶段通过各种手段抬高商品价格以牟取不法高额利润。

国家市场监管总局在今年2月1日和2月6日分别发布了《市场监管总局关于新型冠状病毒感染肺炎疫情防控期间查处哄抬价格违法行为的指导意见》

（以下称《意见》）及其解读，专门针对确保疫情防控期间口罩、抗病毒药品、消毒杀菌用品、相关医疗器械等防护用品以及粮油肉蛋奶等基本民生商品的市场价格秩序稳定及行政部门的依法监管提供了指导依据。

（1）疫情防控期间"哄抬价格违法行为"的认定。

依据《价格法》第十四条第（三）项和《价格违法行为行政处罚规定》第六条规定，哄抬价格违法行为可以分为经营者捏造、散布涨价信息，非法囤积和利用其他手段哄抬价格三种具体情形。

根据《意见》，疫情防控时期，可能认定为捏造涨价信息的情形包括：虚构购进成本的；虚构本地区货源紧张或市场需求激增的；虚构其他经营者已经准备提价的；虚构可能推高防疫用品、民生商品价格预期的其他信息的。可能认定为散布涨价信息的情形包括：散布捏造的涨价信息的；散布的信息虽不属于捏造信息，但使用"严重缺货""即将全线提价"等紧迫性用语或者诱导性用语，推高价格预期的；散布言论，号召或者诱导其他经营者提高价格的；散布可能推高防疫用品、民生商品价格预期的其他信息的。

可以认定构成《价格违法行为行政处罚规定》第六条第（二）项所规定的哄抬价格违法行为（非法囤积）包括在生产、批发、零售各环节，防疫用品（包含原材料）经营者不及时将相关产品投放市场，经市场监管部门告诫仍继续囤积的。

可以认定为《价格违法行为行政处罚规定》第六条第（三）项所规定的哄抬价格违法行为（其他手段）的情形包括：销售防疫用品过程中强制搭售其他商品的；大幅度提高配送费用或收取其他费用的；经营者销售同品种商品，超过1月19日前（含当日，下同）最后一次实际交易的进销差价率的；疫情发生前未实际销售，或者1月19日前实际交易情况无法查证的，经营者在购进成本基础上大幅提高价格对外销售，经市场监管部门告诫，仍不立即改正的。

《意见》还明确，对于省级人民政府依法实施的价格干预措施关于限定差价率、利润率或者限价相关规定，如经营者不予遵守，则构成不执行价格干预措施的违法行为，而非哄抬价格违法行为。根据《价格违法行为行政处罚实施办法》对不执行价格干预措施的最高处罚额度是500万元，比哄抬价格违法行为的处罚更严厉。

（2）疫情防控期间对"哄抬价格违法行为"的处罚。

首先，在疫情防控期间，针对哄抬价格的违法行为行政机关将依据《价格法》《价格违法行为行政处罚规定》等法律法规进行包含责令改正、没收违法所得、罚款、停业整顿、吊销营业执照等种类的行政处罚。

其次，哄抬价格违法行为有可能构成非法经营罪，经营者应依法承担刑事责任。根据《最高人民法院、最高人民检察院、公安部、司法部印发〈关于依法惩治妨害新型冠状病毒感染肺炎疫情防控违法犯罪的意见〉的通知》："（四）依法严惩哄抬物价犯罪。在疫情防控期间，违反国家有关市场经营、价格管理等规定，囤积居奇，哄抬疫情防控急需的口罩、护目镜、防护服、消毒液等防护用品、药品或者其他涉及民生的物品价格，牟取暴利，违法所得数额较大或者有其他严重情节，严重扰乱市场秩序的，依照刑法第二百二十五条第四项的规定，以非法经营罪定罪处罚。"

在量刑方面，根据《最高人民法院、最高人民检察院〈关于办理妨害预防、控制突发传染病疫情等灾害的刑事案件具体应用法律若干问题的解释〉》第六条，如果在疫情防控期间经营者哄抬物价、牟取暴利，严重扰乱市场秩序，违法所得数额较大或者有其他严重情节的，以非法经营罪定罪并依法从重处罚。

2. 结论及建议

综上，律师建议在疫情防控期间：

（1）经营者应遵守国家法律、行政法规、各类规章及规范性文件关于相关商品价格的规定。特别是针对防疫用品、民生商品，不捏造、散布涨价信息，不囤积商品，不违规上调价格，切实维护市场价格秩序稳定。

（2）对于商品涨价信息，消费者应理性对待，不轻信，不传谣，合理购买所需商品；对于被哄抬价格的防疫用品及生活必需品，切不要因一时心急盲目购买或囤积。消费者应明确经营者在疫情期间哄抬价格是违法行为，不为其违法行为的延续搭建温床。

（3）消费者一旦发现防疫用品、生活必需品价格激增，可以通过全国12315平台官方网站、微信公众号、微信小程序、百度小程序、手机 App、支付宝小程序、服务电话等向市场监督管理部门举报，或者直接向辖区市场监督管理部门举报。如果消费者通过线上平台向第三方经营者购物的，也可以向该网站平台投诉。

3. 法律依据

（1）国家市场监督管理总局官方网站《疫情防控期间价格违法典型案件（第一批）至（第七批）》。

（2）最高人民检察院《全国检察机关依法办理妨害新冠肺炎疫情防控犯罪典型案例（第一批）》。

（3）《市场监管总局〈关于新型冠状病毒感染肺炎疫情防控期间查处哄抬

价格违法行为的指导意见〉》。

（4）《市场监管总局关于新型冠状病毒感染肺炎疫情防控期间查处哄抬价格违法行为的指导意见》解读。

（5）《价格法》第十四条 经营者不得有下列不正当价格行为：

（一）相互串通，操纵市场价格，损害其他经营者或者消费者的合法权益；（二）在依法降价处理鲜活商品、季节性商品、积压商品等商品外，为了排挤竞争对手或者独占市场，以低于成本的价格倾销，扰乱正常的生产经营秩序，损害国家利益或者其他经营者的合法权益；（三）捏造、散布涨价信息，哄抬价格，推动商品价格过高上涨的；（四）利用虚假的或者使人误解的价格手段，诱骗消费者或者其他经营者与其进行交易；（五）提供相同商品或者服务，对具有同等交易条件的其他经营者实行价格歧视；（六）采取抬高等级或者压低等级等手段收购、销售商品或者提供服务，变相提高或者压低价格；（七）违反法律、法规的规定牟取暴利；（八）法律、行政法规禁止的其他不正当价格行为。

（6）《价格违法行为行政处罚规定》第六条 经营者违反价格法第十四条的规定，有下列推动商品价格过快、过高上涨行为之一的，责令改正，没收违法所得，并处违法所得5倍以下的罚款；没有违法所得的，处5万元以上50万元以下的罚款，情节较重的处50万元以上300万元以下的罚款；情节严重的，责令停业整顿，或者由工商行政管理机关吊销营业执照：（一）捏造、散布涨价信息，扰乱市场价格秩序的；（二）除生产自用外，超出正常的存储数量或者存储周期，大量囤积市场供应紧张、价格发生异常波动的商品，经价格主管部门告诫仍继续囤积的；（三）利用其他手段哄抬价格，推动商品价格过快、过高上涨的。

行业协会或者为商品交易提供服务的单位有前款规定的违法行为的，可以处50万元以下的罚款；情节严重的，由登记管理机关依法撤销登记、吊销执照。

前两款规定以外的其他单位散布虚假涨价信息，扰乱市场价格秩序，依法应当由其他主管机关查处的，价格主管部门可以提出依法处罚的建议，有关主管机关应当依法处罚。

（7）《最高人民法院、最高人民检察院、公安部、司法部印发〈关于依法惩治妨害新型冠状病毒感染肺炎疫情防控违法犯罪的意见〉的通知》："（四）依法严惩哄抬物价犯罪。在疫情防控期间，违反国家有关市场经营、价格管理等规定，囤积居奇，哄抬疫情防控急需的口罩、护目镜、防护服、消毒液等防护用品、药品或者其他涉及民生的物品价格，牟取暴利，违法所得数额较大或者有其他严重情节，严重扰乱市场秩序的，依照刑法第二百二十五条第四项的规定，以非法经营罪定罪处罚。"

（8）《最高人民法院、最高人民检察院〈关于办理妨害预防、控制突发传染病疫情等灾害的刑事案件具体应用法律若干问题的解释〉》第六条：违反国家在预防、控制突发传染病疫情等灾害期间有关市场经营、价格管理等规定，哄抬物价、牟取暴利，严重扰乱市场秩序，违法所得数额较大或者有其他严重情节的，依照刑法第二百二十五条第（四）项的规定，以非法经营罪定罪，依法从重处罚。

（9）全国 12315 平台官方网站 www. 12315. cn。

八、疫情防控期间诉讼案件如何应对

（三十六）法院对立案、诉讼服务、信访接待工作做出哪些调整

1. 讨论及分析

疫情期间各地法院均发出通知，以北京为例：2020 年 1 月 31 日，北京市高级人民法院发出通告，对全市法院立案、诉讼服务和信访接待工作方式进行了调整。暂停现场立案、诉讼服务和信访接待工作，立案大厅、诉讼服务大厅和信访接待场所暂时关闭。立案需通过网上立案或邮寄方式立案。诉讼服务和申诉信访也要借助热线电话或线上渠道进行。

2. 结论及建议

立案：当事人可选择网上立案或邮寄方式立案。但立案前应详细阅读网上及邮寄立案的要求。

诉讼服务：需要联系法官、递交诉讼材料、查询诉讼进展、咨询诉讼事项等，通过各地法院审判信息网、热线、微信公众号等途径及信息平台进行。

申诉信访：通过各地方法院审判信息网、12345 政法民生热线等线上渠道，或将信访材料邮寄到相关法院。

可见，各地法院在疫情防控期间，原则上不采取现场立案及现场收取诉讼信访书面材料的方式，考虑到当事人进行权利保护受到诉讼时效的限制以及部分权益需要即时保护，所以当事人仍然需要及时立案行使权利，以上为目前人民法院采取的诉讼服务途径，具体实施前应咨询律师或通过网络、电话等途径向有关法院确认。

3. 法律依据

《北京市高级人民法院〈关于新型冠状病毒感染肺炎疫情防控期间全市法院

调整立案、诉讼服务和信访接待工作方式的通告〉》。

（张　雨）

（三十七）疫情期间开庭审理如何进行？对审理期限有什么影响

1. 讨论及分析

当事人、诉讼代理人因疫情防控不能按期参加庭审的，可以向法院申请延期开庭审理。法院根据本次疫情的实际情况决定延期审理的，也会告知当事人。一般来说，延期开庭审理不会导致审理期限的延长，除非人民法院批准。仍按照法定审理期限进行，即民事诉讼一审普通程序六个月，简易程序三个月，二审三个月。但需注意，对于民事案件的延期开庭审理的次数，法律规定了一定的限制，普通程序以两次为限，简易程序以一次为限。

2. 结论及建议

疫情期间可以向法院申请延期开庭审理，如果延期不是特别长，一般不会影响审理期限。如果疫情防控持续时间长，可能会影响到案件审理期限。在这种情况下，是否申请延期开庭审理需要与人民法院及时沟通，并考虑到对自身权益和举证等方面的影响做出决定。首先要向承办法官确认案件目前适用的程序，如适用简易程序的案件，必要时可申请转为普通程序。建议及时与律师沟通，采取适当措施维护权益。

尽管大部分法院目前暂时不组织双方当事人开庭审理，但部分有条件的法院也在尝试远程网络开庭等新型的开庭方式，当事人也应做好准备，不应认为案件审理工作已完全停摆而怠于准备应诉。

3. 法律依据

《民事诉讼法》第一百四十六条：有下列情形之一的，可以延期开庭审理：

（一）必须到庭的当事人和其他诉讼参与人有正当理由没有到庭的；

（二）当事人临时提出回避申请的；

（三）需要通知新的证人到庭，调取新的证据，重新鉴定、勘验，或者需要补充调查的；

（四）其他应当延期的情形。

第一百四十九条：人民法院适用普通程序审理的案件，应当在立案之日起六个月内审结。有特殊情况需要延长的，由本院院长批准，可以延长六个月；还需要延长的，报请上级人民法院批准。

第一百六十一条：人民法院适用简易程序审理案件，应当在立案之日起三个月内审结。

第一百七十六条：人民法院审理对判决的上诉案件，应当在第二审立案之日起三个月内审结。有特殊情况需要延长的，由本院院长批准。

《最高人民法院关于修改〈最高人民法院关于严格规范民商事案件延长审限和延期开庭问题的规定〉的决定》

《北京市高级人民法院〈关于为坚决打赢新型冠状病毒感染肺炎疫情防控阻击战提供有力司法服务和保障的意见〉》：全市各法院要根据疫情防控需要，合理安排审判执行工作，该延期审理的案件依法延期审理，不组织开展集中执行、夜间执行等行动。为减少人员流动和聚集，对依法可以进行书面审理的案件，尽量采用书面审理方式。对拟安排开庭、接待当事人的案件，要认真排查当事人和其他诉讼参与人相关情况。不能排除疫情传播风险的，应当延期开庭、延期开展其他工作，并告知当事人，做好解释疏导工作。对当事人因疫情防控申请延期开庭的，应当予以准许，并告知对方当事人。

（张　雨）

（三十八）在疫情较严重的地区被隔离出不了门，诉讼文书如何签收

1. 讨论及分析

送达的方式有直接送达、邮寄送达、电子送达等。电子签名与线下签名有同等效力。但传真、电子邮件等电子送达方式不适用于判决书、裁定书、调解书。

2. 结论及建议

在本次疫情中，目前很多法院提供了诉讼文书电子送达的服务，即可以通过网上平台完成诉讼文书的签收，但判决书、调解书、裁定书的送达，依法不适用电子送达。建议签收判决书、调解书、裁定书时做好防护，以防发生感染。

3. 法律依据

《民事诉讼法》第八十七条：经受送达人同意，人民法院可以采用传真、电子邮件等能够确认其收悉的方式送达诉讼文书，但判决书、裁定书、调解书除外。

采用前款方式送达的，以传真、电子邮件等到达受送达人特定系统的日期为送达日期。

《北京市高级人民法院〈关于为坚决打赢新型冠状病毒感染肺炎疫情防控阻击战提供有力司法服务和保障的意见〉》：全市各法院要充分运用网上办案系统，引导当事人尽量使用北京法院审判信息网、"北京移动微法院"、12368热线、北京法院诉讼服务微信公众号等信息平台，网上立案、网上缴费、网上送达、

网上调解、网上执行、网上开展诉讼服务。

（张　雨）

（三十九）疫情防控延长了假期，案件上诉期限如何计算

1. 讨论及分析

根据国务院办公厅的相关通知，春节假期延长至 2 月 2 日。期间届满的最后一日是节假日的，以节假日后的第一日为期间届满的日期。期间不包括在途时间，诉讼文书在期满前交邮的，不算过期。此次疫情期间国家延长了休假期，上诉期限可以继续延长到休假期满后的第一日。

2. 结论及建议

上诉期最后一日在 2020 年 1 月 24 日至 2 月 3 日，国家通知延期放假诉期间届满日后第一天，各地政府根据当地情况，也有继续延长休假，可根据当地休假日期，确定休假届满日后的第一天。

3. 法律依据

《国务院办公厅关于延长 2020 年春节假期的通知》。

《民事诉讼法》第八十二条：期间包括法定期间和人民法院指定的期间。

期间以时、日、月、年计算。期间开始的时和日，不计算在期间内。

期间届满的最后一日是节假日的，以节假日后的第一日为期间届满的日期。

期间不包括在途时间，诉讼文书在期满前交邮的，不算过期。

（张　雨）

（四十）疫情期间无法在法定期限内履行义务怎么办

1. 讨论及分析

根据目前各地区新型冠状病毒感染的肺炎疫情防控工作措施，如果当事人被要求隔离进行监督性医学观察而无法外出，或立案大厅、诉讼服务大厅暂时关闭的，当事人可以采用什么方法确保诉讼活动遵守各项期限的规定？当确实无法在期限内进行诉讼活动时又应如何依法维护自己的诉讼权利呢？

《民事诉讼法》《行政诉讼法》等法律及相关司法解释（本部分内容暂不讨论刑事领域法律规定）中多有关于期限的规定。例如，《民事诉讼法》第一百六十四条规定当事人不服第一审判决、裁定的，有权分别在判决书、裁定书送达之日起十五日内、十日内向上一级法院提起上诉。本条关于"送达之日起十五日内、十日内向上一级法院提起上诉"即为上诉的法定期限。又例如《行政诉讼法》第四十五条规定权利人对复议决定不服的可以自收到复议决定书之日起

十五日内向法院起诉。复议机关逾期不作决定的，除法律另有规定外申请人可以在复议期满之日起十五日内向法院起诉。本条关于"自收到复议决定书之日起十五日内向法院起诉""复议期满之日起十五日内向法院起诉"即为经过行政复议进行行政诉讼的法定期限。

法律的正义包含实体正义和程序正义。法定期限的规定即属于程序性规定，当事人必须遵守。无故耽误期限会丧失对应阶段的程序性权利从而有可能影响实体权利的实现。例如，民事诉讼当事人在收到一审判决书之日起十五日内未提起上诉的，一审判决生效，当事人不再享有上诉的权利。

（1）面对目前疫情防控工作的特殊情况，当事人可以采取什么方法确保如期进行立案、上诉、申请执行、申请撤销仲裁裁决等事项呢？

第一，当事人可以充分利用智慧法院，利用互联网、手机移动端、法院诉讼服务电话等智能工具完成诉讼活动。

根据最高人民法院关于智慧法院建设工作要求，我国各级各地法院纷纷推出利用互联网、微信公众号、热线电话等开展的网上立案、缴费、阅卷、鉴定、保全、庭审、送达、申诉电子诉讼服务。疫情防控期间，当事人可以自行或委托律师登录管辖法院官方网站查询此类智慧服务的方式和流程。

例如，北京市高级人民法院发布的《关于新型冠状病毒感染肺炎疫情防控期间全市法院调整立案、诉讼服务和信访接待工作方式的通告》中就明确了当事人可以通过北京法院审判信息网、"北京移动微法院"信息平台进行网上立案；当事人可以通过北京法院审判信息网、12368热线、"北京法院诉讼服务"微信公众号、"北京移动微法院"信息平台等线上渠道联系法官、递交诉讼材料、查询诉讼进度、咨询诉讼事项等。

充分利用智慧法院、智能工具既可以保障当事人在法定期限内完成诉讼活动，确保当事人诉讼权利又有效避免不必要的外出活动，维护自身健康又遵守疫情期间的防控工作措施。

第二，当事人可以利用邮寄的方式进行或辅助进行诉讼活动。

当事人可以咨询在疫情防控期间管辖法院是否接受邮寄的方式进行或辅助进行具体的诉讼工作。例如，北京市在疫情防控期间，对不便通过网络立案的，可以通过邮寄的方式在北京市三级人民法院立案。

（2）疫情防控期间确实无法在法定期限内进行诉讼活动，当事人对应的诉讼权利是否会灭失？当事人可以采取什么措施有效维护诉讼权利呢？

第一，因遵守或执行疫情防控期间应对措施而不能正常进行诉讼活动的，适用程序中止的规定。根据《突发事件应对法》第十三条的规定："因采取突发事件应对措施，诉讼、行政复议、仲裁活动不能正常进行的，适用有关时效中止和程序中止的规定，但法律另有规定的除外。"

也就是说，除法律另有规定外，在疫情防控时期符合法律规定情形的当事人的诉讼法定期限是可以中止不予继续计算的。此法律规定是当事人在当前特殊情况下维护诉讼权利的依据之一。

第二，民事诉讼法、行政诉讼法确保了当事人因正当理由耽误法定期限的权利救济。

《民事诉讼法》《行政诉讼法》均有在统领的角度和高度对当事人因正当理由耽误法定期限的救济性条款。例如，《行政诉讼法》第四十八条第一款规定："公民、法人或者其他组织因不可抗力或者其他不属于其自身的原因耽误起诉期限的，被耽误的时间不计算在起诉期限内。"

法律的规定意味着涉及民事诉讼活动、行政诉讼活动的例如立案、上诉、申请执行、涉仲裁事项都有针对延误期限的救济性保障依据。因此，在疫情防控工作期间，当事人因正当理由延误期限的都可以依据法律规定寻求期限的延长。

第三，民事诉讼中当事人需在法定期限内主动向法院申请期限的顺延以确保诉讼权利。

根据《民事诉讼法》第八十三条的规定："当事人因不可抗拒的事由或者其他正当理由耽误期限的，在障碍消除后的十日内，可以申请顺延期限，是否准许，由人民法院决定。"

根据这一法条的规定，结合目前疫情防控工作中诉讼活动的具体情况，当事人在确实耽误期限并需要延期的情况下，应特别注意以下几点：

①当事人需要自行向法院提出延期申请；

②当事人必须在障碍消除后 10 日内向法院申请；

③当事人的延期申请是否被批准由法院决定。

特别提示民事诉讼当事人，如果在障碍消除后的 10 日内没有主动向法院提出延期申请，则您对应的诉讼权利将确定的灭失。

2. 结论及建议

综上，律师建议在疫情防控期间：

（1）如果您无法正常到法院进行诉讼活动，可以首先充分利用智慧法院及互联网、手机移动端、电话等智能工具进行诉讼活动。

（2）可以利用邮寄的方式进行或辅助进行诉讼活动。

（3）一旦法定期限确实被延误，可以依法启动期限延误的救济程序保障自己的诉讼权利。

（4）特别注意在民事诉讼中期限顺延需要当事人在障碍消除后 10 日内自行申请。

3. 法律依据

（1）《最高人民法院办公厅〈关于做好 2019 年智慧法院建设工作的通知〉》。

（2）《北京市高级人民法院〈关于新型冠状病毒感染肺炎疫情防控期间全市法院调整立案、诉讼服务和信访接待工作方式的通告〉》。

（3）《突发事件应对法》第十三条：因采取突发事件应对措施，诉讼、行政复议、仲裁活动不能正常进行的，适用有关时效中止和程序中止的规定，但法律另有规定的除外。

（4）《民事诉讼法》第八十三条：当事人因不可抗拒的事由或者其他正当理由耽误期限的，在障碍消除后的十日内，可以申请顺延期限，是否准许，由人民法院决定。

（5）《行政诉讼法》第四十八条：公民、法人或者其他组织因不可抗力或者其他不属于其自身的原因耽误起诉期限的，被耽误的时间不计算在起诉期限内。

公民、法人或者其他组织因前款规定以外的其他特殊情况耽误起诉期限的，在障碍消除后十日内，可以申请延长期限，是否准许由人民法院决定。

（李媛莎）

九、关于疫情防控期间诈骗问题的讨论

（四十一）在疫情期间为什么诈骗问题频出

讨论及分析：从客观角度来看，第一，因为受骗人有需求，例如急需口罩、急需要退票等，欺诈人认为有机可乘。第二，欺诈人利用了在抗击疫情期间受骗人的善良。受骗人急于捐献、急于购买物资支援疫情前线，在这种情况下受骗人的防范意识会降低。第三，在抗击疫情期间，公安和监督行政部门集中精力抗击疫情，对诈骗行为的打击和关注度降低。

从主观上来讲，趁机诈骗是道德败坏的表现。乘人之危、乘国之危犯罪性质更为恶劣，后果更为严重。诈骗人缺乏基本的法律意识，也缺乏正确的道德观和价值观，乃至缺乏做人的底线。所以，对利用疫情进行诈骗的人员应该从重从严处罚。

（四十二）处理疫情期间诈骗行为的法律规定有哪些

1. 讨论及分析

在抗击新冠肺炎疫情期间，对于利用疫情组织虚假筹集善款、虚假销售口罩、以各种虚假理由骗取他人钱财的行为，都属于诈骗行为，涉嫌构成诈骗罪。

诈骗罪是指以非法占有为目的，用虚构事实或者隐瞒真相的方法，骗取数额较大的公私财物的行为。诈骗罪要求行为人在主观方面有直接故意，并且有非法占有公私财物的目的。客观方面则要求欺诈行为使得被害人产生错误认识，并做出欺诈人所希望的财产处分的行为。

根据《刑法》和《最高人民法院、最高人民检察院〈关于办理诈骗刑事案件具体应用法律若干问题的解释〉》的规定涉案金额达三千元至一万元以上的，处三年以下有期徒刑、拘役或者管制，并处或单处罚金；涉案金额达三万元至十万元以上或者严重情节的，处三年以上十年以下有期徒刑，并处罚金；对于涉案金额达五十万元以上的或者有特别严重情节的，处十年以上有期徒刑或者无期徒刑，并处罚金或者没收财产。

对在疫情期间趁机诈骗的行为，处罚则更为严厉。根据《最高人民法院、最高人民检察院〈关于办理诈骗刑事案件具体应用法律若干问题的解释〉》第二条规定：诈骗救灾、医疗款物和以赈灾募捐名义实施诈骗属于刑法第二百六十六条中的加重情节。而根据《最高人民法院、最高人民检察院〈关于办理妨害预防、控制突发传染病疫情等灾害的刑事案件具体应用法律若干问题的解释〉》第七条的规定：在预防、控制突发传染病疫情等灾害期间，假借研制、生产或者销售用于预防、控制突发传染病疫情等灾害用品的名义，进行诈骗的依照刑法有关诈骗罪的规定定罪，依法从重处罚。

2. 结论及建议

在抗击疫情期间趁机诈骗的行为，将面临更严厉的处罚措施。按照《刑法》《最高人民法院、最高人民检察院〈关于办理诈骗刑事案件具体应用法律若干问题的解释〉》《最高人民法院、最高人民检察院〈关于办理妨害预防、控制突发传染病疫情等灾害的刑事案件具体应用法律若干问题的解释〉》的有关规定，依法从重处罚。

3. 法律依据

（1）《刑法》第二百六十六条：诈骗公私财物，数额较大的，处三年以下有期徒刑、拘役或者管制，并处或单处罚金；数额巨大或者有其他严重情节的，处三年以上十年以下有期徒刑，并处罚金；数额特别巨大或者有其他特别严重情节的，处十年以上有期徒刑或者无期徒刑，并处罚金或者没收财产。

（2）《最高人民法院、最高人民检察院〈关于办理诈骗刑事案件具体应用法律若干问题的解释〉》

第一条：诈骗公私财物价值三千元至一万元以上、三万元至十万元以上、五十万元以上的，应当分别认定为刑法第二百六十六条规定的"数额较大""数额巨大""数额特别巨大"。

第二条：诈骗公私财物达到本解释第一条规定的数额标准，具有下列情形之一的，可以依照刑法第二百六十六条的规定酌情从严惩处：

（一）通过发送短信、拨打电话或者利用互联网、广播电视、报纸杂志等发布虚假信息，对不特定多数人实施诈骗的；

（二）诈骗救灾、抢险、防汛、优抚、扶贫、移民、救济、医疗款物的；

（三）以赈灾募捐名义实施诈骗的；

诈骗数额接近本解释第一条规定的"数额巨大""数额特别巨大"的标准，并具有前款规定的情形之一或者属于诈骗集团首要分子的，应当分别认定为刑法第二百六十六条规定的"其他严重情节""其他特别严重情节"。

（3）《最高人民法院、最高人民检察院、公安部〈关于办理电信网络诈骗等刑事案件适用法律若干问题的意见〉》。

根据《最高人民法院、最高人民检察院〈关于办理诈骗刑事案件具体应用法律若干问题的解释〉》第一条的规定，利用电信网络技术手段实施诈骗，诈骗公私财物价值三千元以上、三万元以上、五十万元以上的，应当分别认定为刑法第二百六十六条规定的"数额较大""数额巨大""数额特别巨大"。

二年内多次实施电信网络诈骗未经处理，诈骗数额累计计算构成犯罪的，应当依法定罪处罚。

（二）实施电信网络诈骗犯罪，达到相应数额标准，具有下列情形之一的，酌情从重处罚：

组织、指挥电信网络诈骗犯罪团伙的；

诈骗救灾、抢险、防汛、优抚、扶贫、移民、救济、医疗等款物的；

以赈灾、募捐等社会公益、慈善名义实施诈骗的；

（4）《最高人民法院、最高人民检察院〈关于办理妨害预防、控制突发传染病疫情等灾害的刑事案件具体应用法律若干问题的解释〉》第七条：在预防、控制突发传染病疫情等灾害期间，假借研制、生产或者销售用于预防、控制突发传染病疫情等灾害用品的名义，诈骗公私财物数额较大的，依照刑法有关诈骗罪的规定定罪，依法从重处罚。

（四十三）对于诈骗行为应如何防范

分析及建议：

第一，保持警觉，具有防范意识。当收到退票短信，电话等，不要按照短信或电话提示来处理。可以通过打电话到航空公司或铁道部门进行确认。当有人电话通知需要缴纳罚款时，可以到当地派出所查询事情真伪。对于计划旅行期间，旅行社通知退票的短信和电话，可以按照和旅行社订立合同时旅行社预留的号码进行咨询，核对退票是否属实。当他人要求输入身份证号码、银行卡号码、银行卡密码的时候尤其要时刻保持警觉，谨防上当受骗。

第二，选择正规商家购买口罩、防护服等医疗物资。因疫情影响，多数医疗物资处于"缺货"状态。在此情况下，如有人声称有大量存货时，要警惕对方可能在销售假冒伪劣口罩或者在进行欺诈行为。

第三，对于他人的付款要求，要核实该笔款项是否能够到达旅游公司或者航空公司的正规账户。当他人提到自己是某公司工作人员时，可以上网查询该公司是否是正规公司。

第四，核实接受捐款、捐物资的主体和渠道是否合法合规，选择向民政部门有登记备案的组织捐赠。正规的捐款机构在网上可以查到机构的相关信息，如果对募捐组织存有疑问不要贸然捐款。

（郑雪倩　刘　墨）

十、关于生产销售假冒伪劣口罩问题的讨论

（四十四）生产销售假冒伪劣口罩的行为侵犯的权益和违反的法律是什么

1. 讨论及分析

生产销售假冒伪劣口罩最直接的受害者是购买使用假冒伪劣口罩的佩戴者，对佩戴者权利的侵犯是多方面的。

第一，戴口罩是预防此次新冠肺炎十分有效的方法，口罩的质量直接影响到佩戴者对疾病预防的效果。因此，假冒伪劣口罩严重威胁了佩戴者的生命健康权。在《宪法》《民法总则》等多部法律法规中都表明国家严格保护公民的生命健康权，对侵犯公民生命健康权的行为进行严厉的惩处。

第二，假冒伪劣口罩属于假冒伪劣产品，因此侵犯了消费者的多项权利。首先，生产销售假冒伪劣口罩的厂商往往会假冒合格口罩的生产信息、安全信

息、质量保证信息，使得消费者无法清楚知晓口罩的真实状况，知情权受到了侵害。其次，购买假冒伪劣口罩有违消费者购买初衷，使得购买者在无法获知产品状况的情况下做出错误购买的行为。因此，制假售假行为侵犯了消费者的公平交易权。

第三，生产销售假冒伪劣口罩还侵犯了正规的口罩生产商和销售商的权利。《民法总则》中规定，我国民事主体依法享有知识产权。其中包括对发明、实用新型、外观设计、商标、商业秘密的保护权利。冒用知名厂商的外观设计、商标，侵犯了被冒用的厂商的知识产权，甚至会对被侵权厂商的商誉造成不良影响。

第四，生产销售假冒伪劣产品对社会整体产生了威胁。本次疫情事发突然、传播速度快等特点给抗击疫情带来了困难。又没有特效药能够快速治愈新型冠状病毒肺炎。佩戴口罩作为一种有效的预防措施，使得口罩成为了生活必需品。假冒伪劣口罩因其劣质材料和不合格的生产方法，维持正常外观尚且困难，更不用提能够起到隔离佩戴者与外界病毒的功能。因此，假冒伪劣口罩也对社会整体产生危害。

2. 结论及建议

生产销售假冒伪劣口罩对权利的侵犯是多方面的。第一，生产销售假冒伪劣口罩的行为侵犯了消费者的生命健康权、知情权、公平交易权等权利。第二，假冒伪劣口罩损害其他合法生产者和经营者的公平竞争权和知识产权。另外，假冒伪劣口罩败坏社会风气，破坏社会稳定。

生产销售假冒伪劣口罩的行为涉嫌违反《民法总则》《消费者权益保护法》《刑法》《侵权责任法》《产品质量法》《最高人民法院、最高人民检察院〈关于办理妨害预防、控制突发传染病疫情等灾害的刑事案件具体应用法律若干问题的解释〉》《反不正当竞争法》等诸多法律法规。

3. 法律依据

（1）生命健康权。

《民法总则》第一百一十条：自然人享有生命权、身体权、健康权、姓名权、肖像权、名誉权、荣誉权、隐私权、婚姻自主权等权利。

《侵权责任法》：因产品存在缺陷造成他人损害的，生产者应当承担侵权责任。明知产品存在缺陷仍然生产、销售，造成他人死亡或者健康严重损害的，被侵权人有权请求相应的惩罚性赔偿。

《消费者权益保护法》第四十一条：因产品存在缺陷造成他人损害的，生产者应当承担侵权责任。

第四十二条：因销售者的过错使产品存在缺陷，造成他人损害的，销售者应当承担侵权责任。销售者不能指明缺陷产品的生产者也不能指明缺陷产品的供货者的，销售者应当承担侵权责任。

（2）知情权。

《消费者权益保护法》第八条：消费者享有知悉其购买、使用的商品或者接受的服务的真实情况的权利。

消费者有权根据商品或者服务的不同情况，要求经营者提供商品的价格、产地、生产者、用途、性能、规格、等级、主要成分、生产日期、有效期限、检验合格证明、使用方法说明书、售后服务，或者服务的内容、规格、费用等有关情况。

（3）公平交易权。

《消费者权益保护法》第十条：消费者享有公平交易的权利。

消费者在购买商品或者接受服务时，有权获得质量保障、价格合理、计量正确等公平交易条件，有权拒绝经营者的强制交易行为。

（4）公平竞争权。

《反不正当竞争法》第二条：经营者在生产经营活动中，应当遵循自愿、平等、公平、诚信的原则，遵守法律和商业道德。

本法所称的不正当竞争行为，是指经营者在生产经营活动中，违反本法规定，扰乱市场竞争秩序，损害其他经营者或者消费者的合法权益的行为。

（5）知识产权。

《民法总则》第一百二十三条：我国民事主体依法享有知识产权。其中包括对发明、实用新型、外观设计、商标、商业秘密的保护权利。

（四十五）生产销售假冒伪劣口罩可能受到何种处罚

1. 讨论及分析

国家市场监管总局 2 月 6 日发布意见指出，涉及疫情防控的违法行为，考虑其特殊危害性，从重处罚。对口罩等防护用品制假售假等违法行为，在依法可以选择的处罚种类和处罚幅度内顶格处罚。涉嫌犯罪的，必须坚决移送司法机关依法追究刑事责任。

在疫情期间，生产销售假冒伪劣口罩的行为给社会造成影响恶劣，因此对生产销售假冒伪劣口罩的行为要严厉处罚。

2. 结论及建议

《最高人民法院、最高人民检察院〈关于办理妨害预防、控制突发传染病疫情等灾害的刑事案件具体应用法律若干问题的解释〉》：在预防、控制突发传染病疫情等灾害期间，生产、销售伪劣的防治、防护产品、物资，或者生产、销售用于防治传染病的假药、劣药，构成犯罪的，分别依照刑法第一百四十条、第一百四十一条、第一百四十二条的规定，以生产、销售伪劣产品罪，生产、销售假药罪或者生产、销售劣药罪定罪，依法从重处罚。

在疫情期间，对于生产销售假冒伪劣口罩的不法商贩可能面临最高处"十五年有期徒刑或者无期徒刑，并处销售金额百分之五十以上二倍以下罚金或者没收财产"的刑事处罚。

3. 法律依据

《最高人民法院、最高人民检察院〈关于办理妨害预防、控制突发传染病疫情等灾害的刑事案件具体应用法律若干问题的解释〉》第二条：在预防、控制突发传染病疫情等灾害期间，生产、销售伪劣的防治、防护产品、物资，或者生产、销售用于防治传染病的假药、劣药，构成犯罪的，分别依照刑法第一百四十条、第一百四十一条、第一百四十二条的规定，以生产、销售伪劣产品罪，生产、销售假药罪或者生产、销售劣药罪定罪，依法从重处罚。

第三条：在预防、控制突发传染病疫情等灾害期间，生产用于防治传染病的不符合保障人体健康的国家标准、行业标准的医疗器械、医用卫生材料，或者销售明知是用于防治传染病的不符合保障人体健康的国家标准、行业标准的医疗器械、医用卫生材料，不具有防护、救治功能，足以严重危害人体健康的，依照刑法第一百四十五条的规定，以生产、销售不符合标准的医用器材罪定罪，依法从重处罚。

医疗机构或者个人，知道或者应当知道系前款规定的不符合保障人体健康的国家标准、行业标准的医疗器械、医用卫生材料而购买并有偿使用的，以销售不符合标准的医用器材罪定罪，依法从重处罚。

《刑法》第一百四十条：【生产、销售伪劣产品罪】生产者、销售者在产品中掺杂、掺假，以假充真，以次充好或者以不合格产品冒充合格产品，销售金额五万元以上不满二十万元的，处二年以下有期徒刑或者拘役，并处或者单处销售金额百分之五十以上二倍以下罚金；销售金额二十万元以上不满五十万元的，处二年以上七年以下有期徒刑，并处销售金额百分之五十以上二倍以下罚金；销售金额五十万元以上不满二百万元的，处七年以上有期徒刑，并处销售金额百分之五十以上二倍以下罚金；销售金额二百万元以上的，处十五年有期徒刑或者无期徒刑，并处销售金额百分之五十以上二倍以下罚金或者没收财产。

第一百四十五条：【生产、销售不符合标准的卫生器材罪】生产不符合保障人体健康的国家标准、行业标准的医疗器械、医用卫生材料，或者销售明知是不符合保障人体健康的国家标准、行业标准的医疗器械、医用卫生材料，足以严重危害人体健康的，处三年以下有期徒刑或者拘役，并处销售金额百分之五十以上二倍以下罚金；对人体健康造成严重危害的，处三年以上十年以下有期徒刑，并处销售金额百分之五十以上二倍以下罚金；后果特别严重的，处十年以上有期徒刑或者无期徒刑，并处销售金额百分之五十以上二倍以下罚金或者没收财产。

（四十六）如何分辨假冒伪劣口罩

1. 讨论及分析

假冒伪劣口罩无法有效地防控病毒，还有感染其他细菌，引起佩戴者过敏的危险。

2. 结论及建议

第一，要观察口罩的外部包装是否完好、整洁。观察口罩外部包装的印刷是否清晰，是否印有"LP"的质量安全标志；观察口罩的生产批号、生产日期、生产厂家是否合格。

第二，观察口罩是否具有异味，是否有光泽。防止"二次口罩"和劣质口罩。

第三，检查是否有药监部门批准的生产标号。正规的医用外科口罩在外包装上印有"医用外科口罩"字样，生产标准号是 YY0469-2011。N95 或 KN95口罩，生产标准号是 GB19083-2010。

第四，选择正规药店进行购买，例如有资质的药店。不要在路边等非经营场所购买，不要购买"无生产日期、无质量合格证、无生产厂家"的三无产品。

第五，有条件情况下，可以到市场监督管理局的网站进行查询口罩厂家是否有资质，产品质量是否合格。

3. 法律依据

《产品质量法》第三条：生产者、销售者应当建立健全内部产品质量管理制度，严格实施岗位质量规范、质量责任以及相应的考核办法。

第五条：禁止伪造或者冒用认证标志等质量标志；禁止伪造产品的产地，伪造或者冒用他人的厂名、厂址；禁止在生产、销售的产品中掺杂、掺假，以假充真，以次充好。

第十三条：可能危及人体健康和人身、财产安全的工业产品，必须符合保障人体健康和人身、财产安全的国家标准、行业标准；未制定国家标准、行业标准的，必须符合保障人体健康和人身、财产安全的要求。

（四十七）购买了假冒伪劣口罩如何处理

1. 讨论及分析

假冒伪劣口罩对佩戴者不仅不能起到保护作用，甚至还有危害生命健康的可能。首先不建议消费者购买和佩戴，如果发现口罩不合格要及时丢弃。另外，要及时向市场监管部门举报。

市场监督管理部门对口罩的生产销售有监督管理的职能，建议市场监督管理部门对行政区内的口罩生产和销售加大抽查力度，对生产销售假冒伪劣口罩的厂商及时查处并加大处罚力度。

2. 结论及建议

第一，当发现口罩是假冒伪劣产品时，要及时与市场监督管理部门进行报告。由有关部门对制假售假者进行查处和处罚。

第二，发现口罩是假冒伪劣产品时，要立即停止佩戴，切勿因贪图小便宜继续佩戴而危及生命健康。

3. 法律依据

《产品质量法》第八条：国务院市场监督管理部门主管全国市场监督管理工作。国务院有关部门在各自的职责范围内负责产品质量监督工作。

县级以上地方市场监督管理部门主管本行政区域内的产品质量监督工作。县级以上地方人民政府有关部门在各自的职责范围内负责市场监督管理工作。

（四十八）如何治理假冒伪劣口罩的生产销售

1. 讨论及分析

可以从多个角度治理假冒伪劣口罩的生产销售。第一，从生产、销售甚至生产进货阶段进行监督管理。第二，充分运用监督管理手段，充分发挥社会监督的广泛性、舆论监督的时效性、行政监督的专业性。第三，加快对生产销售口罩的厂商进行诚信教育、守法教育、爱国教育。

2. 结论及建议

第一，加快建立企业诚信体系，强调诚信经营。《产品责任法》明确了生产者、销售者应当建立健全内部产品质量管理制度，严格实施岗位质量规范、质量责任以及相应的考核办法。对产品质量责任依法承担。因此，加强企业诚信建设，增加企业对自身生产销售责任的认识，树立诚信的生产经营观念刻不容缓。建立口罩生产销售行业的诚信氛围，从内部树立起诚信生产、诚信经营的价值观。

第二，各级行政主管部门要依法行政，重视自己对口罩生产者经营者的监督管理责任，加大加强抽查检查力度和处罚力度。另一方面，对于在此次疫情中趁机制造销售假冒伪劣口罩，趁机牟取不法利益的相关人员要加大处罚力度。不仅要吊销生产厂商和销售商的营业执照，还要对不法生产的责任人进行追踪追责。对涉及生产销售假冒伪劣口罩责任人要将其拉入口罩生产的"黑名单"，终身禁止其再从事口罩生产销售相关活动，禁止其另行注册新公司进行口罩生产销售相关工作。

第三，充分发挥社会监督的作用。激励社会对生产销售假冒伪劣口罩的行为进行举报，对行政工作人员的工作进行监督。社会监督因其具有广泛性的特点，能够充分发挥最广大人民的能动性。习近平总书记在防控新型冠状病毒感染肺炎的严峻斗争中强调，"要广泛动员群众、组织群众、凝聚群众，紧紧依靠人民群众坚决打赢疫情防控阻击战"。因此，社会各级要充分调动积极性，发挥社会监督的优势，对制假售假冒伪劣口罩的行为要勇于举报。对于渎职懈怠的行政工作人员，要鼓励群众勇于揭发。

第四，要在全社会进行法治宣传、法治教育，从思想上提高公民的守法意识。对公民进行疫情宣传教育和守法教育，使民众认知制造销售假冒伪劣口罩的严重法律后果，加强群众自觉抵制制造销售假冒伪劣口罩的决心和行动力。从思想源头上防止"害群之马"的产生。加大法治宣传力度和守法教育力度，让人民群众知法、懂法、守法更是给防疫胜利注入"强心剂"，更有助于防疫工作的开展，从而取得防疫斗争的胜利。

3. 法律依据

《产品质量法》第三条：生产者、销售者应当建立健全内部产品质量管理制度，严格实施岗位质量规范、质量责任以及相应的考核办法。

第八条：国务院市场监督管理部门主管全国市场监督管理工作。国务院有关部门在各自的职责范围内负责产品质量监督工作。县级以上地方市场监督管理部门主管本行政区域内的产品质量监督工作。县级以上地方人民政府有关部门在各自的职责范围内负责市场监督管理工作。

第六十八条：市场监督管理部门的工作人员滥用职权、玩忽职守、徇私舞弊，构成犯罪的，依法追究刑事责任；尚不构成犯罪的，依法给予行政处分。

《传染病防治法》第六十五条：地方各级人民政府未依照本法的规定履行报告职责，或者隐瞒、谎报、缓报传染病疫情，或者在传染病暴发、流行时，未及时组织救治、采取控制措施的，由上级人民政府责令改正，通报批评；造成传染病传播、流行或者其他严重后果的，对负有责任的主管人员，依法给予行政处分；构成犯罪的，依法追究刑事责任。

第六十六条：县级以上人民政府卫生行政部门违反本法规定，有下列情形之一的，由本级人民政府、上级人民政府卫生行政部门责令改正，通报批评；造成传染病传播、流行或者其他严重后果的，对负有责任的主管人员和其他直接责任人员，依法给予行政处分；构成犯罪的，依法追究刑事责任：

《刑法》第四百零九条：从事传染病防治的政府卫生行政部门的工作人员严重不负责任，导致传染病传播或者流行，情节严重的，处三年以下有期徒刑或者拘役。

（四十九）疫情期间加快口罩生产销售的建议

1. 讨论及分析

在此次抗击新冠肺炎疫情的战役中，主要起到预防作用的有 N95、KN95 口罩，医用外科口罩。各医疗机构临床救治需要，全国人民防护也需要，需求量非常大。正逢春节放假，只能由国家统一安排生产、进行调配。2 月 2 日，中共中央政治局常委、国务院总理、中央应对新型冠状病毒感染肺炎疫情工作领导小组组长李克强主持召开领导小组会议，指出国家对所有紧缺物资实行统一调度。但是，此次疫情影响范围巨大，而口罩作为易消耗产品，仅仅调度原有储备是不足的，持续不断地口罩生产才能满足人们对口罩的需求缺口。

2. 结论及建议

（1）为了防止假冒伪劣口罩危害公民健康和市场秩序，保障医疗机构临床一线、广大人民的需要，建议政府对口罩防护服等抗疫必需品，统一组织生产、进行调度，保障抗疫需要。

（2）不同类型的口罩生产销售需要按照相关的行业标准来进行，相关的审批检验手段也有所区别。而根据我国《传染病防治法》的规定，传染病暴发、流行时，根据传染病疫情控制的需要，国务院在疫情期间可以紧急调度储备物资。县级以上人民政府有做好组织协调工作的义务。为了口罩生产制造的合法合规和充分发挥产能以满足人们日常需要，建议行政主管部门考虑对普通口罩和医用外科口罩的生产销售进行调度。对口罩需求量相对较大、口罩标准要求相对较苛刻的场所优先保证合格口罩的供给，例如救治感染新型冠状病毒肺炎的医院，优先提供符合要求的防护口罩。

（3）行政主管部门的统一调度也有利于保证口罩的质量。根据《产品质量法》的相关规定，国务院市场监督管理部门和县级以上地方市场监督管理部门对行政区内的产品有质量监管的权利和义务。由各级行政主管部门各自统一调配行政区内口罩的生产销售更有利于保证口罩在生产销售环节中合法合规，也能从源头上解决假冒伪劣口罩的问题。

3. 法律依据

《传染病防治法》第四十五条：国务院有权在全国范围或者跨省、自治区、直辖市范围内，县级以上地方人民政府有权在本行政区域内紧急调集人员或者调用储备物资，临时征用房屋、交通工具以及相关设施、设备。

第四十九条：传染病暴发、流行时，药品和医疗器械生产、供应单位应当及时生产、供应防治传染病的药品和医疗器械。铁路、交通、民用航空经营单位必须优先运送处理传染病疫情的人员以及防治传染病的药品和医疗器械。县级以上人民政府有关部门应当做好组织协调工作。

《产品质量法》第八条：国务院市场监督管理部门主管全国产品质量监督工作。国务院有关部门在各自的职责范围内负责产品质量监督工作。县级以上地方市场监督管理部门主管本行政区域内的产品质量监督工作。县级以上地方人民政府有关部门在各自的职责范围内负责产品质量监督工作。法律对产品质量的监督部门另有规定的，依照有关法律的规定执行。

（郑雪倩　刘　墨）

第五章　最高人民检察院发布 妨害新冠肺炎疫情 防控犯罪典型案例

一、最高人民检察院发布首批妨害新冠肺炎疫情防控犯罪典型案例

2月11日，最高人民检察院对外发布了首批十个妨害新冠肺炎疫情防控犯罪典型案例，共涉及抗拒疫情防控措施、暴力伤医、制假售假、哄抬物价、破坏野生动物资源等七类犯罪——

（一）依法严惩抗拒疫情防控措施犯罪

案例一： 四川南充孙某某涉嫌妨害传染病防治案。湖北武汉市孙某某返回四川老家后被医院诊断为疑似"新型冠状病毒感染者"。孙某某不听隔离劝阻、悄悄逃离医院接触多人，且在后期确诊和收治隔离后，仍隐瞒真实行程和活动轨迹。

2月5日，南充市公安局嘉陵区分局对孙某某涉嫌妨害传染病防治一案立案侦查。

案例二： 湖北竹山刘某某涉嫌妨害公务案。1月26日，湖北省竹山县得胜镇刘某某无视政府禁令，不听从劝返，拒不配合测体温，对执勤警察及干部进行纠缠、辱骂和殴打，并将执勤点椅子踢倒，将两个警戒筒扔到马路中间，后被执勤民警制服。

2月3日，竹山县人民检察院依法从快对犯罪嫌疑人刘某某以妨害公务罪批准逮捕。

案例三： 浙江南浔王某某妨害公务案。2月2日，浙江省湖州市旧馆镇蔡家巷自然村租房门口，王某某不听从疫情防控巡查干部和社区民警劝导，与工作人员发生争执，且在民警阻止其拍视频时，直接攻击、抓伤其脸部、颈部。

2月9日，湖州市南浔区人民法院开庭审理本案，采纳区检察院提出的量刑建议，以妨害公务罪判处王某某有期徒刑九个月。

【法律要旨】 违反传染病防治法的规定，拒绝执行卫生防疫机构依照传染病防治法提出的防控措施，引起新型冠状病毒传播或者有传播严重危险，不符合刑法第一百一十四条、第一百一十五条第一款规定的，依照刑法第三百三十条的规定，以妨害传染病防治罪定罪处罚。

以暴力、威胁方法阻碍国家机关工作人员（含在依照法律、法规规定行使国家有关疫情防控行政管理职权的组织中从事公务的人员，在受国家机关委托代表国家机关行使疫情防控职权的组织中从事公务的人员，虽未列入国家机关人员编制但在国家机关中从事疫情防控公务的人员）依法履行为防控疫情而采取的防疫、检疫、强制隔离、隔离治疗等措施的，依照刑法第二百七十七条第一款、第三款的规定，以妨害公务罪定罪处罚。暴力袭击正在依法执行职务的人民警察的，以妨害公务罪定罪，从重处罚。

（二）依法严惩暴力伤医犯罪

案例四： 湖北武汉柯某某涉嫌寻衅滋事案。1月29日，柯某某的岳父田某某，经抢救无效死亡。柯某某及田某某的女儿找到医生，田某某女儿将其拉出护士站后，柯某某随即对其殴打，在拉扯过程中致一名前来劝阻的护士手套脱落。被害人经两次核酸检测为阴性，其伤情经法医鉴定为轻微伤。

1月30日，柯某某以涉嫌寻衅滋事罪被立案侦查，并刑事拘留。2月1日，因犯罪嫌疑人柯某某疑似感染新型冠状病毒，公安机关对其采取取保候审的强制措施。目前由办案单位、住所地派出所及社区三方对其进行监管。

【法律要旨】 在疫情防控期间，随意殴打医务人员，情节恶劣的，依照刑法第二百九十三条的规定，以寻衅滋事罪定罪处罚。

（三）依法严惩制假售假犯罪

案例五： 浙江义乌邵某某、毛某某涉嫌销售伪劣产品案。1月25日，邵某某先后两次从田某某购置劣质仿冒"3M"口罩共计2万个，并销售给犯罪嫌疑人毛某某，销售金额达18万余元。犯罪嫌疑人毛某某通过微信又将该批口罩出售给他人，销售金额20万余元。案发后，涉案劣质仿冒"3M"口罩在运输途中被截获。经检验，涉案口罩系不合格产品。

1月27日，对犯罪嫌疑人邵某某、毛某某等人刑事拘留。1月29日，田某某于被抓获到案。义乌市人民检察院将于近日对该案进行审查并提起公诉。该案系全国首例防疫期间"问题口罩"批捕案件。

【法律要旨】 在疫情防控期间，生产、销售伪劣的防治、防护产品、物资，符合刑法第一百四十条规定的，以生产、销售伪劣产品罪定罪处罚。

（四）依法严惩哄抬物价犯罪

案例六： 广东廉江谭某某涉嫌非法经营案。廉江市福本医疗器械有限公司在天猫平台将平时销售价格为人民币五十元一盒（50 个独立包装）的一次性医疗口罩，提高销售价格至人民币六百元一盒。

经审查，谭某某违反国家在预防、控制突发传染病疫情等灾害期间有关市场经营、价格管理等规定，哄抬物价、牟取暴利，严重扰乱市场秩序，情节严重（销售金额为人民币六万五千三百元），涉嫌非法经营罪犯罪。2 月 6 日，廉江市人民检察院对犯罪嫌疑人谭某某做出批准逮捕决定。

【法律要旨】 在疫情防控期间，违反国家有关市场经营、价格管理等规定，囤积居奇，哄抬疫情防控急需的口罩、护目镜、防护服、消毒液等防护用品、药品或者其他涉及民生的物品价格，牟取暴利，违法所得数额较大或者有其他严重情节，严重扰乱市场秩序的，依照刑法第二百二十五条第四项的规定，以非法经营罪定罪处罚。

（五）依法严惩诈骗犯罪

案例七： 浙江宁波应某某诈骗案。2 月 3 日，浙江省宁波市鄞州区应某某通过社交软件结识被害人吴某某，谎称自己系鄞州二院女护士，有获取医用口罩的特殊渠道，并使用另一微信号编造"鄞州二院仓库管理员"身份与吴某某交易，共骗得被害人吴某某六千余元。

2 月 7 日，鄞州区人民法院作出判决：被告人应某某犯诈骗罪，判处有期徒刑六个月，并处罚金人民币一千元。

案例八： 广东揭阳蔡某涉嫌诈骗案。1 月 27 日，蔡某使用其个人身份信息，通过互联网注册了名为"武汉市慈善会"的微信公众号，误导群众通过扫描其本人提供的微信支付"二维码"进行捐款。1 月 27 日 16 时至 22 时，共有 112 名群众通过该方式向蔡某个人微信支付账户累计转入人民币八千八百余元，其中最大一笔为人民币三千元。

2 月 6 日，揭阳市人民检察院审查认为，犯罪嫌疑人蔡某涉嫌构成诈骗罪，同时考虑到犯罪嫌疑人在"武汉市慈善会"公众号因人举报被腾讯公司注销后，再次申请两个冒充慈善机构的公众号，可以认定其"可能实施新的犯罪"，依法对其批准逮捕。

【法律要旨】 在疫情防控期间，假借研制、生产或者销售用于疫情防控的物品的名义骗取公私财物，或者捏造事实骗取公众捐赠款物数额较大的，依照刑法第二百六十六条的规定，以诈骗罪定罪处罚。

（六）依法严惩破坏野生动物资源犯罪

案例九： 广东韶关市刘某某涉嫌非法收购珍贵、濒危野生动物罪案。1月29日，广东省韶关市曲江区市场监管局工作人员在曲江区罗坑镇"火头军农场"进行检查时，发现厨房冰柜内有2只疑似野生动物白鹇的死体，经询问，刘某某称其于2019年12月20日前后，向曲江区罗坑瑶族村委村民邓某某收购白鹇死体两只的事实。

曲江区人民检察院经审查认为，犯罪嫌疑人刘某某非法收购两只国家重点保护动物白鹇，涉嫌非法收购珍贵、濒危野生动物罪依法批准逮捕。同时，邓某某有非法出售珍贵、濒危野生动物的嫌疑，建议公安机关提请批准逮捕犯罪嫌疑人邓某某。

【法律要旨】 非法收购、运输、出售国家重点保护的珍贵、濒危野生动物及其制品的，依照刑法第三百四十一条第一款的规定，以非法收购、运输、出售国家重点保护的珍贵、濒危野生动物及其制品罪定罪处罚。

（七）依法严惩其他涉疫情严重暴力犯罪

案例十： 湖北通城毛某某、胡某某抢劫案。1月29日胡某某乘坐毛某某驾驶的摩托车经过湖北省通城县教育局附近路段时，强行夺取付某某提包并与其多次争夺、拉扯，致其扑面倒地受伤。后两被告人驾车逃离现场。经法医鉴定，付某某损伤程度为轻微伤。

2月7日，通城县人民法院公开开庭审理本案，当庭宣判二被告人犯抢劫罪，均被判处有期徒刑四年，并处罚金人民币三千元。

【法律要旨】 对于在疫情防控期间针对与防控疫情有关的人员实施违法犯罪的，要作为从重情节予以考量，依法体现从严的政策要求，有力惩治震慑违法犯罪。

以上的案例都属于疫情防控期间常见易发的案件类型，彰显了检察机关打击妨害新冠肺炎疫情防控犯罪，维护防疫工作秩序，维护社会稳定、公共安全和国家安全的决心与态度，也希望对广大社会公众起到教育和警示作用。

二、最高人民检察院发布第二批妨害新冠肺炎疫情防控犯罪典型案例

（一）依法严惩抗拒疫情防控措施犯罪

案例一：湖北省嘉鱼县尹某某妨害传染病防治案

尹某某系湖北省嘉鱼县人，从事私人客运业务，长期驾驶东风牌九座小型客车往返于嘉鱼、武汉。2020 年 1 月 20 日，国家卫生健康委员会经国务院批准发布 2020 年第 1 号公告，将新型冠状病毒感染的肺炎纳入《中华人民共和国传染病防治法》规定的乙类传染病，并采取甲类传染病的预防、控制措施。1 月 23 日，武汉市新型冠状病毒感染的肺炎疫情防控指挥部发布《武汉市新型冠状病毒感染的肺炎疫情防控指挥部通告（第 1 号）》，决定于当日 10 时关闭离汉通道，实施封城管理。1 月 23 日 10 时至 20 时，被告人尹某某在无运营许可证的情况下，先后两次驾驶其东风牌九座小型客车接送乘客往返于武汉、嘉鱼两地。2 月 4 日，尹某某被确诊为新型冠状病毒感染的肺炎病例。截止 2 月 7 日，与尹某某密切接触的 20 人被集中隔离。2 月 5 日，嘉鱼县人民检察院对尹某某案进行立案监督，嘉鱼县公安局于同日对尹某某立案侦查，并对其监视居住。2 月 10 日，嘉鱼县公安局将该案移送审查起诉。2 月 11 日，嘉鱼县人民检察院以妨害传染病防治罪对尹某某提起公诉，嘉鱼县人民法院经以速裁程序公开开庭审理，采纳了检察机关量刑建议，当庭以妨害传染病防治罪判处被告人尹某某有期徒刑一年。

【法律要旨】违反传染病防治法的规定，拒绝执行卫生防疫机构依照传染病防治法提出的防控措施，引起新型冠状病毒传播或者有传播严重危险，不符合刑法第一百一十四条、第一百一十五条第一款规定的，依照刑法第三百三十条的规定，以妨害传染病防治罪定罪处罚。

2020 年 1 月 23 日，湖北省武汉市政府依据《中华人民共和国传染病防治法》《中华人民共和国突发事件应对法》及《突发公共卫生事件应急条例》等法律法规发布通告，对武汉采取"封城"防控措施，暂时关闭了离开武汉的通道，市民如无特殊原因不要离开武汉。其目的是为了阻止新型冠状病毒感染肺炎疫情蔓延势头，有效切断病毒传播途径。此后，对于擅自运送人员离开武汉的行为，违反了传染病防治法，具有引起新型冠状病毒传播或者有传播严重危险，应以妨害传染病防治罪定罪处罚。（二）妨害公务犯罪

案例二：四川省仁寿县王某妨害公务案

2020 年 1 月 24 日，四川省委、省政府决定在全省启动突发公共卫生事件一级应急响应。仁寿县及下属各乡镇、街道和相关部门按照要求成立了疫情防控指挥、领导机构。

2 月 4 日 14 时许，被告人王某在仁寿县普宁街道一门市上班时，普宁街道办事处负责疫情防控的工作人员廖某、邓某与县委政法委工作人员杨某、方某等人按照当地新冠肺炎疫情联防联控工作指挥部安排，在旁边的小区外拉警戒带，设置卡点，测量小区进出人员体温，以确保进出人员平安。因王某停放的四轮电瓶车挡住卡点进出口通道，廖某等人向其表明疫情防控工作人员身份后，要求王某配合防疫工作将车挪走。王某先是称电瓶没电，打不着火，在廖某表示愿意帮忙推车后，又说廖某等人不是交警，无权要求其挪车。廖某等人向王某解释疫情防控工作要求，王某觉得廖某等人大惊小怪，没有必要搞那么严重，一边用手指着廖某，一边辱骂其"拿着鸡毛当令箭"。廖某要求其配合工作不准骂人后，王某愈发激动，趁廖某不备挥拳击打其脸部，致其面部软组织挫伤。为避免现场秩序混乱，廖某等人上前制止王某，将其摁住。王某仍用手不停抓挠廖某脸部，在其脸上抓出几道血痕。现场工作人员报警，民警赶到现场依法将王某抓获并立案。

2 月 5 日，仁寿县人民检察院采用电话、视频方式提前介入本案，引导侦查机关及时调取了政府疫情防控相关文件、案发现场监控视频等证明案件事实的关键证据。2 月 10 日，仁寿县公安局将本案移送检察机关审查起诉。仁寿县人民检察院审查认为，本案事实清楚，证据确实、充分，王某到案后如实供述，自愿认罪，符合认罪认罚从宽制度的适用条件。王某在检察机关讯问、告知诉讼权利并释法说理后，在值班律师在场且提供法律帮助的情况下，签署认罪认罚具结书并同意适用速裁程序。仁寿县人民检察院当日以妨害公务罪适用速裁程序提起公诉。2 月 11 日上午，仁寿县人民法院远程开庭审理本案，并当庭宣判，采纳了检察机关指控的事实、罪名及量刑建议，以妨害公务罪判处王某拘役四个月。

【法律要旨】以暴力、威胁方法阻碍国家机关工作人员（含在依照法律、法规规定行使国家有关疫情防控行政管理职权的组织中从事公务的人员，在受国家机关委托代表国家机关行使疫情防控职权的组织中从事公务的人员，虽未列入国家机关人员编制但在国家机关中从事疫情防控公务的人员）依法履行为防控疫情而采取的防疫、检疫、强制隔离、隔离治疗等措施的，依照刑法第二百七十七条第一款、第三款的规定，以妨害公务罪定罪处罚。暴力袭击正在依法执行职务的人民警察的，以妨害公务罪定罪，从重处罚。

需要注意的是，在疫情防控期间，对妨害公务罪的适用，需要把握：一是关于涉疫情防控妨害公务行为的对象。因疫情具有突发性、广泛性，为了最大限度防控疫情，各级政府需要组织动员居（村）委会、社区工作人员等落实防控职责，实施管控措施。因此，对于符合两高两部意见规定的三类人员的，均属于妨害公务行为的对象。二是在疫情防控期间公务行为具有一定的特殊性。对于妨害公务人员实施与防疫、检疫、强制隔离、隔离治疗等措施密切相关行为的，应认定为妨害公务行为。

（二）依法严惩诈骗犯罪

案例三：江苏省南通市张某诈骗案

被告人张某曾因犯盗窃罪于 2013 年 11 月 20 日被安徽省蚌埠市怀远县人民法院判处有期徒刑三年六个月，并处罚金人民币三万元，于 2016 年 6 月 7 日刑满释放。疫情防控期间，被告人张某利用被害人急于购买口罩的心理，于 2020 年 1 月 28 日至 30 日，在微信、QQ 群内发布有大量口罩出售的虚假信息，骗取被害人陆某某、骆某、徐某某定金共计人民币 9520 元。该案由江苏省南通市公安局港闸分局侦查终结，于 2 月 4 日向南通市港闸区人民检察院移送审查起诉。南通市港闸区人民检察院审查认为，被告人张某以非法占有为目的，在疫情防控期间虚构事实，利用网络骗取他人财物，数额较大，其行为已触犯《中华人民共和国刑法》第二百六十六条，犯罪事实清楚，证据确实、充分，应当以诈骗罪追究其刑事责任，于 2 月 5 日向南通市港闸区人民法院提起公诉。同时，鉴于被告人张某自愿认罪，检察机关建议判处其有期徒刑一年六个月，并处罚金人民币一万元。2 月 7 日，南通市港闸区人民法院适用速裁程序，通过远程视频方式依法公开审理此案，对被告人张某判处有期徒刑一年六个月，并处罚金人民币一万元。

（三）依法严惩造谣传谣犯罪

案例四：辽宁省鞍山市赵某某涉嫌编造、故意传播虚假信息案

犯罪嫌疑人赵某某系无业人员，自 2018 年开始购置警用装备，并多次在社交平台发布其穿戴警用装备的视频冒充警察。2020 年 1 月 26 日，赵某某为满足虚荣心，扩大网络影响力，将自己身着警服的照片设为微信头像，同时将微信昵称设为"鞍山交警小龙"，并在微信朋友圈发布信息称："鞍山交警小龙温馨提示大家！今天鞍山市城市公交车！全部停运！从明天开始长途客运站停止营

运所有长途汽车！今晚我值班由我带队出去执勤！今晚从半夜 12 点开始！由我带队在鞍山所有的高速公路口全城封闭！所有的车辆不准进入我们鞍山！""鞍山市今晚全城开始封路！请广大司机朋友们！没事请不要出门了"，并配发多张警察执勤图片。该条信息发布后，被多名网友转发至朋友圈和微信群，大量市民向相关部门电话咨询，鞍山市交通管理局接听 95 人次，鞍山市 8890 民生服务平台接听 24 人次，110 接警中心接听 78 人次，引发社会不良影响，影响疫情防控工作的正常秩序。案发后，鞍山市铁西区人民检察院第一时间启动重大敏感案件快速反应工作机制，掌握案件进展与取证情况，就证据调取、适用法律问题与公安机关充分交换意见。2020 年 2 月 10 日，铁西区人民检察院对犯罪嫌疑人赵某某以编造、故意传播虚假信息罪批准逮捕。

【法律要旨】在疫情防控期间，假借研制、生产或者销售用于疫情防控的物品的名义骗取公私财物，或者捏造事实骗取公众捐赠款物数额较大的，依照刑法第二百六十六条的规定，以诈骗罪定罪处罚。在疫情防控期间，编造虚假的疫情信息，在信息网络或者其他媒体上传播，或者明知是虚假疫情信息，故意在信息网络上或者其他媒体上传播，严重扰乱社会秩序的，依照刑法第二百九十一条之一第二款的规定，以编造、故意传播虚假信息罪定罪处罚。编造虚假信息，或者明知是编造的虚假信息，在信息网络上散布，或者组织、指使人员在信息网络上散布，起哄闹事，造成公共秩序严重混乱的，依照刑法第二百九十三条第一款第四项的规定，以寻衅滋事罪定罪处罚。

（四）依法严惩破坏野生动物资源犯罪

案例五：福建省武夷山市陈某某涉嫌非法猎捕、杀害国家重点保护的珍贵、濒危野生动物罪案

2020 年 1 月 26 日中午 12 时 27 分，武夷山市人民检察院收到群众举报，称："武夷山市兴田镇西郊村芦佈的陈某某一家均不做事情，专门售卖野味。"接到举报后，武夷山市人民检察院及时将该线索移交给了武夷山市公安局森林分局。同日下午 16 时许，武夷山市公安局森林分局民警在对陈某某的住宅进行检查时，发现并扣押冰柜存放的 5 只完整去毛的"山鸡"、3 块带有白色羽毛的"山鸡"尾部肉块（重 6 千克）和 9 块疑似"山麂"的肉块（重 13.6 千克）。经鉴定，被扣押的 5 只完整去毛的"山鸡"死体和 3 个带有白色羽毛的"山鸡"尾部肉块，物种为国家二级重点保护野生动物白鹇；被扣押的 9 块"山麂"肉块，物种为 2000 年 8 月 1 日列入《国家保护的有益的或者有重要经济、科学研究价值的陆生野生动物名录》的赤麂。陈某某交代，2019 年 11 月至 2020 年 1

月期间，为了自己食用，先后多次到武夷山市兴田镇西郊村"双喜垅"山场，用购买的 10 个猎夹，捕获了 5 只白鹇和 2 只赤麂并予以杀害。同日晚，武夷山市公安局森林分局对陈某某以涉嫌非法狩猎罪立案侦查，同时采取了刑事拘留的强制措施。2020 年 2 月 2 日，该分局将该案提请武夷山市人民检察院批准逮捕。武夷山市人民检察院经审查认为，犯罪嫌疑人陈某某违反野生动物保护法规，非法猎捕国家保护动物，涉嫌非法猎捕、杀害珍贵野生动物罪，依法对其作出批准逮捕决定。同时，向公安机关发出《逮捕案件继续侦查取证意见书》，要求提取相关视频材料，提取作案工具，查明是否存在同案犯，是否有在禁猎区和禁猎期捕猎等其他犯罪事实。武夷山市人民检察院在履行批准逮捕职责中发现，陈某某的犯罪行为损害了国家利益和社会公共利益，拟对该案提起刑事附带民事公益诉讼，于 2 月 3 日对该起刑事附带民事公益诉讼案件进行了立案调查，2 月 7 日在正义网进行了公益诉讼诉前公告。

【法律要旨】非法猎捕、杀害国家重点保护的珍贵、濒危野生动物的，依照刑法第三百四十一条第一款的规定，以非法猎捕、杀害国家重点保护的珍贵、濒危野生动物罪定罪处罚。

（五）依法惩治其他涉疫情犯罪

案例六：河北省隆尧县赵某某寻衅滋事案

2020 年 2 月 1 日上午，隆尧县固城镇乡观村村干部刘某某、白某某按照县政府疫情防控工作要求，在村中大街巡逻劝返聚集聊天的村民，当路过被告人赵某某家门口时，刘某某要求赵某某"别在门口聚集了，现在疫情这么严重，回家吧"。赵某某对劝解不满，遂借故以村委会未经其同意粉刷其家外墙（当时赵某某外出打工，其父母同意，且此前赵某某未提及过此事），以要求恢复原貌为由与刘某某发生争执，后被家人拉回家中。2 月 2 日上午 8 时许，赵某某再次以此事为由携带尖刀和烟花弹"震天雷"到村委会扬言自杀闹事。其家人及亲戚和在场的村干部进行劝解，但赵某某情绪激动，一直用尖刀抵住颈部扬言自杀，并让所有人不得进入村委会办公室。9 时许，在固城镇政府开会的刘某某得知消息后随即到镇派出所报案，并与派出所民警一起赶到村委会。公安民警到场后赵某某情绪更加激动，继续用尖刀抵住颈部威胁自杀。下午 13 时许，隆尧县公安局特警赶到现场增援，在与赵某某交谈试图逐步接近时，赵某某扔掉尖刀欲点燃随身携带的烟花弹"震天雷"，当即被公安特警果断制服。期间，大量村民长时间聚集围观议论，秩序十分混乱，严重干扰了村委会疫情防控工作。

2 月 2 日，隆尧县公安局对赵某某以涉嫌寻衅滋事罪立案侦查并采取刑事拘留措施。同日，隆尧县人民检察院迅速派员提前介入，采取电话沟通、视频连线、查阅电子案卷等方式，与公安机关就案件定性、完善证据等方面进行沟通交流。2月5日下午，公安机关向检察机关提请批准逮捕。2月6日，检察机关依法对赵某某作出批准逮捕决定。2月7日，案件侦查终结移送审查起诉。检察机关经与看守所、法院、值班律师沟通协调，决定采取视频连线方式保障值班律师为赵某某提供法律帮助。案件承办检察官依法提讯了赵某某，告知其权利义务及认罪认罚从宽制度，值班律师通过视频连线解答了赵某某的法律咨询，通过释法说理，赵某某认罪认罚、真诚悔罪，自愿签署了《认罪认罚具结书》，同意适用速裁程序。2月10日，检察机关经审查依法向法院提起公诉。2月12日，征得赵某某同意后，隆尧县人民法院采用三方（法院、检察院、被告人）互联网视频方式、适用速裁程序审理该案并当庭宣判，采纳了检察机关量刑建议，以寻衅滋事罪判处赵某某有期徒刑六个月，赵某某当庭表示认罪服判不上诉。

【法律要旨】对于在疫情防控期间针对与防控疫情有关的人员实施的违法犯罪，扰乱疫情防控正常工作，要作为从重情节予以考量，依法体现从严的政策要求，有力惩治震慑违法犯罪。

附 录

防控疫情必读法律法规

一、中华人民共和国传染病防治法

(1989 年 2 月 21 日第七届全国人民代表大会常务委员会第六次会议通过 2004 年 8 月 28 日第十届全国人民代表大会常务委员会第十一次会议第一次修订 2004 年 8 月 28 日中华人民共和国主席令第 17 号公布 根据 2013 年 6 月 29 日第十二届全国人民代表大会常务委员会第三次会议通过 2013 年 6 月 29 日中华人民共和国主席令第 5 号公布 自公布之日起施行的《全国人民代表大会常务委员会关于修改〈中华人民共和国文物保护法〉等十二部法律的决定》第二次修正)

目　　录

第一章　总　　则

第一条　为了预防、控制和消除传染病的发生与流行，保障人体健康和公共卫生，制定本法。

第二条　国家对传染病防治实行预防为主的方针，防治结合、分类管理、依靠科学、依靠群众。

第三条　本法规定的传染病分为甲类、乙类和丙类。

甲类传染病是指：鼠疫、霍乱。

乙类传染病是指：传染性非典型肺炎、艾滋病、病毒性肝炎、脊髓灰质炎、人感染高致病性禽流感、麻疹、流行性出血热、狂犬病、流行性乙型脑炎、登革热、炭疽、细菌性和阿米巴性痢疾、肺结核、伤寒和副伤寒、流行性脑脊髓膜炎、百日咳、白喉、新生儿破伤风、猩红热、布鲁氏菌病、淋病、梅毒、钩端螺旋体病、血吸虫病、疟疾。

丙类传染病是指：流行性感冒、流行性腮腺炎、风疹、急性出血性结膜炎、麻风病、流行性和地方性斑疹伤寒、黑热病、包虫病、丝虫病，除霍乱、细菌性和阿米巴性痢疾、伤寒和副伤寒以外的感染性腹泻病。

国务院卫生行政部门根据传染病暴发、流行情况和危害程度，可以决定增加、减少或者调整乙类、丙类传染病病种并予以公布。

第四条　对乙类传染病中传染性非典型肺炎、炭疽中的肺炭疽和人感染高致病性禽流感，采取本法所称甲类传染病的预防、控制措施。其他乙类传染病和突发原因不明的传染病需要采取本法所称甲类传染病的预防、控制措施的，由国务院卫生行政部门及时报经国务院批准后予以公布、实施。

需要解除依照前款规定采取的甲类传染病预防、控制措施的，由国务院卫生行政部门报经国务院批准后予以公布。

省、自治区、直辖市人民政府对本行政区域内常见、多发的其他地方性传染病，可以根据情况决定按照乙类或者丙类传染病管理并予以公布，报国务院卫生行政部门备案。

第五条　各级人民政府领导传染病防治工作。

县级以上人民政府制定传染病防治规划并组织实施，建立健全传染病防治的疾病预防控制、医疗救治和监督管理体系。

第六条　国务院卫生行政部门主管全国传染病防治及其监督管理工作。县级以上地方人民政府卫生行政部门负责本行政区域内的传染病防治及其监督管理工作。

县级以上人民政府其他部门在各自的职责范围内负责传染病防治工作。

军队的传染病防治工作，依照本法和国家有关规定办理，由中国人民解放军卫生主管部门实施监督管理。

第七条　各级疾病预防控制机构承担传染病监测、预测、流行病学调查、疫情报告以及其他预防、控制工作。

医疗机构承担与医疗救治有关的传染病防治工作和责任区域内的传染病预防工作。城市社区和农村基层医疗机构在疾病预防控制机构的指导下，承担城市社区、农村基层相应的传染病防治工作。

第八条 国家发展现代医学和中医药等传统医学，支持和鼓励开展传染病防治的科学研究，提高传染病防治的科学技术水平。

国家支持和鼓励开展传染病防治的国际合作。

第九条 国家支持和鼓励单位和个人参与传染病防治工作。各级人民政府应当完善有关制度，方便单位和个人参与防治传染病的宣传教育、疫情报告、志愿服务和捐赠活动。

居民委员会、村民委员会应当组织居民、村民参与社区、农村的传染病预防与控制活动。

第十条 国家开展预防传染病的健康教育。新闻媒体应当无偿开展传染病防治和公共卫生教育的公益宣传。

各级各类学校应当对学生进行健康知识和传染病预防知识的教育。

医学院校应当加强预防医学教育和科学研究，对在校学生以及其他与传染病防治相关人员进行预防医学教育和培训，为传染病防治工作提供技术支持。

疾病预防控制机构、医疗机构应当定期对其工作人员进行传染病防治知识、技能的培训。

第十一条 对在传染病防治工作中做出显著成绩和贡献的单位和个人，给予表彰和奖励。

对因参与传染病防治工作致病、致残、死亡的人员，按照有关规定给予补助、抚恤。

第十二条 在中华人民共和国领域内的一切单位和个人，必须接受疾病预防控制机构、医疗机构有关传染病的调查、检验、采集样本、隔离治疗等预防、控制措施，如实提供有关情况。疾病预防控制机构、医疗机构不得泄露涉及个人隐私的有关信息、资料。

卫生行政部门以及其他有关部门、疾病预防控制机构和医疗机构因违法实施行政管理或者预防、控制措施，侵犯单位和个人合法权益的，有关单位和个人可以依法申请行政复议或者提起诉讼。

第二章 传染病预防

第十三条 各级人民政府组织开展群众性卫生活动，进行预防传染病的健康教育，倡导文明健康的生活方式，提高公众对传染病的防治意识和应对能力，加强环境卫生建设，消除鼠害和蚊、蝇等病媒生物的危害。

各级人民政府农业、水利、林业行政部门按照职责分工负责指导和组织消除农田、湖区、河流、牧场、林区的鼠害与血吸虫危害，以及其他传播传染病的动物和病媒生物的危害。

铁路、交通、民用航空行政部门负责组织消除交通工具以及相关场所的鼠害和蚊、蝇等病媒生物的危害。

第十四条　地方各级人民政府应当有计划地建设和改造公共卫生设施，改善饮用水卫生条件，对污水、污物、粪便进行无害化处置。

第十五条　国家实行有计划的预防接种制度。国务院卫生行政部门和省、自治区、直辖市人民政府卫生行政部门，根据传染病预防、控制的需要，制定传染病预防接种规划并组织实施。用于预防接种的疫苗必须符合国家质量标准。

国家对儿童实行预防接种证制度。国家免疫规划项目的预防接种实行免费。医疗机构、疾病预防控制机构与儿童的监护人应当相互配合，保证儿童及时接受预防接种。具体办法由国务院制定。

第十六条　国家和社会应当关心、帮助传染病病人、病原携带者和疑似传染病病人，使其得到及时救治。任何单位和个人不得歧视传染病病人、病原携带者和疑似传染病病人。

传染病病人、病原携带者和疑似传染病病人，在治愈前或者在排除传染病嫌疑前，不得从事法律、行政法规和国务院卫生行政部门规定禁止从事的易使该传染病扩散的工作。

第十七条　国家建立传染病监测制度。

国务院卫生行政部门制定国家传染病监测规划和方案。省、自治区、直辖市人民政府卫生行政部门根据国家传染病监测规划和方案，制定本行政区域的传染病监测计划和工作方案。

各级疾病预防控制机构对传染病的发生、流行以及影响其发生、流行的因素，进行监测；对国外发生、国内尚未发生的传染病或者国内新发生的传染病，进行监测。

第十八条　各级疾病预防控制机构在传染病预防控制中履行下列职责：

（一）实施传染病预防控制规划、计划和方案；

（二）收集、分析和报告传染病监测信息，预测传染病的发生、流行趋势；

（三）开展对传染病疫情和突发公共卫生事件的流行病学调查、现场处理及其效果评价；

（四）开展传染病实验室检测、诊断、病原学鉴定；

（五）实施免疫规划，负责预防性生物制品的使用管理；

（六）开展健康教育、咨询，普及传染病防治知识；

（七）指导、培训下级疾病预防控制机构及其工作人员开展传染病监测工作；

（八）开展传染病防治应用性研究和卫生评价，提供技术咨询。

国家、省级疾病预防控制机构负责对传染病发生、流行以及分布进行监测，对重大传染病流行趋势进行预测，提出预防控制对策，参与并指导对暴发的疫情进行调查处理，开展传染病病原学鉴定，建立检测质量控制体系，开展应用性研究和卫生评价。

设区的市和县级疾病预防控制机构负责传染病预防控制规划、方案的落实，组织实施免疫、消毒、控制病媒生物的危害，普及传染病防治知识，负责本地区疫情和突发公共卫生事件监测、报告，开展流行病学调查和常见病原微生物检测。

第十九条 国家建立传染病预警制度。

国务院卫生行政部门和省、自治区、直辖市人民政府根据传染病发生、流行趋势的预测，及时发出传染病预警，根据情况予以公布。

第二十条 县级以上地方人民政府应当制定传染病预防、控制预案，报上一级人民政府备案。

传染病预防、控制预案应当包括以下主要内容：

（一）传染病预防控制指挥部的组成和相关部门的职责；

（二）传染病的监测、信息收集、分析、报告、通报制度；

（三）疾病预防控制机构、医疗机构在发生传染病疫情时的任务与职责；

（四）传染病暴发、流行情况的分级以及相应的应急工作方案；

（五）传染病预防、疫点疫区现场控制，应急设施、设备、救治药品和医疗器械以及其他物资和技术的储备与调用。

地方人民政府和疾病预防控制机构接到国务院卫生行政部门或者省、自治区、直辖市人民政府发出的传染病预警后，应当按照传染病预防、控制预案，采取相应的预防、控制措施。

第二十一条 医疗机构必须严格执行国务院卫生行政部门规定的管理制度、操作规范，防止传染病的医源性感染和医院感染。

医疗机构应当确定专门的部门或者人员，承担传染病疫情报告、本单位的传染病预防、控制以及责任区域内的传染病预防工作；承担医疗活动中与医院感染有关的危险因素监测、安全防护、消毒、隔离和医疗废物处置工作。

　　疾病预防控制机构应当指定专门人员负责对医疗机构内传染病预防工作进行指导、考核，开展流行病学调查。

　　第二十二条　疾病预防控制机构、医疗机构的实验室和从事病原微生物实验的单位，应当符合国家规定的条件和技术标准，建立严格的监督管理制度，对传染病病原体样本按照规定的措施实行严格监督管理，严防传染病病原体的实验室感染和病原微生物的扩散。

　　第二十三条　采供血机构、生物制品生产单位必须严格执行国家有关规定，保证血液、血液制品的质量。禁止非法采集血液或者组织他人出卖血液。

　　疾病预防控制机构、医疗机构使用血液和血液制品，必须遵守国家有关规定，防止因输入血液、使用血液制品引起经血液传播疾病的发生。

　　第二十四条　各级人民政府应当加强艾滋病的防治工作，采取预防、控制措施，防止艾滋病的传播。具体办法由国务院制定。

　　第二十五条　县级以上人民政府农业、林业行政部门以及其他有关部门，依据各自的职责负责与人畜共患传染病有关的动物传染病的防治管理工作。

　　与人畜共患传染病有关的野生动物、家畜家禽，经检疫合格后，方可出售、运输。

　　第二十六条　国家建立传染病菌种、毒种库。

　　对传染病菌种、毒种和传染病检测样本的采集、保藏、携带、运输和使用实行分类管理，建立健全严格的管理制度。

　　对可能导致甲类传染病传播的以及国务院卫生行政部门规定的菌种、毒种和传染病检测样本，确需采集、保藏、携带、运输和使用的，须经省级以上人民政府卫生行政部门批准。具体办法由国务院制定。

　　第二十七条　对被传染病病原体污染的污水、污物、场所和物品，有关单位和个人必须在疾病预防控制机构的指导下或者按照其提出的卫生要求，进行严格消毒处理；拒绝消毒处理的，由当地卫生行政部门或者疾病预防控制机构进行强制消毒处理。

　　第二十八条　在国家确认的自然疫源地计划兴建水利、交通、旅游、能源等大型建设项目的，应当事先由省级以上疾病预防控制机构对施工环境进行卫生调查。建设单位应当根据疾病预防控制机构的意见，采取必要的传染病预防、控制措施。施工期间，建设单位应当设专人负责工地上的卫生防疫工作。工程竣工后，疾病预防控制机构应当对可能发生的传染病进行监测。

　　第二十九条　用于传染病防治的消毒产品、饮用水供水单位供应的饮用水和涉及饮用水卫生安全的产品，应当符合国家卫生标准和卫生规范。

饮用水供水单位从事生产或者供应活动，应当依法取得卫生许可证。

生产用于传染病防治的消毒产品的单位和生产用于传染病防治的消毒产品，应当经省级以上人民政府卫生行政部门审批。具体办法由国务院制定。

第三章　疫情报告、通报和公布

第三十条　疾病预防控制机构、医疗机构和采供血机构及其执行职务的人员发现本法规定的传染病疫情或者发现其他传染病暴发、流行以及突发原因不明的传染病时，应当遵循疫情报告属地管理原则，按照国务院规定的或者国务院卫生行政部门规定的内容、程序、方式和时限报告。

军队医疗机构向社会公众提供医疗服务，发现前款规定的传染病疫情时，应当按照国务院卫生行政部门的规定报告。

第三十一条　任何单位和个人发现传染病病人或者疑似传染病病人时，应当及时向附近的疾病预防控制机构或者医疗机构报告。

第三十二条　港口、机场、铁路疾病预防控制机构以及国境卫生检疫机关发现甲类传染病病人、病原携带者、疑似传染病病人时，应当按照国家有关规定立即向国境口岸所在地的疾病预防控制机构或者所在地县级以上地方人民政府卫生行政部门报告并互相通报。

第三十三条　疾病预防控制机构应当主动收集、分析、调查、核实传染病疫情信息。接到甲类、乙类传染病疫情报告或者发现传染病暴发、流行时，应当立即报告当地卫生行政部门，由当地卫生行政部门立即报告当地人民政府，同时报告上级卫生行政部门和国务院卫生行政部门。

疾病预防控制机构应当设立或者指定专门的部门、人员负责传染病疫情信息管理工作，及时对疫情报告进行核实、分析。

第三十四条　县级以上地方人民政府卫生行政部门应当及时向本行政区域内的疾病预防控制机构和医疗机构通报传染病疫情以及监测、预警的相关信息。接到通报的疾病预防控制机构和医疗机构应当及时告知本单位的有关人员。

第三十五条　国务院卫生行政部门应当及时向国务院其他有关部门和各省、自治区、直辖市人民政府卫生行政部门通报全国传染病疫情以及监测、预警的相关信息。

毗邻的以及相关的地方人民政府卫生行政部门，应当及时互相通报本行政区域的传染病疫情以及监测、预警的相关信息。

县级以上人民政府有关部门发现传染病疫情时，应当及时向同级人民政府卫生行政部门通报。

中国人民解放军卫生主管部门发现传染病疫情时，应当向国务院卫生行政部门通报。

第三十六条　动物防疫机构和疾病预防控制机构，应当及时互相通报动物间和人间发生的人畜共患传染病疫情以及相关信息。

第三十七条　依照本法的规定负有传染病疫情报告职责的人民政府有关部门、疾病预防控制机构、医疗机构、采供血机构及其工作人员，不得隐瞒、谎报、缓报传染病疫情。

第三十八条　国家建立传染病疫情信息公布制度。

国务院卫生行政部门定期公布全国传染病疫情信息。省、自治区、直辖市人民政府卫生行政部门定期公布本行政区域的传染病疫情信息。

传染病暴发、流行时，国务院卫生行政部门负责向社会公布传染病疫情信息，并可以授权省、自治区、直辖市人民政府卫生行政部门向社会公布本行政区域的传染病疫情信息。

公布传染病疫情信息应当及时、准确。

第四章　疫 情 控 制

第三十九条　医疗机构发现甲类传染病时，应当及时采取下列措施：

（一）对病人、病原携带者，予以隔离治疗，隔离期限根据医学检查结果确定；

（二）对疑似病人，确诊前在指定场所单独隔离治疗；

（三）对医疗机构内的病人、病原携带者、疑似病人的密切接触者，在指定场所进行医学观察和采取其他必要的预防措施。

拒绝隔离治疗或者隔离期未满擅自脱离隔离治疗的，可以由公安机关协助医疗机构采取强制隔离治疗措施。

医疗机构发现乙类或者丙类传染病病人，应当根据病情采取必要的治疗和控制传播措施。

医疗机构对本单位内被传染病病原体污染的场所、物品以及医疗废物，必须依照法律、法规的规定实施消毒和无害化处置。

第四十条　疾病预防控制机构发现传染病疫情或者接到传染病疫情报告时，应当及时采取下列措施：

（一）对传染病疫情进行流行病学调查，根据调查情况提出划定疫点、疫区的建议，对被污染的场所进行卫生处理，对密切接触者，在指定场所进行医学观察和采取其他必要的预防措施，并向卫生行政部门提出疫情控制方案；

（二）传染病暴发、流行时，对疫点、疫区进行卫生处理，向卫生行政部门提出疫情控制方案，并按照卫生行政部门的要求采取措施；

（三）指导下级疾病预防控制机构实施传染病预防、控制措施，组织、指导有关单位对传染病疫情的处理。

第四十一条 对已经发生甲类传染病病例的场所或者该场所内的特定区域的人员，所在地的县级以上地方人民政府可以实施隔离措施，并同时向上一级人民政府报告；接到报告的上级人民政府应当即时作出是否批准的决定。上级人民政府作出不予批准决定的，实施隔离措施的人民政府应当立即解除隔离措施。

在隔离期间，实施隔离措施的人民政府应当对被隔离人员提供生活保障；被隔离人员有工作单位的，所在单位不得停止支付其隔离期间的工作报酬。

隔离措施的解除，由原决定机关决定并宣布。

第四十二条 传染病暴发、流行时，县级以上地方人民政府应当立即组织力量，按照预防、控制预案进行防治，切断传染病的传播途径，必要时，报经上一级人民政府决定，可以采取下列紧急措施并予以公告：

（一）限制或者停止集市、影剧院演出或者其他人群聚集的活动；

（二）停工、停业、停课；

（三）封闭或者封存被传染病病原体污染的公共饮用水源、食品以及相关物品；

（四）控制或者扑杀染疫野生动物、家畜家禽；

（五）封闭可能造成传染病扩散的场所。

上级人民政府接到下级人民政府关于采取前款所列紧急措施的报告时，应当即时作出决定。

紧急措施的解除，由原决定机关决定并宣布。

第四十三条 甲类、乙类传染病暴发、流行时，县级以上地方人民政府报经上一级人民政府决定，可以宣布本行政区域部分或者全部为疫区；国务院可以决定并宣布跨省、自治区、直辖市的疫区。县级以上地方人民政府可以在疫区内采取本法第四十二条规定的紧急措施，并可以对出入疫区的人员、物资和交通工具实施卫生检疫。

省、自治区、直辖市人民政府可以决定对本行政区域内的甲类传染病疫区实施封锁；但是，封锁大、中城市的疫区或者封锁跨省、自治区、直辖市的疫区，以及封锁疫区导致中断干线交通或者封锁国境的，由国务院决定。

疫区封锁的解除，由原决定机关决定并宣布。

　　第四十四条　发生甲类传染病时，为了防止该传染病通过交通工具及其乘运的人员、物资传播，可以实施交通卫生检疫。具体办法由国务院制定。

　　第四十五条　传染病暴发、流行时，根据传染病疫情控制的需要，国务院有权在全国范围或者跨省、自治区、直辖市范围内，县级以上地方人民政府有权在本行政区域内紧急调集人员或者调用储备物资，临时征用房屋、交通工具以及相关设施、设备。

　　紧急调集人员的，应当按照规定给予合理报酬。临时征用房屋、交通工具以及相关设施、设备的，应当依法给予补偿；能返还的，应当及时返还。

　　第四十六条　患甲类传染病、炭疽死亡的，应当将尸体立即进行卫生处理，就近火化。患其他传染病死亡的，必要时，应当将尸体进行卫生处理后火化或者按照规定深埋。

　　为了查找传染病病因，医疗机构在必要时可以按照国务院卫生行政部门的规定，对传染病病人尸体或者疑似传染病病人尸体进行解剖查验，并应当告知死者家属。

　　第四十七条　疫区中被传染病病原体污染或者可能被传染病病原体污染的物品，经消毒可以使用的，应当在当地疾病预防控制机构的指导下，进行消毒处理后，方可使用、出售和运输。

　　第四十八条　发生传染病疫情时，疾病预防控制机构和省级以上人民政府卫生行政部门指派的其他与传染病有关的专业技术机构，可以进入传染病疫点、疫区进行调查、采集样本、技术分析和检验。

　　第四十九条　传染病暴发、流行时，药品和医疗器械生产、供应单位应当及时生产、供应防治传染病的药品和医疗器械。铁路、交通、民用航空经营单位必须优先运送处理传染病疫情的人员以及防治传染病的药品和医疗器械。县级以上人民政府有关部门应当做好组织协调工作。

第五章　医　疗　救　治

　　第五十条　县级以上人民政府应当加强和完善传染病医疗救治服务网络的建设，指定具备传染病救治条件和能力的医疗机构承担传染病救治任务，或者根据传染病救治需要设置传染病医院。

　　第五十一条　医疗机构的基本标准、建筑设计和服务流程，应当符合预防传染病医院感染的要求。

　　医疗机构应当按照规定对使用的医疗器械进行消毒；对按照规定一次使用的医疗器具，应当在使用后予以销毁。

医疗机构应当按照国务院卫生行政部门规定的传染病诊断标准和治疗要求，采取相应措施，提高传染病医疗救治能力。

第五十二条　医疗机构应当对传染病病人或者疑似传染病病人提供医疗救护、现场救援和接诊治疗，书写病历记录以及其他有关资料，并妥善保管。

医疗机构应当实行传染病预检、分诊制度；对传染病病人、疑似传染病病人，应当引导至相对隔离的分诊点进行初诊。医疗机构不具备相应救治能力的，应当将患者及其病历记录复印件一并转至具备相应救治能力的医疗机构。具体办法由国务院卫生行政部门规定。

第六章　监督管理

第五十三条　县级以上人民政府卫生行政部门对传染病防治工作履行下列监督检查职责：

（一）对下级人民政府卫生行政部门履行本法规定的传染病防治职责进行监督检查；

（二）对疾病预防控制机构、医疗机构的传染病防治工作进行监督检查；

（三）对采供血机构的采供血活动进行监督检查；

（四）对用于传染病防治的消毒产品及其生产单位进行监督检查，并对饮用水供水单位从事生产或者供应活动以及涉及饮用水卫生安全的产品进行监督检查；

（五）对传染病菌种、毒种和传染病检测样本的采集、保藏、携带、运输、使用进行监督检查；

（六）对公共场所和有关单位的卫生条件和传染病预防、控制措施进行监督检查。

省级以上人民政府卫生行政部门负责组织对传染病防治重大事项的处理。

第五十四条　县级以上人民政府卫生行政部门在履行监督检查职责时，有权进入被检查单位和传染病疫情发生现场调查取证，查阅或者复制有关的资料和采集样本。被检查单位应当予以配合，不得拒绝、阻挠。

第五十五条　县级以上地方人民政府卫生行政部门在履行监督检查职责时，发现被传染病病原体污染的公共饮用水源、食品以及相关物品，如不及时采取控制措施可能导致传染病传播、流行的，可以采取封闭公共饮用水源、封存食品以及相关物品或者暂停销售的临时控制措施，并予以检验或者进行消毒。经检验，属于被污染的食品，应当予以销毁；对未被污染的食品或者经消毒后可以使用的物品，应当解除控制措施。

第五十六条　卫生行政部门工作人员依法执行职务时，应当不少于两人，并出示执法证件，填写卫生执法文书。

卫生执法文书经核对无误后，应当由卫生执法人员和当事人签名。当事人拒绝签名的，卫生执法人员应当注明情况。

第五十七条　卫生行政部门应当依法建立健全内部监督制度，对其工作人员依据法定职权和程序履行职责的情况进行监督。

上级卫生行政部门发现下级卫生行政部门不及时处理职责范围内的事项或者不履行职责的，应当责令纠正或者直接予以处理。

第五十八条　卫生行政部门及其工作人员履行职责，应当自觉接受社会和公民的监督。单位和个人有权向上级人民政府及其卫生行政部门举报违反本法的行为。接到举报的有关人民政府或者其卫生行政部门，应当及时调查处理。

第七章　保障措施

第五十九条　国家将传染病防治工作纳入国民经济和社会发展计划，县级以上地方人民政府将传染病防治工作纳入本行政区域的国民经济和社会发展计划。

第六十条　县级以上地方人民政府按照本级政府职责负责本行政区域内传染病预防、控制、监督工作的日常经费。

国务院卫生行政部门会同国务院有关部门，根据传染病流行趋势，确定全国传染病预防、控制、救治、监测、预测、预警、监督检查等项目。中央财政对困难地区实施重大传染病防治项目给予补助。

省、自治区、直辖市人民政府根据本行政区域内传染病流行趋势，在国务院卫生行政部门确定的项目范围内，确定传染病预防、控制、监督等项目，并保障项目的实施经费。

第六十一条　国家加强基层传染病防治体系建设，扶持贫困地区和少数民族地区的传染病防治工作。

地方各级人民政府应当保障城市社区、农村基层传染病预防工作的经费。

第六十二条　国家对患有特定传染病的困难人群实行医疗救助，减免医疗费用。具体办法由国务院卫生行政部门会同国务院财政部门等部门制定。

第六十三条　县级以上人民政府负责储备防治传染病的药品、医疗器械和其他物资，以备调用。

第六十四条　对从事传染病预防、医疗、科研、教学、现场处理疫情的人员，以及在生产、工作中接触传染病病原体的其他人员，有关单位应当按照国家规定，采取有效的卫生防护措施和医疗保健措施，并给予适当的津贴。

第八章 法 律 责 任

第六十五条 地方各级人民政府未依照本法的规定履行报告职责，或者隐瞒、谎报、缓报传染病疫情，或者在传染病暴发、流行时，未及时组织救治、采取控制措施的，由上级人民政府责令改正，通报批评；造成传染病传播、流行或者其他严重后果的，对负有责任的主管人员，依法给予行政处分；构成犯罪的，依法追究刑事责任。

第六十六条 县级以上人民政府卫生行政部门违反本法规定，有下列情形之一的，由本级人民政府、上级人民政府卫生行政部门责令改正，通报批评；造成传染病传播、流行或者其他严重后果的，对负有责任的主管人员和其他直接责任人员，依法给予行政处分；构成犯罪的，依法追究刑事责任：

（一）未依法履行传染病疫情通报、报告或者公布职责，或者隐瞒、谎报、缓报传染病疫情的；

（二）发生或者可能发生传染病传播时未及时采取预防、控制措施的；

（三）未依法履行监督检查职责，或者发现违法行为不及时查处的；

（四）未及时调查、处理单位和个人对下级卫生行政部门不履行传染病防治职责的举报的；

（五）违反本法的其他失职、渎职行为。

第六十七条 县级以上人民政府有关部门未依照本法的规定履行传染病防治和保障职责的，由本级人民政府或者上级人民政府有关部门责令改正，通报批评；造成传染病传播、流行或者其他严重后果的，对负有责任的主管人员和其他直接责任人员，依法给予行政处分；构成犯罪的，依法追究刑事责任。

第六十八条 疾病预防控制机构违反本法规定，有下列情形之一的，由县级以上人民政府卫生行政部门责令限期改正，通报批评，给予警告；对负有责任的主管人员和其他直接责任人员，依法给予降级、撤职、开除的处分，并可以依法吊销有关责任人员的执业证书；构成犯罪的，依法追究刑事责任：

（一）未依法履行传染病监测职责的；

（二）未依法履行传染病疫情报告、通报职责，或者隐瞒、谎报、缓报传染病疫情的；

（三）未主动收集传染病疫情信息，或者对传染病疫情信息和疫情报告未及时进行分析、调查、核实的；

（四）发现传染病疫情时，未依据职责及时采取本法规定的措施的；

（五）故意泄露传染病病人、病原携带者、疑似传染病病人、密切接触者涉及个人隐私的有关信息、资料的。

第六十九条 医疗机构违反本法规定，有下列情形之一的，由县级以上人民政府卫生行政部门责令改正，通报批评，给予警告；造成传染病传播、流行或者其他严重后果的，对负有责任的主管人员和其他直接责任人员，依法给予降级、撤职、开除的处分，并可以依法吊销有关责任人员的执业证书；构成犯罪的，依法追究刑事责任：

（一）未按照规定承担本单位的传染病预防、控制工作、医院感染控制任务和责任区域内的传染病预防工作的；

（二）未按照规定报告传染病疫情，或者隐瞒、谎报、缓报传染病疫情的；

（三）发现传染病疫情时，未按照规定对传染病病人、疑似传染病病人提供医疗救护、现场救援、接诊、转诊的，或者拒绝接受转诊的；

（四）未按照规定对本单位内被传染病病原体污染的场所、物品以及医疗废物实施消毒或者无害化处置的；

（五）未按照规定对医疗器械进行消毒，或者对按照规定一次使用的医疗器具未予销毁，再次使用的；

（六）在医疗救治过程中未按照规定保管医学记录资料的；

（七）故意泄露传染病病人、病原携带者、疑似传染病病人、密切接触者涉及个人隐私的有关信息、资料的。

第七十条 采供血机构未按照规定报告传染病疫情，或者隐瞒、谎报、缓报传染病疫情，或者未执行国家有关规定，导致因输入血液引起经血液传播疾病发生的，由县级以上人民政府卫生行政部门责令改正，通报批评，给予警告；造成传染病传播、流行或者其他严重后果的，对负有责任的主管人员和其他直接责任人员，依法给予降级、撤职、开除的处分，并可以依法吊销采供血机构的执业许可证；构成犯罪的，依法追究刑事责任。

非法采集血液或者组织他人出卖血液的，由县级以上人民政府卫生行政部门予以取缔，没收违法所得，可以并处十万元以下的罚款；构成犯罪的，依法追究刑事责任。

第七十一条 国境卫生检疫机关、动物防疫机构未依法履行传染病疫情通报职责的，由有关部门在各自职责范围内责令改正，通报批评；造成传染病传播、流行或者其他严重后果的，对负有责任的主管人员和其他直接责任人员，依法给予降级、撤职、开除的处分；构成犯罪的，依法追究刑事责任。

第七十二条 铁路、交通、民用航空经营单位未依照本法的规定优先运送处理传染病疫情的人员以及防治传染病的药品和医疗器械的，由有关部门责令限期改正，给予警告；造成严重后果的，对负有责任的主管人员和其他直接责任人员，依法给予降级、撤职、开除的处分。

第七十三条 违反本法规定，有下列情形之一，导致或者可能导致传染病传播、流行的，由县级以上人民政府卫生行政部门责令限期改正，没收违法所得，可以并处五万元以下的罚款；已取得许可证的，原发证部门可以依法暂扣或者吊销许可证；构成犯罪的，依法追究刑事责任：

（一）饮用水供水单位供应的饮用水不符合国家卫生标准和卫生规范的；

（二）涉及饮用水卫生安全的产品不符合国家卫生标准和卫生规范的；

（三）用于传染病防治的消毒产品不符合国家卫生标准和卫生规范的；

（四）出售、运输疫区中被传染病病原体污染或者可能被传染病病原体污染的物品，未进行消毒处理的；

（五）生物制品生产单位生产的血液制品不符合国家质量标准的。

第七十四条 违反本法规定，有下列情形之一的，由县级以上地方人民政府卫生行政部门责令改正，通报批评，给予警告，已取得许可证的，可以依法暂扣或者吊销许可证；造成传染病传播、流行以及其他严重后果的，对负有责任的主管人员和其他直接责任人员，依法给予降级、撤职、开除的处分，并可以依法吊销有关责任人员的执业证书；构成犯罪的，依法追究刑事责任：

（一）疾病预防控制机构、医疗机构和从事病原微生物实验的单位，不符合国家规定的条件和技术标准，对传染病病原体样本未按照规定进行严格管理，造成实验室感染和病原微生物扩散的；

（二）违反国家有关规定，采集、保藏、携带、运输和使用传染病菌种、毒种和传染病检测样本的；

（三）疾病预防控制机构、医疗机构未执行国家有关规定，导致因输入血液、使用血液制品引起经血液传播疾病发生的。

第七十五条 未经检疫出售、运输与人畜共患传染病有关的野生动物、家畜家禽的，由县级以上地方人民政府畜牧兽医行政部门责令停止违法行为，并依法给予行政处罚。

第七十六条 在国家确认的自然疫源地兴建水利、交通、旅游、能源等大型建设项目，未经卫生调查进行施工的，或者未按照疾病预防控制机构的意见采取必要的传染病预防、控制措施的，由县级以上人民政府卫生行政部门责令限期改正，给予警告，处五千元以上三万元以下的罚款；逾期不改正的，处三万元以上十万元以下的罚款，并可以提请有关人民政府依据职责权限，责令停建、关闭。

第七十七条 单位和个人违反本法规定，导致传染病传播、流行，给他人人身、财产造成损害的，应当依法承担民事责任。

第九章 附 则

第七十八条 本法中下列用语的含义：

（一）传染病病人、疑似传染病病人：指根据国务院卫生行政部门发布的《中华人民共和国传染病防治法规定管理的传染病诊断标准》，符合传染病病人和疑似传染病病人诊断标准的人。

（二）病原携带者：指感染病原体无临床症状但能排出病原体的人。

（三）流行病学调查：指对人群中疾病或者健康状况的分布及其决定因素进行调查研究，提出疾病预防控制措施及保健对策。

（四）疫点：指病原体从传染源向周围播散的范围较小或者单个疫源地。

（五）疫区：指传染病在人群中暴发、流行，其病原体向周围播散时所能波及的地区。

（六）人畜共患传染病：指人与脊椎动物共同罹患的传染病，如鼠疫、狂犬病、血吸虫病等。

（七）自然疫源地：指某些可引起人类传染病的病原体在自然界的野生动物中长期存在和循环的地区。

（八）病媒生物：指能够将病原体从人或者其他动物传播给人的生物，如蚊、蝇、蚤类等。

（九）医源性感染：指在医学服务中，因病原体传播引起的感染。

（十）医院感染：指住院病人在医院内获得的感染，包括在住院期间发生的感染和在医院内获得出院后发生的感染，但不包括入院前已开始或者入院时已处于潜伏期的感染。医院工作人员在医院内获得的感染也属医院感染。

（十一）实验室感染：指从事实验室工作时，因接触病原体所致的感染。

（十二）菌种、毒种：指可能引起本法规定的传染病发生的细菌菌种、病毒毒种。

（十三）消毒：指用化学、物理、生物的方法杀灭或者消除环境中的病原微生物。

（十四）疾病预防控制机构：指从事疾病预防控制活动的疾病预防控制中心以及与上述机构业务活动相同的单位。

（十五）医疗机构：指按照《医疗机构管理条例》取得医疗机构执业许可

证，从事疾病诊断、治疗活动的机构。

第七十九条 传染病防治中有关食品、药品、血液、水、医疗废物和病原微生物的管理以及动物防疫和国境卫生检疫，本法未规定的，分别适用其他有关法律、行政法规的规定。

第八十条 本法自 2004 年 12 月 1 日起施行。

二、中华人民共和国突发事件应对法

中华人民共和国主席令

第六十九号

《中华人民共和国突发事件应对法》已由中华人民共和国第十届全国人民代表大会常务委员会第二十九次会议于 2007 年 8 月 30 日通过，现予公布，自 2007 年 11 月 1 日起施行。

中华人民共和国主席 胡锦涛

2007 年 8 月 30 日

中华人民共和国突发事件应对法

（2007 年 8 月 30 日第十届全国人民代表大会常务委员会第二十九次会议通过）

目 录

第一章 总 则

第一条 为了预防和减少突发事件的发生，控制、减轻和消除突发事件引起的严重社会危害，规范突发事件应对活动，保护人民生命财产安全，维护国家安全、公共安全、环境安全和社会秩序，制定本法。

第二条 突发事件的预防与应急准备、监测与预警、应急处置与救援、事后恢复与重建等应对活动，适用本法。

第三条 本法所称突发事件，是指突然发生，造成或者可能造成严重社会危害，需要采取应急处置措施予以应对的自然灾害、事故灾难、公共卫生事件和社会安全事件。

按照社会危害程度、影响范围等因素，自然灾害、事故灾难、公共卫生事件分为特别重大、重大、较大和一般四级。法律、行政法规或者国务院另有规定的，从其规定。

突发事件的分级标准由国务院或者国务院确定的部门制定。

第四条 国家建立统一领导、综合协调、分类管理、分级负责、属地管理为主的应急管理体制。

第五条 突发事件应对工作实行预防为主、预防与应急相结合的原则。国家建立重大突发事件风险评估体系，对可能发生的突发事件进行综合性评估，减少重大突发事件的发生，最大限度地减轻重大突发事件的影响。

第六条 国家建立有效的社会动员机制，增强全民的公共安全和防范风险的意识，提高全社会的避险救助能力。

第七条 县级人民政府对本行政区域内突发事件的应对工作负责；涉及两个以上行政区域的，由有关行政区域共同的上一级人民政府负责，或者由各有关行政区域的上一级人民政府共同负责。

突发事件发生后，发生地县级人民政府应当立即采取措施控制事态发展，组织开展应急救援和处置工作，并立即向上一级人民政府报告，必要时可以越级上报。

突发事件发生地县级人民政府不能消除或者不能有效控制突发事件引起的严重社会危害的，应当及时向上级人民政府报告。上级人民政府应当及时采取措施，统一领导应急处置工作。

法律、行政法规规定由国务院有关部门对突发事件的应对工作负责的，从其规定；地方人民政府应当积极配合并提供必要的支持。

第八条 国务院在总理领导下研究、决定和部署特别重大突发事件的应对工作；根据实际需要，设立国家突发事件应急指挥机构，负责突发事件应对工作；必要时，国务院可以派出工作组指导有关工作。

县级以上地方各级人民政府设立由本级人民政府主要负责人、相关部门负责人、驻当地中国人民解放军和中国人民武装警察部队有关负责人组成的突发事件应急指挥机构，统一领导、协调本级人民政府各有关部门和下级人民政府开展突发事件应对工作；根据实际需要，设立相关类别突发事件应急指挥机构，组织、协调、指挥突发事件应对工作。

上级人民政府主管部门应当在各自职责范围内，指导、协助下级人民政府及其相应部门做好有关突发事件的应对工作。

第九条 国务院和县级以上地方各级人民政府是突发事件应对工作的行政领导机关，其办事机构及具体职责由国务院规定。

第十条 有关人民政府及其部门作出的应对突发事件的决定、命令，应当及时公布。

第十一条 有关人民政府及其部门采取的应对突发事件的措施，应当与突发事件可能造成的社会危害的性质、程度和范围相适应；有多种措施可供选择的，应当选择有利于最大程度地保护公民、法人和其他组织权益的措施。

公民、法人和其他组织有义务参与突发事件应对工作。

第十二条 有关人民政府及其部门为应对突发事件，可以征用单位和个人的财产。被征用的财产在使用完毕或者突发事件应急处置工作结束后，应当及时返还。财产被征用或者征用后毁损、灭失的，应当给予补偿。

第十三条 因采取突发事件应对措施，诉讼、行政复议、仲裁活动不能正常进行的，适用有关时效中止和程序中止的规定，但法律另有规定的除外。

第十四条 中国人民解放军、中国人民武装警察部队和民兵组织依照本法和其他有关法律、行政法规、军事法规的规定以及国务院、中央军事委员会的命令，参加突发事件的应急救援和处置工作。

第十五条 中华人民共和国政府在突发事件的预防、监测与预警、应急处置与救援、事后恢复与重建等方面，同外国政府和有关国际组织开展合作与交流。

第十六条 县级以上人民政府作出应对突发事件的决定、命令，应当报本级人民代表大会常务委员会备案；突发事件应急处置工作结束后，应当向本级人民代表大会常务委员会作出专项工作报告。

第二章 预防与应急准备

第十七条 国家建立健全突发事件应急预案体系。

国务院制定国家突发事件总体应急预案，组织制定国家突发事件专项应急预案；国务院有关部门根据各自的职责和国务院相关应急预案，制定国家突发事件部门应急预案。

地方各级人民政府和县级以上地方各级人民政府有关部门根据有关法律、法规、规章、上级人民政府及其有关部门的应急预案以及本地区的实际情况，制定相应的突发事件应急预案。

应急预案制定机关应当根据实际需要和情势变化，适时修订应急预案。应急预案的制定、修订程序由国务院规定。

第十八条 应急预案应当根据本法和其他有关法律、法规的规定，针对突发事件的性质、特点和可能造成的社会危害，具体规定突发事件应急管理工作的组织指挥体系与职责和突发事件的预防与预警机制、处置程序、应急保障措施以及事后恢复与重建措施等内容。

第十九条 城乡规划应当符合预防、处置突发事件的需要，统筹安排应对突发事件所必需的设备和基础设施建设，合理确定应急避难场所。

第二十条 县级人民政府应当对本行政区域内容易引发自然灾害、事故灾难和公共卫生事件的危险源、危险区域进行调查、登记、风险评估，定期进行检查、监控，并责令有关单位采取安全防范措施。

省级和设区的市级人民政府应当对本行政区域内容易引发特别重大、重大突发事件的危险源、危险区域进行调查、登记、风险评估，组织进行检查、监控，并责令有关单位采取安全防范措施。

县级以上地方各级人民政府按照本法规定登记的危险源、危险区域，应当按照国家规定及时向社会公布。

第二十一条 县级人民政府及其有关部门、乡级人民政府、街道办事处、居民委员会、村民委员会应当及时调解处理可能引发社会安全事件的矛盾纠纷。

第二十二条 所有单位应当建立健全安全管理制度，定期检查本单位各项安全防范措施的落实情况，及时消除事故隐患；掌握并及时处理本单位存在的可能引发社会安全事件的问题，防止矛盾激化和事态扩大；对本单位可能发生的突发事件和采取安全防范措施的情况，应当按照规定及时向所在地人民政府或者人民政府有关部门报告。

第二十三条 矿山、建筑施工单位和易燃易爆物品、危险化学品、放射性物品等危险物品的生产、经营、储运、使用单位，应当制定具体应急预案，并对生产经营场所、有危险物品的建筑物、构筑物及周边环境开展隐患排查，及时采取措施消除隐患，防止发生突发事件。

第二十四条 公共交通工具、公共场所和其他人员密集场所的经营单位或者管理单位应当制定具体应急预案，为交通工具和有关场所配备报警装置和必要的应急救援设备、设施，注明其使用方法，并显著标明安全撤离的通道、路线，保证安全通道、出口的畅通。

有关单位应当定期检测、维护其报警装置和应急救援设备、设施，使其处于良好状态，确保正常使用。

第二十五条 县级以上人民政府应当建立健全突发事件应急管理培训制度，对人民政府及其有关部门负有处置突发事件职责的工作人员定期进行培训。

第二十六条 县级以上人民政府应当整合应急资源，建立或者确定综合性应急救援队伍。人民政府有关部门可以根据实际需要设立专业应急救援队伍。

县级以上人民政府及其有关部门可以建立由成年志愿者组成的应急救援队伍。单位应当建立由本单位职工组成的专职或者兼职应急救援队伍。

县级以上人民政府应当加强专业应急救援队伍与非专业应急救援队伍的合作，联合培训、联合演练，提高合成应急、协同应急的能力。

第二十七条 国务院有关部门、县级以上地方各级人民政府及其有关部门、有关单位应当为专业应急救援人员购买人身意外伤害保险，配备必要的防护装备和器材，减少应急救援人员的人身风险。

第二十八条 中国人民解放军、中国人民武装警察部队和民兵组织应当有计划地组织开展应急救援的专门训练。

第二十九条 县级人民政府及其有关部门、乡级人民政府、街道办事处应当组织开展应急知识的宣传普及活动和必要的应急演练。

居民委员会、村民委员会、企业事业单位应当根据所在地人民政府的要求，结合各自的实际情况，开展有关突发事件应急知识的宣传普及活动和必要的应急演练。

新闻媒体应当无偿开展突发事件预防与应急、自救与互救知识的公益宣传。

第三十条 各级各类学校应当把应急知识教育纳入教学内容，对学生进行应急知识教育，培养学生的安全意识和自救与互救能力。

教育主管部门应当对学校开展应急知识教育进行指导和监督。

第三十一条 国务院和县级以上地方各级人民政府应当采取财政措施，保障突发事件应对工作所需经费。

第三十二条 国家建立健全应急物资储备保障制度，完善重要应急物资的监管、生产、储备、调拨和紧急配送体系。

设区的市级以上人民政府和突发事件易发、多发地区的县级人民政府应当建立应急救援物资、生活必需品和应急处置装备的储备制度。

县级以上地方各级人民政府应当根据本地区的实际情况，与有关企业签订协议，保障应急救援物资、生活必需品和应急处置装备的生产、供给。

第三十三条　国家建立健全应急通信保障体系，完善公用通信网，建立有线与无线相结合、基础电信网络与机动通信系统相配套的应急通信系统，确保突发事件应对工作的通信畅通。

第三十四条　国家鼓励公民、法人和其他组织为人民政府应对突发事件工作提供物资、资金、技术支持和捐赠。

第三十五条　国家发展保险事业，建立国家财政支持的巨灾风险保险体系，并鼓励单位和公民参加保险。

第三十六条　国家鼓励、扶持具备相应条件的教学科研机构培养应急管理专门人才，鼓励、扶持教学科研机构和有关企业研究开发用于突发事件预防、监测、预警、应急处置与救援的新技术、新设备和新工具。

第三章　监测与预警

第三十七条　国务院建立全国统一的突发事件信息系统。

县级以上地方各级人民政府应当建立或者确定本地区统一的突发事件信息系统，汇集、储存、分析、传输有关突发事件的信息，并与上级人民政府及其有关部门、下级人民政府及其有关部门、专业机构和监测网点的突发事件信息系统实现互联互通，加强跨部门、跨地区的信息交流与情报合作。

第三十八条　县级以上人民政府及其有关部门、专业机构应当通过多种途径收集突发事件信息。

县级人民政府应当在居民委员会、村民委员会和有关单位建立专职或者兼职信息报告员制度。

获悉突发事件信息的公民、法人或者其他组织，应当立即向所在地人民政府、有关主管部门或者指定的专业机构报告。

第三十九条　地方各级人民政府应当按照国家有关规定向上级人民政府报送突发事件信息。县级以上人民政府有关主管部门应当向本级人民政府相关部门通报突发事件信息。专业机构、监测网点和信息报告员应当及时向所在地人民政府及其有关主管部门报告突发事件信息。

有关单位和人员报送、报告突发事件信息，应当做到及时、客观、真实，不得迟报、谎报、瞒报、漏报。

第四十条　县级以上地方各级人民政府应当及时汇总分析突发事件隐患和预警信息，必要时组织相关部门、专业技术人员、专家学者进行会商，对发生突发事件的可能性及其可能造成的影响进行评估；认为可能发生重大或者特别重大突发事件的，应当立即向上级人民政府报告，并向上级人民政府有关部门、当地驻军和可能受到危害的毗邻或者相关地区的人民政府通报。

第四十一条 国家建立健全突发事件监测制度。

县级以上人民政府及其有关部门应当根据自然灾害、事故灾难和公共卫生事件的种类和特点，建立健全基础信息数据库，完善监测网络，划分监测区域，确定监测点，明确监测项目，提供必要的设备、设施，配备专职或者兼职人员，对可能发生的突发事件进行监测。

第四十二条 国家建立健全突发事件预警制度。

可以预警的自然灾害、事故灾难和公共卫生事件的预警级别，按照突发事件发生的紧急程度、发展势态和可能造成的危害程度分为一级、二级、三级和四级，分别用红色、橙色、黄色和蓝色标示，一级为最高级别。

预警级别的划分标准由国务院或者国务院确定的部门制定。

第四十三条 可以预警的自然灾害、事故灾难或者公共卫生事件即将发生或者发生的可能性增大时，县级以上地方各级人民政府应当根据有关法律、行政法规和国务院规定的权限和程序，发布相应级别的警报，决定并宣布有关地区进入预警期，同时向上一级人民政府报告，必要时可以越级上报，并向当地驻军和可能受到危害的毗邻或者相关地区的人民政府通报。

第四十四条 发布三级、四级警报，宣布进入预警期后，县级以上地方各级人民政府应当根据即将发生的突发事件的特点和可能造成的危害，采取下列措施：

（一）启动应急预案；

（二）责令有关部门、专业机构、监测网点和负有特定职责的人员及时收集、报告有关信息，向社会公布反映突发事件信息的渠道，加强对突发事件发生、发展情况的监测、预报和预警工作；

（三）组织有关部门和机构、专业技术人员、有关专家学者，随时对突发事件信息进行分析评估，预测发生突发事件可能性的大小、影响范围和强度以及可能发生的突发事件的级别；

（四）定时向社会发布与公众有关的突发事件预测信息和分析评估结果，并对相关信息的报道工作进行管理；

（五）及时按照有关规定向社会发布可能受到突发事件危害的警告，宣传避免、减轻危害的常识，公布咨询电话。

第四十五条 发布一级、二级警报，宣布进入预警期后，县级以上地方各级人民政府除采取本法第四十四条规定的措施外，还应当针对即将发生的突发事件的特点和可能造成的危害，采取下列一项或者多项措施：

（一）责令应急救援队伍、负有特定职责的人员进入待命状态，并动员后备人员做好参加应急救援和处置工作的准备；

（二）调集应急救援所需物资、设备、工具，准备应急设施和避难场所，并确保其处于良好状态、随时可以投入正常使用；

（三）加强对重点单位、重要部位和重要基础设施的安全保卫，维护社会治安秩序；

（四）采取必要措施，确保交通、通信、供水、排水、供电、供气、供热等公共设施的安全和正常运行；

（五）及时向社会发布有关采取特定措施避免或者减轻危害的建议、劝告；

（六）转移、疏散或者撤离易受突发事件危害的人员并予以妥善安置，转移重要财产；

（七）关闭或者限制使用易受突发事件危害的场所，控制或者限制容易导致危害扩大的公共场所的活动；

（八）法律、法规、规章规定的其他必要的防范性、保护性措施。

第四十六条 对即将发生或者已经发生的社会安全事件，县级以上地方各级人民政府及其有关主管部门应当按照规定向上一级人民政府及其有关主管部门报告，必要时可以越级上报。

第四十七条 发布突发事件警报的人民政府应当根据事态的发展，按照有关规定适时调整预警级别并重新发布。

有事实证明不可能发生突发事件或者危险已经解除的，发布警报的人民政府应当立即宣布解除警报，终止预警期，并解除已经采取的有关措施。

第四章 应急处置与救援

第四十八条 突发事件发生后，履行统一领导职责或者组织处置突发事件的人民政府应当针对其性质、特点和危害程度，立即组织有关部门，调动应急救援队伍和社会力量，依照本章的规定和有关法律、法规、规章的规定采取应急处置措施。

第四十九条 自然灾害、事故灾难或者公共卫生事件发生后，履行统一领导职责的人民政府可以采取下列一项或者多项应急处置措施：

（一）组织营救和救治受害人员，疏散、撤离并妥善安置受到威胁的人员以及采取其他救助措施；

（二）迅速控制危险源，标明危险区域，封锁危险场所，划定警戒区，实行交通管制以及其他控制措施；

（三）立即抢修被损坏的交通、通信、供水、排水、供电、供气、供热等公共设施，向受到危害的人员提供避难场所和生活必需品，实施医疗救护和卫生防疫以及其他保障措施；

（四）禁止或者限制使用有关设备、设施，关闭或者限制使用有关场所，中止人员密集的活动或者可能导致危害扩大的生产经营活动以及采取其他保护措施；

（五）启用本级人民政府设置的财政预备费和储备的应急救援物资，必要时调用其他急需物资、设备、设施、工具；

（六）组织公民参加应急救援和处置工作，要求具有特定专长的人员提供服务；

（七）保障食品、饮用水、燃料等基本生活必需品的供应；

（八）依法从严惩处囤积居奇、哄抬物价、制假售假等扰乱市场秩序的行为，稳定市场价格，维护市场秩序；

（九）依法从严惩处哄抢财物、干扰破坏应急处置工作等扰乱社会秩序的行为，维护社会治安；

（十）采取防止发生次生、衍生事件的必要措施。

第五十条 社会安全事件发生后，组织处置工作的人民政府应当立即组织有关部门并由公安机关针对事件的性质和特点，依照有关法律、行政法规和国家其他有关规定，采取下列一项或者多项应急处置措施：

（一）强制隔离使用器械相互对抗或者以暴力行为参与冲突的当事人，妥善解决现场纠纷和争端，控制事态发展；

（二）对特定区域内的建筑物、交通工具、设备、设施以及燃料、燃气、电力、水的供应进行控制；

（三）封锁有关场所、道路，查验现场人员的身份证件，限制有关公共场所内的活动；

（四）加强对易受冲击的核心机关和单位的警卫，在国家机关、军事机关、国家通讯社、广播电台、电视台、外国驻华使领馆等单位附近设置临时警戒线；

（五）法律、行政法规和国务院规定的其他必要措施。

严重危害社会治安秩序的事件发生时，公安机关应当立即依法出动警力，根据现场情况依法采取相应的强制性措施，尽快使社会秩序恢复正常。

第五十一条 发生突发事件，严重影响国民经济正常运行时，国务院或者国务院授权的有关主管部门可以采取保障、控制等必要的应急措施，保障人民群众的基本生活需要，最大限度地减轻突发事件的影响。

第五十二条　履行统一领导职责或者组织处置突发事件的人民政府，必要时可以向单位和个人征用应急救援所需设备、设施、场地、交通工具和其他物资，请求其他地方人民政府提供人力、物力、财力或者技术支援，要求生产、供应生活必需品和应急救援物资的企业组织生产、保证供给，要求提供医疗、交通等公共服务的组织提供相应的服务。

履行统一领导职责或者组织处置突发事件的人民政府，应当组织协调运输经营单位，优先运送处置突发事件所需物资、设备、工具、应急救援人员和受到突发事件危害的人员。

第五十三条　履行统一领导职责或者组织处置突发事件的人民政府，应当按照有关规定统一、准确、及时发布有关突发事件事态发展和应急处置工作的信息。

第五十四条　任何单位和个人不得编造、传播有关突发事件事态发展或者应急处置工作的虚假信息。

第五十五条　突发事件发生地的居民委员会、村民委员会和其他组织应当按照当地人民政府的决定、命令，进行宣传动员，组织群众开展自救和互救，协助维护社会秩序。

第五十六条　受到自然灾害危害或者发生事故灾难、公共卫生事件的单位，应当立即组织本单位应急救援队伍和工作人员营救受害人员，疏散、撤离、安置受到威胁的人员，控制危险源，标明危险区域，封锁危险场所，并采取其他防止危害扩大的必要措施，同时向所在地县级人民政府报告；对因本单位的问题引发的或者主体是本单位人员的社会安全事件，有关单位应当按照规定上报情况，并迅速派出负责人赶赴现场开展劝解、疏导工作。

突发事件发生地的其他单位应当服从人民政府发布的决定、命令，配合人民政府采取的应急处置措施，做好本单位的应急救援工作，并积极组织人员参加所在地的应急救援和处置工作。

第五十七条　突发事件发生地的公民应当服从人民政府、居民委员会、村民委员会或者所属单位的指挥和安排，配合人民政府采取的应急处置措施，积极参加应急救援工作，协助维护社会秩序。

第五章　事后恢复与重建

第五十八条　突发事件的威胁和危害得到控制或者消除后，履行统一领导职责或者组织处置突发事件的人民政府应当停止执行依照本法规定采取的应急处置措施，同时采取或者继续实施必要措施，防止发生自然灾害、事故灾难、公共卫生事件的次生、衍生事件或者重新引发社会安全事件。

第五十九条 突发事件应急处置工作结束后，履行统一领导职责的人民政府应当立即组织对突发事件造成的损失进行评估，组织受影响地区尽快恢复生产、生活、工作和社会秩序，制定恢复重建计划，并向上一级人民政府报告。

受突发事件影响地区的人民政府应当及时组织和协调公安、交通、铁路、民航、邮电、建设等有关部门恢复社会治安秩序，尽快修复被损坏的交通、通信、供水、排水、供电、供气、供热等公共设施。

第六十条 受突发事件影响地区的人民政府开展恢复重建工作需要上一级人民政府支持的，可以向上一级人民政府提出请求。上一级人民政府应当根据受影响地区遭受的损失和实际情况，提供资金、物资支持和技术指导，组织其他地区提供资金、物资和人力支援。

第六十一条 国务院根据受突发事件影响地区遭受损失的情况，制定扶持该地区有关行业发展的优惠政策。

受突发事件影响地区的人民政府应当根据本地区遭受损失的情况，制定救助、补偿、抚慰、抚恤、安置等善后工作计划并组织实施，妥善解决因处置突发事件引发的矛盾和纠纷。

公民参加应急救援工作或者协助维护社会秩序期间，其在本单位的工资待遇和福利不变；表现突出、成绩显著的，由县级以上人民政府给予表彰或者奖励。

县级以上人民政府对在应急救援工作中伤亡的人员依法给予抚恤。

第六十二条 履行统一领导职责的人民政府应当及时查明突发事件的发生经过和原因，总结突发事件应急处置工作的经验教训，制定改进措施，并向上一级人民政府提出报告。

第六章 法 律 责 任

第六十三条 地方各级人民政府和县级以上各级人民政府有关部门违反本法规定，不履行法定职责的，由其上级行政机关或者监察机关责令改正；有下列情形之一的，根据情节对直接负责的主管人员和其他直接责任人员依法给予处分：

（一）未按规定采取预防措施，导致发生突发事件，或者未采取必要的防范措施，导致发生次生、衍生事件的；

（二）迟报、谎报、瞒报、漏报有关突发事件的信息，或者通报、报送、公布虚假信息，造成后果的；

（三）未按规定及时发布突发事件警报、采取预警期的措施，导致损害发生的；

（四）未按规定及时采取措施处置突发事件或者处置不当，造成后果的；

（五）不服从上级人民政府对突发事件应急处置工作的统一领导、指挥和协调的；

（六）未及时组织开展生产自救、恢复重建等善后工作的；

（七）截留、挪用、私分或者变相私分应急救援资金、物资的；

（八）不及时归还征用的单位和个人的财产，或者对被征用财产的单位和个人不按规定给予补偿的。

第六十四条　有关单位有下列情形之一的，由所在地履行统一领导职责的人民政府责令停产停业，暂扣或者吊销许可证或者营业执照，并处五万元以上二十万元以下的罚款；构成违反治安管理行为的，由公安机关依法给予处罚：

（一）未按规定采取预防措施，导致发生严重突发事件的；

（二）未及时消除已发现的可能引发突发事件的隐患，导致发生严重突发事件的；

（三）未做好应急设备、设施日常维护、检测工作，导致发生严重突发事件或者突发事件危害扩大的；

（四）突发事件发生后，不及时组织开展应急救援工作，造成严重后果的。

前款规定的行为，其他法律、行政法规规定由人民政府有关部门依法决定处罚的，从其规定。

第六十五条　违反本法规定，编造并传播有关突发事件事态发展或者应急处置工作的虚假信息，或者明知是有关突发事件事态发展或者应急处置工作的虚假信息而进行传播的，责令改正，给予警告；造成严重后果的，依法暂停其业务活动或者吊销其执业许可证；负有直接责任的人员是国家工作人员的，还应当对其依法给予处分；构成违反治安管理行为的，由公安机关依法给予处罚。

第六十六条　单位或者个人违反本法规定，不服从所在地人民政府及其有关部门发布的决定、命令或者不配合其依法采取的措施，构成违反治安管理行为的，由公安机关依法给予处罚。

第六十七条　单位或者个人违反本法规定，导致突发事件发生或者危害扩大，给他人人身、财产造成损害的，应当依法承担民事责任。

第六十八条　违反本法规定，构成犯罪的，依法追究刑事责任。

第七章　附　　则

第六十九条　发生特别重大突发事件，对人民生命财产安全、国家安全、公共安全、环境安全或者社会秩序构成重大威胁，采取本法和其他有关法律、法规、规章规定的应急处置措施不能消除或者有效控制、减轻其严重社会危害，需要进入紧急状态的，由全国人民代表大会常务委员会或者国务院依照宪法和其他有关法律规定的权限和程序决定。

紧急状态期间采取的非常措施，依照有关法律规定执行或者由全国人民代表大会常务委员会另行规定。

第七十条　本法自 2007 年 11 月 1 日起施行。

三、中华人民共和国国境卫生检疫法

（1986 年 12 月 2 日第六届全国人民代表大会常务委员会第十八次会议通过　1986 年 12 月 2 日中华人民共和国主席令第四十六号公布　根据 2007 年 12 月 29 日第十届全国人民代表大会常务委员会第三十一次会议《关于修改〈中华人民共和国国境卫生检疫法〉的决定》第一次修正　根据 2009 年 8 月 27 日中华人民共和国主席令第十八号第十一届全国人民代表大会常务委员会第十次会议《关于修改部分法律的决定》第二次修正　根据 2018 年 4 月 27 日中华人民共和国主席令第六号《全国人大常委会关于修改〈中华人民共和国国境卫生检疫法〉等六部法律的决定》第三次修正）

目　录

第一章　总　则

第一条　为了防止传染病由国外传入或者由国内传出，实施国境卫生检疫，保护人体健康，制定本法。

第二条　在中华人民共和国国际通航的港口、机场以及陆地边境和国界江河的口岸（以下简称国境口岸），设立国境卫生检疫机关，依照本法规定实施传染病检疫、监测和卫生监督。

第三条 本法规定的传染病是指检疫传染病和监测传染病。

检疫传染病，是指鼠疫、霍乱、黄热病以及国务院确定和公布的其他传染病。

监测传染病，由国务院卫生行政部门确定和公布。

第四条 入境、出境的人员、交通工具、运输设备以及可能传播检疫传染病的行李、货物、邮包等物品，都应当接受检疫，经国境卫生检疫机关许可，方准入境或者出境。具体办法由本法实施细则规定。

第五条 国境卫生检疫机关发现检疫传染病或者疑似检疫传染病时，除采取必要措施外，必须立即通知当地卫生行政部门，同时用最快的方法报告国务院卫生行政部门，最迟不得超过二十四小时。邮电部门对疫情报告应当优先传送。

中华人民共和国与外国之间的传染病疫情通报，由国务院卫生行政部门会同有关部门办理。

第六条 在国外或者国内有检疫传染病大流行的时候，国务院可以下令封锁有关的国境或者采取其他紧急措施。

第二章 检 疫

第七条 入境的交通工具和人员，必须在最先到达的国境口岸的指定地点接受检疫。除引航员外，未经国境卫生检疫机关许可，任何人不准上下交通工具，不准装卸行李、货物、邮包等物品。具体办法由本法实施细则规定。

第八条 出境的交通工具和人员，必须在最后离开的国境口岸接受检疫。

第九条 来自国外的船舶、航空器因故停泊、降落在中国境内非口岸地点的时候，船舶、航空器的负责人应当立即向就近的国境卫生检疫机关或者当地卫生行政部门报告。除紧急情况外，未经国境卫生检疫机关或者当地卫生行政部门许可，任何人不准上下船舶、航空器，不准装卸行李、货物、邮包等物品。

第十条 在国境口岸发现检疫传染病、疑似检疫传染病，或者有人非因意外伤害而死亡并死因不明的，国境口岸有关单位和交通工具的负责人，应当立即向国境卫生检疫机关报告，并申请临时检疫。

第十一条 国境卫生检疫机关依据检疫医师提供的检疫结果，对未染有检疫传染病或者已实施卫生处理的交通工具，签发入境检疫证或者出境检疫证。

第十二条 国境卫生检疫机关对检疫传染病染疫人必须立即将其隔离，隔离期限根据医学检查结果确定；对检疫传染病染疫嫌疑人应当将其留验，留验期限根据该传染病的潜伏期确定。

因患检疫传染病而死亡的尸体，必须就近火化。

第十三条 接受入境检疫的交通工具有下列情形之一的，应当实施消毒、除鼠、除虫或者其他卫生处理：

（一）来自检疫传染病疫区的；

（二）被检疫传染病污染的；

（三）发现有与人类健康有关的啮齿动物或者病媒昆虫的。

如果外国交通工具的负责人拒绝接受卫生处理，除有特殊情况外，准许该交通工具在国境卫生检疫机关的监督下，立即离开中华人民共和国国境。

第十四条 国境卫生检疫机关对来自疫区的、被检疫传染病污染的或者可能成为检疫传染病传播媒介的行李、货物、邮包等物品，应当进行卫生检查，实施消毒、除鼠、除虫或者其他卫生处理。

入境、出境的尸体、骸骨的托运人或者其代理人，必须向国境卫生检疫机关申报，经卫生检查合格后，方准运进或者运出。

第三章 传染病监测

第十五条 国境卫生检疫机关对入境、出境的人员实施传染病监测，并且采取必要的预防、控制措施。

第十六条 国境卫生检疫机关有权要求入境、出境的人员填写健康申明卡，出示某种传染病的预防接种证书、健康证明或者其他有关证件。

第十七条 对患有监测传染病的人、来自国外监测传染病流行区的人或者与监测传染病人密切接触的人，国境卫生检疫机关应当区别情况，发给就诊方便卡，实施留验或者采取其他预防、控制措施，并及时通知当地卫生行政部门。各地医疗单位对持有就诊方便卡的人员，应当优先诊治。

第四章 卫 生 监 督

第十八条 国境卫生检疫机关根据国家规定的卫生标准，对国境口岸的卫生状况和停留在国境口岸的入境、出境的交通工具的卫生状况实施卫生监督：

（一）监督和指导有关人员对啮齿动物、病媒昆虫的防除；

（二）检查和检验食品、饮用水及其储存、供应、运输设施；

（三）监督从事食品、饮用水供应的从业人员的健康状况，检查其健康证明书；

（四）监督和检查垃圾、废物、污水、粪便、压舱水的处理。

第十九条　国境卫生检疫机关设立国境口岸卫生监督员，执行国境卫生检疫机关交给的任务。

国境口岸卫生监督员在执行任务时，有权对国境口岸和入境、出境的交通工具进行卫生监督和技术指导，对卫生状况不良和可能引起传染病传播的因素提出改进意见，协同有关部门采取必要的措施，进行卫生处理。

第五章　法　律　责　任

第二十条　对违反本法规定，有下列行为之一的单位或者个人，国境卫生检疫机关可以根据情节轻重，给予警告或者罚款：

（一）逃避检疫，向国境卫生检疫机关隐瞒真实情况的；

（二）入境的人员未经国境卫生检疫机关许可，擅自上下交通工具，或者装卸行李、货物、邮包等物品，不听劝阻的。

罚款全部上缴国库。

第二十一条　当事人对国境卫生检疫机关给予的罚款决定不服的，可以在接到通知之日起十五日内，向当地人民法院起诉。逾期不起诉又不履行的，国境卫生检疫机关可以申请人民法院强制执行。

第二十二条　违反本法规定，引起检疫传染病传播或者有引起检疫传染病传播严重危险的，依照刑法有关规定追究刑事责任。

第二十三条　国境卫生检疫机关工作人员，应当秉公执法，忠于职守，对入境、出境的交通工具和人员，及时进行检疫；违法失职的，给予行政处分，情节严重构成犯罪的，依法追究刑事责任。

第六章　附　　则

第二十四条　中华人民共和国缔结或者参加的有关卫生检疫的国际条约同本法有不同规定的，适用该国际条约的规定。但是，中华人民共和国声明保留的条款除外。

第二十五条　中华人民共和国边防机关与邻国边防机关之间在边境地区的往来，居住在两国边境接壤地区的居民在边境指定地区的临时往来，双方的交通工具和人员的入境、出境检疫，依照双方协议办理，没有协议的，依照中国政府的有关规定办理。

第二十六条　国境卫生检疫机关实施卫生检疫，按照国家规定收取费用。

第二十七条　本法自 1987 年 5 月 1 日起施行。1957 年 12 月 23 日公布的《中华人民共和国国境卫生检疫条例》同时废止。

四、突发公共卫生事件应急条例

中华人民共和国国务院令

第 376 号

《突发公共卫生事件应急条例》已经 2003 年 5 月 7 日国务院第 7 次常务会议通过，现予公布，自公布之日起施行。

总　理　温家宝

二○○三年五月九日

中华人民共和国国务院令

第 588 号

根据 2010 年 12 月 29 日国务院第 138 次常务会议通过的《国务院关于废止和修改部分行政法规的决定》修正，《突发公共卫生事件应急条例》中引用的"治安管理处罚条例"修改为"治安管理处罚法"，2011 年 1 月 8 日公布并实施。

第一章　总　　则

第一条　为了有效预防、及时控制和消除突发公共卫生事件的危害，保障公众身体健康与生命安全，维护正常的社会秩序，制定本条例。

第二条　本条例所称突发公共卫生事件（以下简称突发事件），是指突然发生，造成或者可能造成社会公众健康严重损害的重大传染病疫情、群体性不明原因疾病、重大食物和职业中毒以及其他严重影响公众健康的事件。

第三条　突发事件发生后，国务院设立全国突发事件应急处理指挥部，由国务院有关部门和军队有关部门组成，国务院主管领导人担任总指挥，负责对全国突发事件应急处理的统一领导、统一指挥。

国务院卫生行政主管部门和其他有关部门，在各自的职责范围内做好突发事件应急处理的有关工作。

第四条　突发事件发生后，省、自治区、直辖市人民政府成立地方突发事件应急处理指挥部，省、自治区、直辖市人民政府主要领导人担任总指挥，负责领导、指挥本行政区域内突发事件应急处理工作。

县级以上地方人民政府卫生行政主管部门，具体负责组织突发事件的调查、控制和医疗救治工作。

县级以上地方人民政府有关部门，在各自的职责范围内做好突发事件应急处理的有关工作。

第五条 突发事件应急工作，应当遵循预防为主、常备不懈的方针，贯彻统一领导、分级负责、反应及时、措施果断、依靠科学、加强合作的原则。

第六条 县级以上各级人民政府应当组织开展防治突发事件相关科学研究，建立突发事件应急流行病学调查、传染源隔离、医疗救护、现场处置、监督检查、监测检验、卫生防护等有关物资、设备、设施、技术与人才资源储备，所需经费列入本级政府财政预算。

国家对边远贫困地区突发事件应急工作给予财政支持。

第七条 国家鼓励、支持开展突发事件监测、预警、反应处理有关技术的国际交流与合作。

第八条 国务院有关部门和县级以上地方人民政府及其有关部门，应当建立严格的突发事件防范和应急处理责任制，切实履行各自的职责，保证突发事件应急处理工作的正常进行。

第九条 县级以上各级人民政府及其卫生行政主管部门，应当对参加突发事件应急处理的医疗卫生人员，给予适当补助和保健津贴；对参加突发事件应急处理作出贡献的人员，给予表彰和奖励；对因参与应急处理工作致病、致残、死亡的人员，按照国家有关规定，给予相应的补助和抚恤。

第二章 预防与应急准备

第十条 国务院卫生行政主管部门按照分类指导、快速反应的要求，制定全国突发事件应急预案，报请国务院批准。

省、自治区、直辖市人民政府根据全国突发事件应急预案，结合本地实际情况，制定本行政区域的突发事件应急预案。

第十一条 全国突发事件应急预案应当包括以下主要内容：

（一）突发事件应急处理指挥部的组成和相关部门的职责；

（二）突发事件的监测与预警；

（三）突发事件信息的收集、分析、报告、通报制度；

（四）突发事件应急处理技术和监测机构及其任务；

（五）突发事件的分级和应急处理工作方案；

（六）突发事件预防、现场控制，应急设施、设备、救治药品和医疗器械以及其他物资和技术的储备与调度；

（七）突发事件应急处理专业队伍的建设和培训。

第十二条 突发事件应急预案应当根据突发事件的变化和实施中发现的问题及时进行修订、补充。

第十三条 地方各级人民政府应当依照法律、行政法规的规定，做好传染病预防和其他公共卫生工作，防范突发事件的发生。

县级以上各级人民政府卫生行政主管部门和其他有关部门，应当对公众开展突发事件应急知识的专门教育，增强全社会对突发事件的防范意识和应对能力。

第十四条 国家建立统一的突发事件预防控制体系。

县级以上地方人民政府应当建立和完善突发事件监测与预警系统。

县级以上各级人民政府卫生行政主管部门，应当指定机构负责开展突发事件的日常监测，并确保监测与预警系统的正常运行。

第十五条 监测与预警工作应当根据突发事件的类别，制定监测计划，科学分析、综合评价监测数据。对早期发现的潜在隐患以及可能发生的突发事件，应当依照本条例规定的报告程序和时限及时报告。

第十六条 国务院有关部门和县级以上地方人民政府及其有关部门，应当根据突发事件应急预案的要求，保证应急设施、设备、救治药品和医疗器械等物资储备。

第十七条 县级以上各级人民政府应当加强急救医疗服务网络的建设，配备相应的医疗救治药物、技术、设备和人员，提高医疗卫生机构应对各类突发事件的救治能力。

设区的市级以上地方人民政府应当设置与传染病防治工作需要相适应的传染病专科医院，或者指定具备传染病防治条件和能力的医疗机构承担传染病防治任务。

第十八条 县级以上地方人民政府卫生行政主管部门，应当定期对医疗卫生机构和人员开展突发事件应急处理相关知识、技能的培训，定期组织医疗卫生机构进行突发事件应急演练，推广最新知识和先进技术。

第三章　报告与信息发布

第十九条 国家建立突发事件应急报告制度。

国务院卫生行政主管部门制定突发事件应急报告规范，建立重大、紧急疫情信息报告系统。

有下列情形之一的，省、自治区、直辖市人民政府应当在接到报告 1 小时内，向国务院卫生行政主管部门报告：

（一）发生或者可能发生传染病暴发、流行的；

（二）发生或者发现不明原因的群体性疾病的；

（三）发生传染病菌种、毒种丢失的；

（四）发生或者可能发生重大食物和职业中毒事件的。

国务院卫生行政主管部门对可能造成重大社会影响的突发事件，应当立即向国务院报告。

第二十条　突发事件监测机构、医疗卫生机构和有关单位发现有本条例第十九条规定情形之一的，应当在 2 小时内向所在地县级人民政府卫生行政主管部门报告；接到报告的卫生行政主管部门应当在 2 小时内向本级人民政府报告，并同时向上级人民政府卫生行政主管部门和国务院卫生行政主管部门报告。

县级人民政府应当在接到报告后 2 小时内向设区的市级人民政府或者上一级人民政府报告；设区的市级人民政府应当在接到报告后 2 小时内向省、自治区、直辖市人民政府报告。

第二十一条　任何单位和个人对突发事件，不得隐瞒、缓报、谎报或者授意他人隐瞒、缓报、谎报。

第二十二条　接到报告的地方人民政府、卫生行政主管部门依照本条例规定报告的同时，应当立即组织力量对报告事项调查核实、确证，采取必要的控制措施，并及时报告调查情况。

第二十三条　国务院卫生行政主管部门应当根据发生突发事件的情况，及时向国务院有关部门和各省、自治区、直辖市人民政府卫生行政主管部门以及军队有关部门通报。

突发事件发生地的省、自治区、直辖市人民政府卫生行政主管部门，应当及时向毗邻省、自治区、直辖市人民政府卫生行政主管部门通报。

接到通报的省、自治区、直辖市人民政府卫生行政主管部门，必要时应当及时通知本行政区域内的医疗卫生机构。

县级以上地方人民政府有关部门，已经发生或者发现可能引起突发事件的情形时，应当及时向同级人民政府卫生行政主管部门通报。

第二十四条　国家建立突发事件举报制度，公布统一的突发事件报告、举报电话。

任何单位和个人有权向人民政府及其有关部门报告突发事件隐患，有权向上级人民政府及其有关部门举报地方人民政府及其有关部门不履行突发事件应急处理职责，或者不按照规定履行职责的情况。接到报告、举报的有关人民政府及其有关部门，应当立即组织对突发事件隐患、不履行或者不按照规定履行突发事件应急处理职责的情况进行调查处理。

对举报突发事件有功的单位和个人，县级以上各级人民政府及其有关部门应当予以奖励。

第二十五条　国家建立突发事件的信息发布制度。

国务院卫生行政主管部门负责向社会发布突发事件的信息。必要时，可以授权省、自治区、直辖市人民政府卫生行政主管部门向社会发布本行政区域内突发事件的信息。

信息发布应当及时、准确、全面。

第四章　应急处理

第二十六条　突发事件发生后，卫生行政主管部门应当组织专家对突发事件进行综合评估，初步判断突发事件的类型，提出是否启动突发事件应急预案的建议。

第二十七条　在全国范围内或者跨省、自治区、直辖市范围内启动全国突发事件应急预案，由国务院卫生行政主管部门报国务院批准后实施。省、自治区、直辖市启动突发事件应急预案，由省、自治区、直辖市人民政府决定，并向国务院报告。

第二十八条　全国突发事件应急处理指挥部对突发事件应急处理工作进行督察和指导，地方各级人民政府及其有关部门应当予以配合。

省、自治区、直辖市突发事件应急处理指挥部对本行政区域内突发事件应急处理工作进行督察和指导。

第二十九条　省级以上人民政府卫生行政主管部门或者其他有关部门指定的突发事件应急处理专业技术机构，负责突发事件的技术调查、确证、处置、控制和评价工作。

第三十条　国务院卫生行政主管部门对新发现的突发传染病，根据危害程度、流行强度，依照《中华人民共和国传染病防治法》的规定及时宣布为法定传染病；宣布为甲类传染病的，由国务院决定。

第三十一条　应急预案启动前，县级以上各级人民政府有关部门应当根据突发事件的实际情况，做好应急处理准备，采取必要的应急措施。

应急预案启动后，突发事件发生地的人民政府有关部门，应当根据预案规定的职责要求，服从突发事件应急处理指挥部的统一指挥，立即到达规定岗位，采取有关的控制措施。

医疗卫生机构、监测机构和科学研究机构，应当服从突发事件应急处理指挥部的统一指挥，相互配合、协作，集中力量开展相关的科学研究工作。

第三十二条　突发事件发生后，国务院有关部门和县级以上地方人民政府及其有关部门，应当保证突发事件应急处理所需的医疗救护设备、救治药品、医疗器械等物资的生产、供应；铁路、交通、民用航空行政主管部门应当保证及时运送。

第三十三条　根据突发事件应急处理的需要，突发事件应急处理指挥部有权紧急调集人员、储备的物资、交通工具以及相关设施、设备；必要时，对人员进行疏散或者隔离，并可以依法对传染病疫区实行封锁。

第三十四条　突发事件应急处理指挥部根据突发事件应急处理的需要，可以对食物和水源采取控制措施。

县级以上地方人民政府卫生行政主管部门应当对突发事件现场等采取控制措施，宣传突发事件防治知识，及时对易受感染的人群和其他易受损害的人群采取应急接种、预防性投药、群体防护等措施。

第三十五条　参加突发事件应急处理的工作人员，应当按照预案的规定，采取卫生防护措施，并在专业人员的指导下进行工作。

第三十六条　国务院卫生行政主管部门或者其他有关部门指定的专业技术机构，有权进入突发事件现场进行调查、采样、技术分析和检验，对地方突发事件的应急处理工作进行技术指导，有关单位和个人应当予以配合；任何单位和个人不得以任何理由予以拒绝。

第三十七条　对新发现的突发传染病、不明原因的群体性疾病、重大食物和职业中毒事件，国务院卫生行政主管部门应当尽快组织力量制定相关的技术标准、规范和控制措施。

第三十八条　交通工具上发现根据国务院卫生行政主管部门的规定需要采取应急控制措施的传染病病人、疑似传染病病人，其负责人应当以最快的方式通知前方停靠点，并向交通工具的营运单位报告。交通工具的前方停靠点和营运单位应当立即向交通工具营运单位行政主管部门和县级以上地方人民政府卫生行政主管部门报告。卫生行政主管部门接到报告后，应当立即组织有关人员采取相应的医学处置措施。

交通工具上的传染病病人密切接触者，由交通工具停靠点的县级以上各级人民政府卫生行政主管部门或者铁路、交通、民用航空行政主管部门，根据各自的职责，依照传染病防治法律、行政法规的规定，采取控制措施。

涉及国境口岸和入出境的人员、交通工具、货物、集装箱、行李、邮包等需要采取传染病应急控制措施的，依照国境卫生检疫法律、行政法规的规定办理。

第三十九条 医疗卫生机构应当对因突发事件致病的人员提供医疗救护和现场救援，对就诊病人必须接诊治疗，并书写详细、完整的病历记录；对需要转送的病人，应当按照规定将病人及其病历记录的复印件转送至接诊的或者指定的医疗机构。

医疗卫生机构内应当采取卫生防护措施，防止交叉感染和污染。

医疗卫生机构应当对传染病病人密切接触者采取医学观察措施，传染病病人密切接触者应当予以配合。

医疗机构收治传染病病人、疑似传染病病人，应当依法报告所在地的疾病预防控制机构。接到报告的疾病预防控制机构应当立即对可能受到危害的人员进行调查，根据需要采取必要的控制措施。

第四十条 传染病暴发、流行时，街道、乡镇以及居民委员会、村民委员会应当组织力量，团结协作，群防群治，协助卫生行政主管部门和其他有关部门、医疗卫生机构做好疫情信息的收集和报告、人员的分散隔离、公共卫生措施的落实工作，向居民、村民宣传传染病防治的相关知识。

第四十一条 对传染病暴发、流行区域内流动人口，突发事件发生地的县级以上地方人民政府应当做好预防工作，落实有关卫生控制措施；对传染病病人和疑似传染病病人，应当采取就地隔离、就地观察、就地治疗的措施。对需要治疗和转诊的，应当依照本条例第三十九条第一款的规定执行。

第四十二条 有关部门、医疗卫生机构应当对传染病做到早发现、早报告、早隔离、早治疗，切断传播途径，防止扩散。

第四十三条 县级以上各级人民政府应当提供必要资金，保障因突发事件致病、致残的人员得到及时、有效的救治。具体办法由国务院财政部门、卫生行政主管部门和劳动保障行政主管部门制定。

第四十四条 在突发事件中需要接受隔离治疗、医学观察措施的病人、疑似病人和传染病病人密切接触者在卫生行政主管部门或者有关机构采取医学措施时应当予以配合；拒绝配合的，由公安机关依法协助强制执行。

第五章 法 律 责 任

第四十五条 县级以上地方人民政府及其卫生行政主管部门未依照本条例的规定履行报告职责，对突发事件隐瞒、缓报、谎报或者授意他人隐瞒、缓报、谎报的，对政府主要领导人及其卫生行政主管部门主要负责人，依法给予降级或者撤职的行政处分；造成传染病传播、流行或者对社会公众健康造成其他严重危害后果的，依法给予开除的行政处分；构成犯罪的，依法追究刑事责任。

第四十六条 国务院有关部门、县级以上地方人民政府及其有关部门未依照本条例的规定，完成突发事件应急处理所需要的设施、设备、药品和医疗器械等物资的生产、供应、运输和储备的，对政府主要领导人和政府部门主要负责人依法给予降级或者撤职的行政处分；造成传染病传播、流行或者对社会公众健康造成其他严重危害后果的，依法给予开除的行政处分；构成犯罪的，依法追究刑事责任。

第四十七条 突发事件发生后，县级以上地方人民政府及其有关部门对上级人民政府有关部门的调查不予配合，或者采取其他方式阻碍、干涉调查的，对政府主要领导人和政府部门主要负责人依法给予降级或者撤职的行政处分；构成犯罪的，依法追究刑事责任。

第四十八条 县级以上各级人民政府卫生行政主管部门和其他有关部门在突发事件调查、控制、医疗救治工作中玩忽职守、失职、渎职的，由本级人民政府或者上级人民政府有关部门责令改正、通报批评、给予警告；对主要负责人、负有责任的主管人员和其他责任人员依法给予降级、撤职的行政处分；造成传染病传播、流行或者对社会公众健康造成其他严重危害后果的，依法给予开除的行政处分；构成犯罪的，依法追究刑事责任。

第四十九条 县级以上各级人民政府有关部门拒不履行应急处理职责的，由同级人民政府或者上级人民政府有关部门责令改正、通报批评、给予警告；对主要负责人、负有责任的主管人员和其他责任人员依法给予降级、撤职的行政处分；造成传染病传播、流行或者对社会公众健康造成其他严重危害后果的，依法给予开除的行政处分；构成犯罪的，依法追究刑事责任。

第五十条 医疗卫生机构有下列行为之一的，由卫生行政主管部门责令改正、通报批评、给予警告；情节严重的，吊销《医疗机构执业许可证》；对主要负责人、负有责任的主管人员和其他直接责任人员依法给予降级或者撤职的纪律处分；造成传染病传播、流行或者对社会公众健康造成其他严重危害后果，构成犯罪的，依法追究刑事责任：

（一）未依照本条例的规定履行报告职责，隐瞒、缓报或者谎报的；

（二）未依照本条例的规定及时采取控制措施的；

（三）未依照本条例的规定履行突发事件监测职责的；

（四）拒绝接诊病人的；

（五）拒不服从突发事件应急处理指挥部调度的。

第五十一条 在突发事件应急处理工作中，有关单位和个人未依照本条例的规定履行报告职责，隐瞒、缓报或者谎报，阻碍突发事件应急处理工作人员执行职务，拒绝国务院卫生行政主管部门或者其他有关部门指定的专业技术机构进入突发事件现场，或者不配合调查、采样、技术分析和检验的，对有关责任人员依法给予行政处分或者纪律处分；触犯《中华人民共和国治安管理处罚法》，构成违反治安管理行为的，由公安机关依法予以处罚；构成犯罪的，依法追究刑事责任。

第五十二条 在突发事件发生期间，散布谣言、哄抬物价、欺骗消费者，扰乱社会秩序、市场秩序的，由公安机关或者工商行政管理部门依法给予行政处罚；构成犯罪的，依法追究刑事责任。

第六章 附   则

第五十三条 中国人民解放军、武装警察部队医疗卫生机构参与突发事件应急处理的，依照本条例的规定和军队的相关规定执行。

第五十四条 本条例自公布之日起施行。

五、中华人民共和国动物防疫法

(1997 年 7 月 3 日第八届全国人民代表大会常务委员会第二十六次会议通过 2007 年 8 月 30 日第十届全国人民代表大会常务委员会第二十九次会议修订 根据 2013 年 6 月 29 日第十二届全国人民代表大会常务委员会第三次会议《关于修改〈中华人民共和国文物保护法〉等十二部法律的决定》第一次修正 根据 2015 年 4 月 24 日第十二届全国人民代表大会常务委员会第十四次会议《关于修改〈中华人民共和国电力法〉等六部法律的决定》第二次修正)

第一章 总   则

第一条 为了加强对动物防疫活动的管理，预防、控制和扑灭动物疫病，促进养殖业发展，保护人体健康，维护公共卫生安全，制定本法。

第二条 本法适用于在中华人民共和国领域内的动物防疫及其监督管理活动。进出境动物、动物产品的检疫，适用《中华人民共和国进出境动植物检疫法》。

第三条　本法所称动物，是指家畜家禽和人工饲养、合法捕获的其他动物。本法所称动物产品，是指动物的肉、生皮、原毛、绒、脏器、脂、血液、精液、卵、胚胎、骨、蹄、头、角、筋以及可能传播动物疫病的奶、蛋等。本法所称动物疫病，是指动物传染病、寄生虫病。本法所称动物防疫，是指动物疫病的预防、控制、扑灭和动物、动物产品的检疫。

第四条　根据动物疫病对养殖业生产和人体健康的危害程度，本法规定管理的动物疫病分为下列三类：（一）一类疫病，是指对人与动物危害严重，需要采取紧急、严厉的强制预防、控制、扑灭等措施的；（二）二类疫病，是指可能造成重大经济损失，需要采取严格控制、扑灭等措施，防止扩散的；（三）三类疫病，是指常见多发、可能造成重大经济损失，需要控制和净化的。前款一、二、三类动物疫病具体病种名录由国务院兽医主管部门制定并公布。

第五条　国家对动物疫病实行预防为主的方针。

第六条　县级以上人民政府应当加强对动物防疫工作的统一领导，加强基层动物防疫队伍建设，建立健全动物防疫体系，制定并组织实施动物疫病防治规划。乡级人民政府、城市街道办事处应当组织群众协助做好本管辖区域内的动物疫病预防与控制工作。

第七条　国务院兽医主管部门主管全国的动物防疫工作。县级以上地方人民政府兽医主管部门主管本行政区域内的动物防疫工作。县级以上人民政府其他部门在各自的职责范围内做好动物防疫工作。军队和武装警察部队动物卫生监督职能部门分别负责军队和武装警察部队现役动物及饲养自用动物的防疫工作。

第八条　县级以上地方人民政府设立的动物卫生监督机构依照本法规定，负责动物、动物产品的检疫工作和其他有关动物防疫的监督管理执法工作。

第九条　县级以上人民政府按照国务院的规定，根据统筹规划、合理布局、综合设置的原则建立动物疫病预防控制机构，承担动物疫病的监测、检测、诊断、流行病学调查、疫情报告以及其他预防、控制等技术工作。

第十条　国家支持和鼓励开展动物疫病的科学研究以及国际合作与交流，推广先进适用的科学研究成果，普及动物防疫科学知识，提高动物疫病防治的科学技术水平。

第十一条　对在动物防疫工作、动物防疫科学研究中做出成绩和贡献的单位和个人，各级人民政府及有关部门给予奖励。

第二章　动物疫病的预防

第十二条　国务院兽医主管部门对动物疫病状况进行风险评估，根据评估结果制定相应的动物疫病预防、控制措施。国务院兽医主管部门根据国内外动物疫情和保护养殖业生产及人体健康的需要，及时制定并公布动物疫病预防、控制技术规范。

第十三条　国家对严重危害养殖业生产和人体健康的动物疫病实施强制免疫。国务院兽医主管部门确定强制免疫的动物疫病病种和区域，并会同国务院有关部门制定国家动物疫病强制免疫计划。省、自治区、直辖市人民政府兽医主管部门根据国家动物疫病强制免疫计划，制订本行政区域的强制免疫计划；并可以根据本行政区域内动物疫病流行情况增加实施强制免疫的动物疫病病种和区域，报本级人民政府批准后执行，并报国务院兽医主管部门备案。

第十四条　县级以上地方人民政府兽医主管部门组织实施动物疫病强制免疫计划。乡级人民政府、城市街道办事处应当组织本管辖区域内饲养动物的单位和个人做好强制免疫工作。饲养动物的单位和个人应当依法履行动物疫病强制免疫义务，按照兽医主管部门的要求做好强制免疫工作。经强制免疫的动物，应当按照国务院兽医主管部门的规定建立免疫档案，加施畜禽标识，实施可追溯管理。

第十五条　县级以上人民政府应当建立健全动物疫情监测网络，加强动物疫情监测。国务院兽医主管部门应当制定国家动物疫病监测计划。省、自治区、直辖市人民政府兽医主管部门应当根据国家动物疫病监测计划，制定本行政区域的动物疫病监测计划。动物疫病预防控制机构应当按照国务院兽医主管部门的规定，对动物疫病的发生、流行等情况进行监测；从事动物饲养、屠宰、经营、隔离、运输以及动物产品生产、经营、加工、贮藏等活动的单位和个人不得拒绝或者阻碍。

第十六条　国务院兽医主管部门和省、自治区、直辖市人民政府兽医主管部门应当根据对动物疫病发生、流行趋势的预测，及时发出动物疫情预警。地方各级人民政府接到动物疫情预警后，应当采取相应的预防、控制措施。

第十七条　从事动物饲养、屠宰、经营、隔离、运输以及动物产品生产、经营、加工、贮藏等活动的单位和个人，应当依照本法和国务院兽医主管部门的规定，做好免疫、消毒等动物疫病预防工作。

第十八条　种用、乳用动物和宠物应当符合国务院兽医主管部门规定的健康标准。种用、乳用动物应当接受动物疫病预防控制机构的定期检测；检测不合格的，应当按照国务院兽医主管部门的规定予以处理。

第十九条　动物饲养场（养殖小区）和隔离场所，动物屠宰加工场所，以及动物和动物产品无害化处理场所，应当符合下列动物防疫条件：（一）场所的位置与居民生活区、生活饮用水源地、学校、医院等公共场所的距离符合国务院兽医主管部门规定的标准；（二）生产区封闭隔离，工程设计和工艺流程符合动物防疫要求；（三）有相应的污水、污物、病死动物、染疫动物产品的无害化处理设施设备和清洗消毒设施设备；（四）有为其服务的动物防疫技术人员；（五）有完善的动物防疫制度；（六）具备国务院兽医主管部门规定的其他动物防疫条件。

　　第二十条　兴办动物饲养场（养殖小区）和隔离场所，动物屠宰加工场所，以及动物和动物产品无害化处理场所，应当向县级以上地方人民政府兽医主管部门提出申请，并附具相关材料。受理申请的兽医主管部门应当依照本法和《中华人民共和国行政许可法》的规定进行审查。经审查合格的，发给动物防疫条件合格证；不合格的，应当通知申请人并说明理由。动物防疫条件合格证应当载明申请人的名称、场（厂）址等事项。经营动物、动物产品的集贸市场应当具备国务院兽医主管部门规定的动物防疫条件，并接受动物卫生监督机构的监督检查。

　　第二十一条　动物、动物产品的运载工具、垫料、包装物、容器等应当符合国务院兽医主管部门规定的动物防疫要求。染疫动物及其排泄物、染疫动物产品，病死或者死因不明的动物尸体，运载工具中的动物排泄物以及垫料、包装物、容器等污染物，应当按照国务院兽医主管部门的规定处理，不得随意处置。

　　第二十二条　采集、保存、运输动物病料或者病原微生物以及从事病原微生物研究、教学、检测、诊断等活动，应当遵守国家有关病原微生物实验室管理的规定。

　　第二十三条　患有人畜共患传染病的人员不得直接从事动物诊疗以及易感染动物的饲养、屠宰、经营、隔离、运输等活动。人畜共患传染病名录由国务院兽医主管部门会同国务院卫生主管部门制定并公布。

　　第二十四条　国家对动物疫病实行区域化管理，逐步建立无规定动物疫病区。无规定动物疫病区应当符合国务院兽医主管部门规定的标准，经国务院兽医主管部门验收合格予以公布。本法所称无规定动物疫病区，是指具有天然屏障或者采取人工措施，在一定期限内没有发生规定的一种或者几种动物疫病，并经验收合格的区域。

　　第二十五条　禁止屠宰、经营、运输下列动物和生产、经营、加工、贮藏、运输下列动物产品：（一）封锁疫区内与所发生动物疫病有关的；（二）疫区内易感染的；（三）依法应当检疫而未经检疫或者检疫不合格的；（四）染疫或者疑似染疫的；（五）病死或者死因不明的；（六）其他不符合国务院兽医主管部门有关动物防疫规定的。

第三章　动物疫情的报告、通报和公布

第二十六条　从事动物疫情监测、检验检疫、疫病研究与诊疗以及动物饲养、屠宰、经营、隔离、运输等活动的单位和个人，发现动物染疫或者疑似染疫的，应当立即向当地兽医主管部门、动物卫生监督机构或者动物疫病预防控制机构报告，并采取隔离等控制措施，防止动物疫情扩散。其他单位和个人发现动物染疫或者疑似染疫的，应当及时报告。接到动物疫情报告的单位，应当及时采取必要的控制处理措施，并按照国家规定的程序上报。

第二十七条　动物疫情由县级以上人民政府兽医主管部门认定；其中重大动物疫情由省、自治区、直辖市人民政府兽医主管部门认定，必要时报国务院兽医主管部门认定。

第二十八条　国务院兽医主管部门应当及时向国务院有关部门和军队有关部门以及省、自治区、直辖市人民政府兽医主管部门通报重大动物疫情的发生和处理情况；发生人畜共患传染病的，县级以上人民政府兽医主管部门与同级卫生主管部门应当及时相互通报。国务院兽医主管部门应当依照我国缔结或者参加的条约、协定，及时向有关国际组织或者贸易方通报重大动物疫情的发生和处理情况。

第二十九条　国务院兽医主管部门负责向社会及时公布全国动物疫情，也可以根据需要授权省、自治区、直辖市人民政府兽医主管部门公布本行政区域内的动物疫情。其他单位和个人不得发布动物疫情。

第三十条　任何单位和个人不得瞒报、谎报、迟报、漏报动物疫情，不得授意他人瞒报、谎报、迟报动物疫情，不得阻碍他人报告动物疫情。

第四章　动物疫病的控制和扑灭

第三十一条　发生一类动物疫病时，应当采取下列控制和扑灭措施：（一）当地县级以上地方人民政府兽医主管部门应当立即派人到现场，划定疫点、疫区、受威胁区，调查疫源，及时报请本级人民政府对疫区实行封锁。疫区范围涉及两个以上行政区域的，由有关行政区域共同的上一级人民政府对疫区实行封锁，或者由各有关行政区域的上一级人民政府共同对疫区实行封锁。必要时，上级人民政府可以责成下级人民政府对疫区实行封锁。（二）县级以上地方人民政府应当立即组织有关部门和单位采取封锁、隔离、扑杀、销毁、消毒、无害化处理、紧急免疫接种等强制性措施，迅速扑灭疫病。（三）在封锁期

间，禁止染疫、疑似染疫和易感染的动物、动物产品流出疫区，禁止非疫区的易感染动物进入疫区，并根据扑灭动物疫病的需要对出入疫区的人员、运输工具及有关物品采取消毒和其他限制性措施。

第三十二条　发生二类动物疫病时，应当采取下列控制和扑灭措施：（一）当地县级以上地方人民政府兽医主管部门应当划定疫点、疫区、受威胁区。（二）县级以上地方人民政府根据需要组织有关部门和单位采取隔离、扑杀、销毁、消毒、无害化处理、紧急免疫接种、限制易感染的动物和动物产品及有关物品出入等控制、扑灭措施。

第三十三条　疫点、疫区、受威胁区的撤销和疫区封锁的解除，按照国务院兽医主管部门规定的标准和程序评估后，由原决定机关决定并宣布。

第三十四条　发生三类动物疫病时，当地县级、乡级人民政府应当按照国务院兽医主管部门的规定组织防治和净化。

第三十五条　二、三类动物疫病呈暴发性流行时，按照一类动物疫病处理。

第三十六条　为控制、扑灭动物疫病，动物卫生监督机构应当派人在当地依法设立的现有检查站执行监督检查任务；必要时，经省、自治区、直辖市人民政府批准，可以设立临时性的动物卫生监督检查站，执行监督检查任务。

第三十七条　发生人畜共患传染病时，卫生主管部门应当组织对疫区易感染的人群进行监测，并采取相应的预防、控制措施。

第三十八条　疫区内有关单位和个人，应当遵守县级以上人民政府及其兽医主管部门依法作出的有关控制、扑灭动物疫病的规定。任何单位和个人不得藏匿、转移、盗掘已被依法隔离、封存、处理的动物和动物产品。

第三十九条　发生动物疫情时，航空、铁路、公路、水路等运输部门应当优先组织运送控制、扑灭疫病的人员和有关物资。

第四十条　一、二、三类动物疫病突然发生，迅速传播，给养殖业生产安全造成严重威胁、危害，以及可能对公众身体健康与生命安全造成危害，构成重大动物疫情的，依照法律和国务院的规定采取应急处理措施。

第五章　动物和动物产品的检疫

第四十一条　动物卫生监督机构依照本法和国务院兽医主管部门的规定对动物、动物产品实施检疫。动物卫生监督机构的官方兽医具体实施动物、动物产品检疫。官方兽医应当具备规定的资格条件，取得国务院兽医主管部门颁发的资格证书，具体办法由国务院兽医主管部门会同国务院人事行政部门制定。本法所称官方兽医，是指具备规定的资格条件并经兽医主管部门任命的，负责出具检疫等证明的国家兽医工作人员。

第四十二条 屠宰、出售或者运输动物以及出售或者运输动物产品前，货主应当按照国务院兽医主管部门的规定向当地动物卫生监督机构申报检疫。动物卫生监督机构接到检疫申报后，应当及时指派官方兽医对动物、动物产品实施现场检疫；检疫合格的，出具检疫证明、加施检疫标志。实施现场检疫的官方兽医应当在检疫证明、检疫标志上签字或者盖章，并对检疫结论负责。

第四十三条 屠宰、经营、运输以及参加展览、演出和比赛的动物，应当附有检疫证明；经营和运输的动物产品，应当附有检疫证明、检疫标志。对前款规定的动物、动物产品，动物卫生监督机构可以查验检疫证明、检疫标志，进行监督抽查，但不得重复检疫收费。

第四十四条 经铁路、公路、水路、航空运输动物和动物产品的，托运人托运时应当提供检疫证明；没有检疫证明的，承运人不得承运。运载工具在装载前和卸载后应当及时清洗、消毒。

第四十五条 输入到无规定动物疫病区的动物、动物产品，货主应当按照国务院兽医主管部门的规定向无规定动物疫病区所在地动物卫生监督机构申报检疫，经检疫合格的，方可进入；检疫所需费用纳入无规定动物疫病区所在地地方人民政府财政预算。

第四十六条 跨省、自治区、直辖市引进乳用动物、种用动物及其精液、胚胎、种蛋的，应当向输入地省、自治区、直辖市动物卫生监督机构申请办理审批手续，并依照本法第四十二条的规定取得检疫证明。跨省、自治区、直辖市引进的乳用动物、种用动物到达输入地后，货主应当按照国务院兽医主管部门的规定对引进的乳用动物、种用动物进行隔离观察。

第四十七条 人工捕获的可能传播动物疫病的野生动物，应当报经捕获地动物卫生监督机构检疫，经检疫合格的，方可饲养、经营和运输。

第四十八条 经检疫不合格的动物、动物产品，货主应当在动物卫生监督机构监督下按照国务院兽医主管部门的规定处理，处理费用由货主承担。

第四十九条 依法进行检疫需要收取费用的，其项目和标准由国务院财政部门、物价主管部门规定。

第六章 动 物 诊 疗

第五十条 从事动物诊疗活动的机构，应当具备下列条件：（一）有与动物诊疗活动相适应并符合动物防疫条件的场所；（二）有与动物诊疗活动相适应的执业兽医；（三）有与动物诊疗活动相适应的兽医器械和设备；（四）有完善的管理制度。

第五十一条　设立从事动物诊疗活动的机构，应当向县级以上地方人民政府兽医主管部门申请动物诊疗许可证。受理申请的兽医主管部门应当依照本法和《中华人民共和国行政许可法》的规定进行审查。经审查合格的，发给动物诊疗许可证；不合格的，应当通知申请人并说明理由。

第五十二条　动物诊疗许可证应当载明诊疗机构名称、诊疗活动范围、从业地点和法定代表人（负责人）等事项。动物诊疗许可证载明事项变更的，应当申请变更或者换发动物诊疗许可证。

第五十三条　动物诊疗机构应当按照国务院兽医主管部门的规定，做好诊疗活动中的卫生安全防护、消毒、隔离和诊疗废弃物处置等工作。

第五十四条　国家实行执业兽医资格考试制度。具有兽医相关专业大学专科以上学历的，可以申请参加执业兽医资格考试；考试合格的，由省、自治区、直辖市人民政府兽医主管部门颁发执业兽医资格证书；从事动物诊疗的，还应当向当地县级人民政府兽医主管部门申请注册。执业兽医资格考试和注册办法由国务院兽医主管部门商国务院人事行政部门制定。本法所称执业兽医，是指从事动物诊疗和动物保健等经营活动的兽医。

第五十五条　经注册的执业兽医，方可从事动物诊疗、开具兽药处方等活动。但是，本法第五十七条对乡村兽医服务人员另有规定的，从其规定。执业兽医、乡村兽医服务人员应当按照当地人民政府或者兽医主管部门的要求，参加预防、控制和扑灭动物疫病的活动。

第五十六条　从事动物诊疗活动，应当遵守有关动物诊疗的操作技术规范，使用符合国家规定的兽药和兽医器械。

第五十七条　乡村兽医服务人员可以在乡村从事动物诊疗服务活动，具体管理办法由国务院兽医主管部门制定。

第七章　监督管理

第五十八条　动物卫生监督机构依照本法规定，对动物饲养、屠宰、经营、隔离、运输以及动物产品生产、经营、加工、贮藏、运输等活动中的动物防疫实施监督管理。

第五十九条　动物卫生监督机构执行监督检查任务，可以采取下列措施，有关单位和个人不得拒绝或者阻碍：（一）对动物、动物产品按照规定采样、留验、抽检；（二）对染疫或者疑似染疫的动物、动物产品及相关物品进行隔离、查封、扣押和处理；（三）对依法应当检疫而未经检疫的动物实施补检；（四）对依法应当检疫而未经检疫的动物产品，具备补检条件的实施补检，不具备补检条件的予以没收销毁；（五）查验检疫证明、检疫标志和畜禽标识；（六）进入有关场所调查取证，查阅、复制与动物防疫有关的资料。动物卫生监督机构根据动物疫病预防、控制需要，经当地县级以上地方人民政府批准，可以在车站、港口、机场等相关场所派驻官方兽医。

第六十条　官方兽医执行动物防疫监督检查任务，应当出示行政执法证件，佩带统一标志。动物卫生监督机构及其工作人员不得从事与动物防疫有关的经营性活动，进行监督检查不得收取任何费用。

第六十一条　禁止转让、伪造或者变造检疫证明、检疫标志或者畜禽标识。检疫证明、检疫标志的管理办法，由国务院兽医主管部门制定。

第八章　保 障 措 施

第六十二条　县级以上人民政府应当将动物防疫纳入本级国民经济和社会发展规划及年度计划。

第六十三条　县级人民政府和乡级人民政府应当采取有效措施，加强村级防疫员队伍建设。县级人民政府兽医主管部门可以根据动物防疫工作需要，向乡、镇或者特定区域派驻兽医机构。

第六十四条　县级以上人民政府按照本级政府职责，将动物疫病预防、控制、扑灭、检疫和监督管理所需经费纳入本级财政预算。

第六十五条　县级以上人民政府应当储备动物疫情应急处理工作所需的防疫物资。

第六十六条　对在动物疫病预防和控制、扑灭过程中强制扑杀的动物、销毁的动物产品和相关物品，县级以上人民政府应当给予补偿。具体补偿标准和办法由国务院财政部门会同有关部门制定。因依法实施强制免疫造成动物应激死亡的，给予补偿。具体补偿标准和办法由国务院财政部门会同有关部门制定。

第六十七条　对从事动物疫病预防、检疫、监督检查、现场处理疫情以及在工作中接触动物疫病病原体的人员，有关单位应当按照国家规定采取有效的卫生防护措施和医疗保健措施。

第九章　法 律 责 任

第六十八条　地方各级人民政府及其工作人员未依照本法规定履行职责的，对直接负责的主管人员和其他直接责任人员依法给予处分。

第六十九条　县级以上人民政府兽医主管部门及其工作人员违反本法规定，有下列行为之一的，由本级人民政府责令改正，通报批评；对直接负责的主管人员和其他直接责任人员依法给予处分：（一）未及时采取预防、控制、扑灭等措施的；（二）对不符合条件的颁发动物防疫条件合格证、动物诊疗许可证，或者对符合条件的拒不颁发动物防疫条件合格证、动物诊疗许可证的；（三）其他未依照本法规定履行职责的行为。

第七十条　动物卫生监督机构及其工作人员违反本法规定，有下列行为之一的，由本级人民政府或者兽医主管部门责令改正，通报批评；对直接负责的主管人员和其他直接责任人员依法给予处分：（一）对未经现场检疫或者检疫不合格的动物、动物产品出具检疫证明、加施检疫标志，或者对检疫合格的动物、动物产品拒不出具检疫证明、加施检疫标志的；（二）对附有检疫证明、检疫标志的动物、动物产品重复检疫的；（三）从事与动物防疫有关的经营性活动，或者在国务院财政部门、物价主管部门规定外加收费用、重复收费的；（四）其他未依照本法规定履行职责的行为。

第七十一条　动物疫病预防控制机构及其工作人员违反本法规定，有下列行为之一的，由本级人民政府或者兽医主管部门责令改正，通报批评；对直接负责的主管人员和其他直接责任人员依法给予处分：（一）未履行动物疫病监测、检测职责或者伪造监测、检测结果的；（二）发生动物疫情时未及时进行诊断、调查的；（三）其他未依照本法规定履行职责的行为。

第七十二条　地方各级人民政府、有关部门及其工作人员瞒报、谎报、迟报、漏报或者授意他人瞒报、谎报、迟报动物疫情，或者阻碍他人报告动物疫情的，由上级人民政府或者有关部门责令改正，通报批评；对直接负责的主管人员和其他直接责任人员依法给予处分。

第七十三条　违反本法规定，有下列行为之一的，由动物卫生监督机构责令改正，给予警告；拒不改正的，由动物卫生监督机构代作处理，所需处理费用由违法行为人承担，可以处一千元以下罚款：（一）对饲养的动物不按照动物疫病强制免疫计划进行免疫接种的；（二）种用、乳用动物未经检测或者经检测不合格而不按照规定处理的；（三）动物、动物产品的运载工具在装载前和卸载后没有及时清洗、消毒的。

第七十四条　违反本法规定，对经强制免疫的动物未按照国务院兽医主管部门规定建立免疫档案、加施畜禽标识的，依照《中华人民共和国畜牧法》的有关规定处罚。

第七十五条　违反本法规定，不按照国务院兽医主管部门规定处置染疫动物及其排泄物，染疫动物产品，病死或者死因不明的动物尸体，运载工具中的动物排泄物以及垫料、包装物、容器等污染物以及其他经检疫不合格的动物、动物产品的，由动物卫生监督机构责令无害化处理，所需处理费用由违法行为人承担，可以处三千元以下罚款。

第七十六条　违反本法第二十五条规定，屠宰、经营、运输动物或者生产、经营、加工、贮藏、运输动物产品的，由动物卫生监督机构责令改正、采取补救措施，没收违法所得和动物、动物产品，并处同类检疫合格动物、动物产品货值金额一倍以上五倍以下罚款；其中依法应当检疫而未检疫的，依照本法第七十八条的规定处罚。

第七十七条　违反本法规定，有下列行为之一的，由动物卫生监督机构责令改正，处一千元以上一万元以下罚款；情节严重的，处一万元以上十万元以下罚款：（一）兴办动物饲养场（养殖小区）和隔离场所，动物屠宰加工场所，以及动物和动物产品无害化处理场所，未取得动物防疫条件合格证的；（二）未办理审批手续，跨省、自治区、直辖市引进乳用动物、种用动物及其精液、胚胎、种蛋的；（三）未经检疫，向无规定动物疫病区输入动物、动物产品的。

第七十八条　违反本法规定，屠宰、经营、运输的动物未附有检疫证明，经营和运输的动物产品未附有检疫证明、检疫标志的，由动物卫生监督机构责令改正，处同类检疫合格动物、动物产品货值金额百分之十以上百分之五十以下罚款；对货主以外的承运人处运输费用一倍以上三倍以下罚款。违反本法规定，参加展览、演出和比赛的动物未附有检疫证明的，由动物卫生监督机构责令改正，处一千元以上三千元以下罚款。

第七十九条　违反本法规定，转让、伪造或者变造检疫证明、检疫标志或者畜禽标识的，由动物卫生监督机构没收违法所得，收缴检疫证明、检疫标志或者畜禽标识，并处三千元以上三万元以下罚款。

第八十条　违反本法规定，有下列行为之一的，由动物卫生监督机构责令改正，处一千元以上一万元以下罚款：（一）不遵守县级以上人民政府及其兽医主管部门依法作出的有关控制、扑灭动物疫病规定的；（二）藏匿、转移、盗掘已被依法隔离、封存、处理的动物和动物产品的；（三）发布动物疫情的。

第八十一条　违反本法规定，未取得动物诊疗许可证从事动物诊疗活动的，由动物卫生监督机构责令停止诊疗活动，没收违法所得；违法所得在三万元以上的，并处违法所得一倍以上三倍以下罚款；没有违法所得或者违法所得不足三万元的，并处三千元以上三万元以下罚款。动物诊疗机构违反本法规定，造成动物疫病扩散的，由动物卫生监督机构责令改正，处一万元以上五万元以下罚款；情节严重的，由发证机关吊销动物诊疗许可证。

第八十二条　违反本法规定，未经兽医执业注册从事动物诊疗活动的，由动物卫生监督机构责令停止动物诊疗活动，没收违法所得，并处一千元以上一万元以下罚款。执业兽医有下列行为之一的，由动物卫生监督机构给予警告，责令暂停六个月以上一年以下动物诊疗活动；情节严重的，由发证机关吊销注册证书：（一）违反有关动物诊疗的操作技术规范，造成或者可能造成动物疫病传播、流行的；（二）使用不符合国家规定的兽药和兽医器械的；（三）不按照当地人民政府或者兽医主管部门要求参加动物疫病预防、控制和扑灭活动的。

第八十三条　违反本法规定，从事动物疫病研究与诊疗和动物饲养、屠宰、经营、隔离、运输，以及动物产品生产、经营、加工、贮藏等活动的单位和个人，有下列行为之一的，由动物卫生监督机构责令改正；拒不改正的，对违法行为单位处一千元以上一万元以下罚款，对违法行为个人可以处五百元以下罚款：（一）不履行动物疫情报告义务的；（二）不如实提供与动物防疫活动有关资料的；（三）拒绝动物卫生监督机构进行监督检查的；（四）拒绝动物疫病预防控制机构进行动物疫病监测、检测的。

第八十四条　违反本法规定，构成犯罪的，依法追究刑事责任。违反本法规定，导致动物疫病传播、流行等，给他人人身、财产造成损害的，依法承担民事责任。

第十章　附　　则

第八十五条　本法自 2008 年 1 月 1 日起施行。

六、中华人民共和国传染病防治法实施办法

总　　则

第一条　根据《中华人民共和国传染病防治法》（以下简称《传染病防治法》）的规定，制定本办法。

第二条　国家对传染病实行预防为主的方针，各级政府在制定社会经济发展规划时，必须包括传染病防治目标，并组织有关部门共同实施。

第三条　各级政府卫生行政部门对传染病防治工作实施统一监督管理。

受国务院卫生行政部门委托的其他有关部门卫生主管机构，在本系统内行使《传染病防治法》第三十二条第一款所列职权。

军队的传染病防治工作，依照《传染病防治法》和本办法中的有关规定以及国家其他有关规定，由中国人民解放军卫生主管部门实施监督管理。

第四条 各级各类卫生防疫机构按照专业分工承担传染病监测管理的责任和范围，由省级政府卫生行政部门确定。

铁路、交通、民航、厂（场）矿的卫生防疫机构，承担本系统传染病监测管理工作，并接受本系统上级卫生主管机构和省级政府卫生行政部门指定的卫生防疫机构的业务指导。

第五条 各级各类医疗保健机构承担传染病防治管理的责任和范围，由当地政府卫生行政部门确定。

第六条 各级政府对预防、控制传染病做出显著成绩和贡献的单位和个人，应当给予奖励。

预　防

第七条 各级政府应当组织有关部门，开展传染病预防知识和防治措施的卫生健康教育。

第八条 各级政府组织开展爱国卫生活动。

铁路、交通、民航部门负责组织消除交通工具的鼠害和各种病媒昆虫的危害。

农业、林业部门负责组织消除农田、牧场及林区的鼠害。

国务院各有关部委消除钉螺危害的分工，按照国务院的有关规定办理。

第九条 集中式供水必须符合国家《生活饮用水卫生标准》。

各单位自备水源，未经城市建设部门和卫生行政部门批准，不得与城镇集中式供水系统连接。

第十条 地方各级政府应当有计划地建设和改造公共卫生设施。

城市应当按照城市环境卫生设施标准修建公共厕所、垃圾粪便的无害化处理场和污水、雨水排放处理系统等公共卫生设施。

农村应当逐步改造厕所，对粪便进行无害化处理，加强对公共生活用水的卫生管理，建立必要的卫生管理制度。饮用水水源附近禁止有污水池、粪堆（坑）等污染源。禁止在饮用水水源附近洗刷便器和运输粪便的工具。

第十一条 国家实行有计划的预防接种制度。

中华人民共和国境内的任何人均应按照有关规定接受预防接种。

各省、自治区、直辖市政府卫生行政部门可以根据当地传染病的流行情况，增加预防接种项目。

第十二条 国家对儿童实行预防接种证制度。

适龄儿童应当按照国家有关规定，接受预防接种。适龄儿童的家长或者监护人应当及时向医疗保健机构申请办理预防接种证。

托幼机构、学校在办理入托、入学手续时，应当查验预防接种证，未按规定接种的儿童应当及时补种。

第十三条 各级各类医疗保健机构的预防保健组织或者人员，在本单位及责任地段内承担下列工作：

（一）传染病疫情报告和管理；

（二）传染病预防和控制工作；

（三）卫生行政部门指定的卫生防疫机构交付的传染病防治和监测任务。

第十四条 医疗保健机构必须按照国务院卫生行政部门的有关规定，严格执行消毒隔离制度，防止医院内感染和医源性感染。

第十五条 卫生防疫机构和从事致病性微生物实验的科研、教学、生产等单位必须做到：

（一）建立健全防止致病性微生物扩散的制度和人体防护措施；

（二）严格执行实验操作规程，对实验后的样品、器材、污染物品等，按照有关规定严格消毒后处理；

（三）实验动物必须按照国家有关规定进行管理。

第十六条 传染病的菌（毒）种分为下列 3 类：

一类：鼠疫耶尔森氏菌、霍乱弧菌；天花病毒、艾滋病病毒；

二类：布氏菌、炭疽菌、麻风杆菌；肝炎病毒、狂犬病毒、出血热病毒、登革热病毒；斑疹伤寒立克次体；

三类：脑膜炎双球菌、链球菌、淋病双球菌、结核杆菌、百日咳嗜血杆菌、白喉棒状杆菌、沙门氏菌、志贺氏菌、破伤风梭状杆菌；钩端螺旋体、梅毒螺旋体；乙型脑炎病毒、脊髓灰质炎病毒、流感病毒、流行性腮腺炎病毒、麻疹病毒、风疹病毒。

国务院卫生行政部门可以根据情况增加或者减少菌（毒）种的种类。

第十七条 国家对传染病菌（毒）种的保藏、携带、运输实行严格管理：

（一）菌（毒）种的保藏由国务院卫生行政部门指定的单位负责。

（二）一、二类菌（毒）种的供应由国务院卫生行政部门指定的保藏管理单位供应。三类菌（毒）种由设有专业实验室的单位或者国务院卫生行政部门指定的保藏管理单位供应。

（三）使用一类菌（毒）种的单位，必须经国务院卫生行政部门批准；使用二类菌（毒）种的单位必须经省级政府卫生行政部门批准；使用三类菌（毒）种的单位，应当经县级政府卫生行政部门批准。

（四）一、二类菌（毒）种，应派专人向供应单位领取，不得邮寄；三类菌（毒）种的邮寄必须持有邮寄单位的证明，并按照菌（毒）种邮寄与包装的有关规定办理。

第十八条 对患有下列传染病的病人或者病原携带者予以必要的隔离治疗，直至医疗保健机构证明其不具有传染性时，方可恢复工作：

（一）鼠疫、霍乱；

（二）艾滋病、病毒性肝炎、细菌性和阿米巴痢疾、伤寒和副伤寒、炭疽、斑疹伤寒、麻疹、百日咳、白喉、脊髓灰质炎、流行性脑脊髓膜炎、猩红热、流行性出血热、登革热、淋病、梅毒；

（三）肺结核、麻风病、流行性腮腺炎、风疹、急性出血性结膜炎。

第十九条 从事饮水、饮食、整容、保育等易使传染病扩散工作的从业人员，必须按照国家有关规定取得健康合格证后方可上岗。

第二十条 招用流动人员200人以上的用工单位，应当向当地政府卫生行政部门指定的卫生防疫机构报告，并按照要求采取预防控制传染病的卫生措施。

第二十一条 被甲类传染病病原体污染的污水、污物、粪便，有关单位和个人必须在卫生防疫人员的指导监督下，按照下列要求进行处理：

（一）被鼠疫病原体污染

1. 被污染的室内空气、地面、四壁必须进行严格消毒，被污染的物品必须严格消毒或者焚烧处理；

2. 彻底消除鼠疫疫区内的鼠类、蚤类；发现病鼠、死鼠应当送检：解剖检验后的鼠尸必须焚化；

3. 疫区内啮齿类动物的皮毛不能就地进行有效的消毒处理时，必须在卫生防疫机构的监督下焚烧。

（二）被霍乱病原体污染

1. 被污染的饮用水，必须进行严格消毒处理；

2. 污水经消毒处理后排放；

3. 被污染的食物要就地封存，消毒处理；

4. 粪便消毒处理达到无害化；

5. 被污染的物品，必须进行严格消毒或者焚烧处理。

第二十二条 被伤寒和副伤寒、细菌性痢疾、脊髓灰质炎、病毒性肝炎病原体污染的水、物品、粪便，有关单位和个人应当按照下列要求进行处理：

（一）被污染的饮用水，应当进行严格消毒处理；

（二）污水经消毒处理后排放；

（三）被污染的物品，应当进行严格消毒处理或者焚烧处理；

（四）粪便消毒处理达到无害化。

死于炭疽的动物尸体必须就地焚化，被污染的用具必须消毒处理，被污染的土地、草皮消毒后，必须将 10 厘米厚的表层土铲除，并在远离水源及河流的地方深埋。

第二十三条　出售、运输被传染病病原体污染或者来自疫区可能被传染病病原体污染的皮毛、旧衣物及生活用品等，必须按照卫生防疫机构的要求进行必要的卫生处理。

第二十四条　用于预防传染病的菌苗、疫苗等生物制品，由各省、自治区、直辖市卫生防疫机构统一向生物制品生产单位订购，其他任何单位和个人不得经营。

用于预防传染病的菌苗、疫苗等生物制品必须在卫生防疫机构监督指导下使用。

第二十五条　凡从事可能导致经血液传播传染病的美容、整容等单位和个人，必须执行国务院卫生行政部门的有关规定。

第二十六条　血站（库）、生物制品生产单位，必须严格执行国务院卫生行政部门的有关规定，保证血液、血液制品的质量，防止因输入血液、血液制品引起病毒性肝炎、艾滋病、疟疾等疾病的发生。任何单位和个人不准使用国务院卫生行政部门禁止进口的血液和血液制品。

第二十七条　生产、经营、使用消毒药剂和消毒器械、卫生用品、卫生材料、一次性医疗器材、隐形眼镜、人造器官等必须符合国家有关标准，不符合国家有关标准的不得生产、经营和使用。

第二十八条　发现人畜共患传染病已在人、畜间流行时，卫生行政部门与畜牧兽医部门应当深入疫区，按照职责分别对人、畜开展防治工作。

传染病流行区的家畜家禽，未经畜牧兽医部门检疫不得外运。

进入鼠疫自然疫源地捕猎旱獭应按照国家有关规定执行。

第二十九条　狂犬病的防治管理工作按照下列规定分工负责：

（一）公安部门负责县以上城市养犬的审批与违章养犬的处理，捕杀狂犬、野犬。

（二）畜牧兽医部门负责兽用狂犬病疫苗的研制、生产和供应；对城乡经批准的养犬进行预防接种、登记和发放"家犬免疫证"；对犬类狂犬病的疫情进行监测和负责进出口犬类的检疫、免疫及管理。

（三）乡（镇）政府负责辖区内养犬的管理，捕杀狂犬、野犬。

（四）卫生部门负责人用狂犬病疫苗的供应、接种和病人的诊治。

第三十条 自然疫源地或者可能是自然疫源地的地区计划兴建大型建设项目时，建设单位在设计任务书批准后，应当向当地卫生防疫机构申请对施工环境进行卫生调查，并根据卫生防疫机构的意见采取必要的卫生防疫措施后，方可办理开工手续。

兴建城市规划内的建设项目，属于在自然疫源地和可能是自然疫源地范围内的，城市规划主管部门在核发建设工程规划许可证明中，必须有卫生防疫部门提出的有关意见及结论。建设单位在施工过程中，必须采取预防传染病传播和扩散的措施。

第三十一条 卫生防疫机构接到在自然疫源地和可能是自然疫源地范围内兴办大型建设项目的建设单位的卫生调查申请后，应当及时组成调查组到现场进行调查，并提出该地区自然环境中可能存在的传染病病种、流行范围、流行强度及预防措施等意见和结论。

第三十二条 在自然疫源地或者可能是自然疫源地内施工的建设单位，应当设立预防保健组织负责施工期间的卫生防疫工作。

第三十三条 凡在生产、工作中接触传染病病原体的工作人员，可以按照国家有关规定申领卫生防疫津贴。

疫 情 报 告

第三十四条 执行职务的医疗保健人员、卫生防疫人员为责任疫情报告人。

责任疫情报告人应当按照本办法第三十五条规定的时限向卫生行政部门指定的卫生防疫机构报告疫情，并做疫情登记。

第三十五条 责任疫情报告人发现甲类传染病和乙类传染病中的艾滋病、肺炭疽的病人、病原携带者和疑似传染病病人时，城镇于6小时内，农村于12小时内，以最快的通讯方式向发病地的卫生防疫机构报告，并同时报出传染病报告卡。

责任疫情报告人发现乙类传染病病人、病原携带者和疑似传染病病人时，城镇于12小时内，农村于24小时内向发病地的卫生防疫机构报出传染病报告卡。

责任疫情报告人在丙类传染病监测区内发现丙类传染病病人时，应当在24小时内向发病地的卫生防疫机构报出传染病报告卡。

第三十六条 传染病暴发、流行时，责任疫情报告人应当以最快的通讯方式向当地卫生防疫机构报告疫情。接到疫情报告的卫生防疫机构应当以最快的通讯方式报告上级卫生防疫机构和当地政府卫生行政部门，卫生行政部门接到报告后，应当立即报告当地政府。

省级政府卫生行政部门接到发现甲类传染病和发生传染病暴发、流行的报告后，应当于6小时内报告国务院卫生行政部门。

第三十七条 流动人员中的传染病病人、病原携带者和疑似传染病病人的传染病报告、处理由诊治地负责，其疫情登记、统计由户口所在地负责。

第三十八条 铁路、交通、民航、厂（场）矿的卫生防疫机构，应当定期向所在地卫生行政部门指定的卫生防疫机构报告疫情。

第三十九条 军队的传染病疫情，由中国人民解放军卫生主管部门根据军队有关规定向国务院卫生行政部门报告。

军队的医疗保健和卫生防疫机构，发现地方就诊的传染病病人、病原携带者、疑似传染病病人时，应当按照本办法第三十五条的规定报告疫情，并接受当地卫生防疫机构的业务指导。

第四十条 国境口岸所在地卫生行政部门指定的卫生防疫机构和港口、机场、铁路卫生防疫机构和国境卫生检疫机关在发现国境卫生检疫法规定的检疫传染病时，应当互相通报疫情。

发现人畜共患传染病时，卫生防疫机构和畜牧兽医部门应当互相通报疫情。

第四十一条 各级政府卫生行政部门指定的卫生防疫机构应当对辖区内各类医疗保健机构的疫情登记报告和管理情况定期进行核实、检查、指导。

第四十二条 传染病报告卡片邮寄信封应当印有明显的"红十字"标志及写明××卫生防疫机构收的字样。

邮电部门应当及时传递疫情报告的电话或者信卡，并实行邮资总付。

第四十三条 医务人员未经县级以上政府卫生行政部门批准，不得将就诊的淋病、梅毒、麻风病、艾滋病病人和艾滋病病原携带者及其家属的姓名、住址和个人病史公开。

控　　制

第四十四条 卫生防疫机构和医疗保健机构传染病的疫情处理实行分级分工管理。

第四十五条 艾滋病的监测管理按照国务院有关规定执行。

第四十六条 淋病、梅毒病人应当在医疗保健机构、卫生防疫机构接受治疗。尚未治愈前，不得进入公共浴池、游泳池。

第四十七条　医疗保健机构或者卫生防疫机构在诊治中发现甲类传染病的疑似病人，应当在二日内作出明确诊断。

第四十八条　甲类传染病病人和病原携带者以及乙类传染病中的艾滋病、淋病、梅毒病人的密切接触者必须按照有关规定接受检疫、医学检查和防治措施。

前款以外的乙类传染病病人及病原携带者的密切接触者，应当接受医学检查和防治措施。

第四十九条　甲类传染病疑似病人或者病原携带者的密切接触者，经留验排除是病人或者病原携带者后，留验期间的工资福利待遇由所属单位按出勤照发。

第五十条　发现甲类传染病病人、病原携带者或者疑似病人的污染场所，卫生防疫机构接到疫情报告后，应立即进行严格的卫生处理。

第五十一条　地方各级政府卫生行政部门发现本地区发生从未有过的传染病或者国家已宣布消除的传染病时，应当立即采取措施，必要时，向当地政府报告。

第五十二条　在传染病暴发、流行区域，当地政府应当根据传染病疫情控制的需要，组织卫生、医药、公安、工商、交通、水利、城建、农业、商业、民政、邮电、广播电视等部门采取下列预防、控制措施：

（一）对病人进行抢救、隔离治疗；

（二）加强粪便管理，清除垃圾、污物；

（三）加强自来水和其他饮用水的管理，保护饮用水源；

（四）消除病媒昆虫、钉螺、鼠类及其他染疫动物；

（五）加强易使传染病传播扩散活动的卫生管理；

（六）开展防病知识的宣传；

（七）组织对传染病病人、病原携带者、染疫动物密切接触人群的检疫、预防服药、应急接种等；

（八）供应用于预防和控制疫情所必需的药品、生物制品、消毒药品、器械等；

（九）保证居民生活必需品的供应。

第五十三条　县级以上政府接到下一级政府关于采取《传染病防治法》第二十五条规定的紧急措施报告时，应当在二十四小时内做出决定。下一级政府在上一级政府作出决定前，必要时，可以临时采取《传染病防治法》第二十五条第一款第（一）、（四）项紧急措施，但不得超过二十四小时。

第五十四条 撤销采取《传染病防治法》第二十五条紧急措施的条件是：

（一）甲类传染病病人、病原携带者全部治愈，乙类传染病病人、病原携带者得到有效的隔离治疗；病人尸体得到严格消毒处理；

（二）污染的物品及环境已经过消毒等卫生处理；有关病媒昆虫、染疫动物基本消除；

（三）暴发、流行的传染病病种，经过最长潜伏期后，未发现新的传染病病人，疫情得到有效的控制。

第五十五条 因患鼠疫、霍乱和炭疽病死亡的病人尸体，由治疗病人的医疗单位负责消毒处理，处理后应当立即火化。

患病毒性肝炎、伤寒和副伤寒、艾滋病、白喉、炭疽、脊髓灰质炎死亡的病人尸体，由治疗病人的医疗单位或者当地卫生防疫机构消毒处理后火化。

不具备火化条件的农村、边远地区，由治疗病人的医疗单位或者当地卫生防疫机构负责消毒后，可选远离居民点500米以外、远离饮用水源50米以外的地方，将尸体在距地面两米以下深埋。

民族自治地方执行前款的规定，依照《传染病防治法》第二十八条第三款的规定办理。

第五十六条 医疗保健机构、卫生防疫机构经县级以上政府卫生行政部门的批准可以对传染病病人尸体或者疑似传染病病人的尸体进行解剖查验。

第五十七条 卫生防疫机构处理传染病疫情的人员，可以凭当地政府卫生行政部门出具的处理疫情证明及有效的身份证明，优先在铁路、交通、民航部门购票，铁路、交通、民航部门应当保证售给最近1次通往目的地的车、船、机票。

交付运输的处理疫情的物品应当有明显标志，铁路、交通、民航部门应当保证用最快通往目的地的交通工具运出。

第五十八条 用于传染病监督控制的车辆，其标志由国务院卫生行政部门会同有关部门统一制定。任何单位和个人不得阻拦依法执行处理疫情任务的车辆和人员。

监 督

第五十九条 地方各级政府卫生行政部门、卫生防疫机构和受国务院卫生行政部门委托的其他有关部门卫生主管机构推荐的传染病管理监督员，由省级以上政府卫生行政部门聘任并发给证件。

省级政府卫生行政部门聘任的传染病管理监督员，报国务院卫生行政部门备案。

第六十条 传染病管理监督员执行下列任务：

（一）监督检查《传染病防治法》及本办法的执行情况；

（二）进行现场调查，包括采集必需的标本及查阅、索取、翻印复制必要的文字、图片、声象资料等，并根据调查情况写出书面报告；

（三）对违法单位或者个人提出处罚建议；

（四）执行卫生行政部门或者其他有关部门卫生主管机构交付的任务；

（五）及时提出预防和控制传染病措施的建议。

第六十一条 各级各类医疗保健机构内设立的传染病管理检查员，由本单位推荐，经县级以上政府卫生行政部门或受国务院卫生行政部门委托的其他部门卫生主管机构批准并发给证件。

第六十二条 传染病管理检查员执行下列任务：

（一）宣传《传染病防治法》及本办法，检查本单位和责任地段的传染病防治措施的实施和疫情报告执行情况；

（二）对本单位和责任地段的传染病防治工作进行技术指导；

（三）执行卫生行政部门和卫生防疫机构对本单位及责任地段提出的改进传染病防治管理工作的意见；

（四）定期向卫生行政部门指定的卫生防疫机构汇报工作情况遇到紧急情况及时报告。

第六十三条 传染病管理监督员、传染病管理检查员执行任务时，有关单位和个人必须给予协助。

第六十四条 传染病管理监督员的解聘和传染病管理检查员资格的取消，由原发证机关决定，并通知其所在单位和个人。

第六十五条 县级以上政府卫生行政部门和受国务院卫生行政部门委托的部门，可以成立传染病技术鉴定组织。

罚 则

第六十六条 有下列行为之一的，由县级以上政府卫生行政部门责令限期改正，可以处5000元以下的罚款；情节较严重的，可以处5000元以上2万元以下的罚款，对主管人员和直接责任人员由其所在单位或者上级机关给予行政处分：

（一）集中式供水单位供应的饮用水不符合国家规定的《生活饮用水卫生标准》的；

（二）单位自备水源未经批准与城镇供水系统连接的；

（三）未按城市环境卫生设施标准修建公共卫生设施致使垃圾、粪便、污水

不能进行无害化处理的;

（四）对被传染病病原体污染的污水、污物、粪便不按规定进行消毒处理的;

（五）对被甲类和乙类传染病病人、病原携带者、疑似传染病病人污染的场所、物品未按照卫生防疫机构的要求实施必要的卫生处理的;

（六）造成传染病的医源性感染、医院内感染、实验室感染和致病性微生物扩散的;

（七）生产、经营、使用消毒药剂和消毒器械、卫生用品、卫生材料、一次性医疗器材、隐形眼镜、人造器官等不符合国家卫生标准，可能造成传染病的传播、扩散或者造成传染病的传播、扩散的;

（八）准许或者纵容传染病病人、病原携带者和疑似传染病病人，从事国务院卫生行政部门规定禁止从事的易使该传染病扩散的工作的;

（九）传染病病人、病原携带者故意传播传染病，造成他人感染的;

（十）甲类传染病病人、病原携带者或者疑似传染病病人，乙类传染病中艾滋病、肺炭疽病人拒绝进行隔离治疗的;

（十一）招用流动人员的用工单位，未向卫生防疫机构报告并未采取卫生措施，造成传染病传播、流行的;

（十二）违章养犬或者拒绝、阻挠捕杀违章犬，造成咬伤他人或者导致人群中发生狂犬病的。

前款所称情节较严重的，是指下列情形之一:

（一）造成甲类传染病、艾滋病、肺炭疽传播危险的;

（二）造成除艾滋病、肺炭疽之外的乙、丙类传染病暴发、流行的;

（三）造成传染病菌（毒）种扩散的;

（四）造成病人残疾、死亡的;

（五）拒绝执行《传染病防治法》及本办法的规定，屡经教育仍继续违法的。

第六十七条　在自然疫源地和可能是自然疫源地的地区兴建大型建设项目未经卫生调查即进行施工的，由县级以上政府卫生行政部门责令限期改正，可以处 2000 元以上 2 万元以下的罚款。

第六十八条　单位和个人出售、运输被传染病病原体污染和来自疫区可能被传染病病原体污染的皮毛、旧衣物及生活用品的，由县级以上政府卫生行政部门责令限期进行卫生处理，可以处出售金额 1 倍以下的罚款;造成传染病流行的，根据情节，可以处相当出售金额 3 倍以下的罚款，危害严重，出售金额不满2000元的，以2000元计算；对主管人员和直接责任人员由所在单位或者上级机关给予行政处分。

第六十九条 单位和个人非法经营、出售用于预防传染病菌苗、疫苗等生物制品的，县级以上政府卫生行政部门可以处相当出售金额3倍以下的罚款，危害严重，出售金额不满5000元的，以5000元计算；对主管人员和直接责任人员由所在单位或者上级机关根据情节，可以给予行政处分。

第七十条 有下列行为之一的单位和个人，县级以上政府卫生行政部门报请同级政府批准，对单位予以通报批评；对主管人员和直接责任人员由所在单位或者上级机关给予行政处分：

（一）传染病暴发、流行时，妨碍或者拒绝执行政府采取紧急措施的；

（二）传染病暴发、流行时，医疗保健人员、卫生防疫人员拒绝执行各级政府卫生行政部门调集其参加控制疫情的决定的；

（三）对控制传染病暴发、流行负有责任的部门拒绝执行政府有关控制疫情决定的；

（四）无故阻止和拦截依法执行处理疫情任务的车辆和人员的。

第七十一条 执行职务的医疗保健人员、卫生防疫人员和责任单位，不报、漏报、迟报传染病疫情的，由县级以上政府卫生行政部门责令限期改正，对主管人员和直接责任人员由其所在单位或者上级机关根据情节，可以给予行政处分。

个体行医人员在执行职务时，不报、漏报、迟报传染病疫情的，由县级以上政府卫生行政部门责令限期改正，限期内不改的，可以处100元以上500元以下罚款；对造成传染病传播流行的，可以处200元以上2000元以下罚款。

第七十二条 县级政府卫生行政部门可以作出处1万元以下罚款的决定；决定处1万元以上罚款的，须报上一级政府卫生行政部门批准。

受国务院卫生行政部门委托的有关部门卫生主管机构可以作出处2000元以下罚款的决定；决定处2000元以上罚款的，须报当地县级以上政府卫生行政部门批准。

县级以上政府卫生行政部门在收取罚款时，应当出具正式的罚款收据。罚款全部上缴国库。

附　　则

第七十三条 《传染病防治法》及本办法的用语含义如下：

传染病病人、疑似传染病病人：指根据国务院卫生行政部门发布的《中华人民共和国传染病防治法规定管理的传染病诊断标准》，符合传染病病人和疑似传染病病人诊断标准的人。

病原携带者：指感染病原体无临床症状但能排出病原体的人。

暴发：指在 1 个局部地区，短期内，突然发生多例同 1 种传染病病人。

流行：指 1 个地区某种传染病发病率显著超过该病历年的一般发病率水平。

重大传染病疫情：指《传染病防治法》第二十五条所称的传染病的暴发、流行。

传染病监测：指对人群传染病的发生、流行及影响因素进行有计划地、系统地长期观察。

疫区：指传染病在人群中暴发或者流行，其病原体向周围传播时可能波及的地区。

人畜共患传染病：指鼠疫、流行性出血热、狂犬病、钩端螺旋体病、布鲁氏菌病、炭疽、流行性乙型脑炎、黑热病、包虫病、血吸虫病。

自然疫源地：指某些传染病的病原体在自然界的野生动物中长期保存并造成动物间流行的地区。

可能是自然疫源地：指在自然界中具有自然疫源性疾病存在的传染源和传播媒介，但尚未查明的地区。

医源性感染：指在医学服务中，因病原体传播引起的感染。

医院内感染：指就诊患者在医疗保健机构内受到的感染。

实验室感染：指从事实验室工作时，因接触病原体所致的感染。

消毒：指用化学、物理、生物的方法杀灭或者消除环境中的致病性微生物。

卫生处理：指消毒、杀虫、灭鼠等卫生措施以及隔离、留验、就地检验等医学措施。

卫生防疫机构：指卫生防疫站、结核病防治研究所（院）、寄生虫病防治研究所（站）、血吸虫病防治研究所（站）、皮肤病性病防治研究所（站）、地方病防治研究所（站）、鼠疫防治站（所）、乡镇预防保健站（所）及与上述机构专业相同的单位。

医疗保健机构：指医院、卫生院（所）、门诊部（所）、疗养院（所）、妇幼保健院（站）及与上述机构业务活动相同的单位。

第七十四条　省、自治区、直辖市政府可以根据《传染病防治法》和本办法制定实施细则。

第七十五条　本办法由国务院卫生行政部门负责解释。

第七十六条　本办法自发布之日起施行。

七、国家突发公共事件总体应急预案

(2006 年 1 月 8 日国务院颁布)

1 总 则

1.1 编制目的

提高政府保障公共安全和处置突发公共事件的能力，最大程度地预防和减少突发公共事件及其造成的损害，保障公众的生命财产安全，维护国家安全和社会稳定，促进经济社会全面、协调、可持续发展。

1.2 编制依据

依据宪法及有关法律、行政法规，制定本预案。

1.3 分类分级

本预案所称突发公共事件是指突然发生，造成或者可能造成重大人员伤亡、财产损失、生态环境破坏和严重社会危害，危及公共安全的紧急事件。

根据突发公共事件的发生过程、性质和机理，突发公共事件主要分为以下四类：

（1）自然灾害。主要包括水旱灾害，气象灾害，地震灾害，地质灾害，海洋灾害，生物灾害和森林草原火灾等。

（2）事故灾难。主要包括工矿商贸等企业的各类安全事故，交通运输事故，公共设施和设备事故，环境污染和生态破坏事件等。

（3）公共卫生事件。主要包括传染病疫情，群体性不明原因疾病，食品安全和职业危害，动物疫情，以及其他严重影响公众健康和生命安全的事件。

（4）社会安全事件。主要包括恐怖袭击事件，经济安全事件和涉外突发事件等。

各类突发公共事件按照其性质、严重程度、可控性和影响范围等因素，一般分为四级：Ⅰ级（特别重大）、Ⅱ级（重大）、Ⅲ级（较大）和Ⅳ级（一般）。

1.4 适用范围

本预案适用于涉及跨省级行政区划的，或超出事发地省级人民政府处置能力的特别重大突发公共事件应对工作。

本预案指导全国的突发公共事件应对工作。

1.5 工作原则

（1）以人为本，减少危害。切实履行政府的社会管理和公共服务职能，把保障公众健康和生命财产安全作为首要任务，最大程度地减少突发公共事件及其造成的人员伤亡和危害。

（2）居安思危，预防为主。高度重视公共安全工作，常抓不懈，防患于未然。增强忧患意识，坚持预防与应急相结合，常态与非常态相结合，做好应对突发公共事件的各项准备工作。

（3）统一领导，分级负责。在党中央、国务院的统一领导下，建立健全分类管理、分级负责，条块结合、属地管理为主的应急管理体制，在各级党委领导下，实行行政领导责任制，充分发挥专业应急指挥机构的作用。

（4）依法规范，加强管理。依据有关法律和行政法规，加强应急管理，维护公众的合法权益，使应对突发公共事件的工作规范化、制度化、法制化。

（5）快速反应，协同应对。加强以属地管理为主的应急处置队伍建设，建立联动协调制度，充分动员和发挥乡镇、社区、企事业单位、社会团体和志愿者队伍的作用，依靠公众力量，形成统一指挥、反应灵敏、功能齐全、协调有序、运转高效的应急管理机制。

（6）依靠科技，提高素质。加强公共安全科学研究和技术开发，采用先进的监测、预测、预警、预防和应急处置技术及设施，充分发挥专家队伍和专业人员的作用，提高应对突发公共事件的科技水平和指挥能力，避免发生次生、衍生事件；加强宣传和培训教育工作，提高公众自救、互救和应对各类突发公共事件的综合素质。

1.6　应急预案体系

全国突发公共事件应急预案体系包括：

（1）突发公共事件总体应急预案。总体应急预案是全国应急预案体系的总纲，是国务院应对特别重大突发公共事件的规范性文件。

（2）突发公共事件专项应急预案。专项应急预案主要是国务院及其有关部门为应对某一类型或某几种类型突发公共事件而制定的应急预案。

（3）突发公共事件部门应急预案。部门应急预案是国务院有关部门根据总体应急预案、专项应急预案和部门职责为应对突发公共事件制定的预案。

（4）突发公共事件地方应急预案。具体包括：省级人民政府的突发公共事件总体应急预案、专项应急预案和部门应急预案；各市（地）、县（市）人民政府及其基层政权组织的突发公共事件应急预案。上述预案在省级人民政府的领导下，按照分类管理、分级负责的原则，由地方人民政府及其有关部门分别制定。

（5）企事业单位根据有关法律法规制定的应急预案。

（6）举办大型会展和文化体育等重大活动，主办单位应当制定应急预案。

各类预案将根据实际情况变化不断补充、完善。

2 组 织 体 系

2.1 领导机构

国务院是突发公共事件应急管理工作的最高行政领导机构。在国务院总理领导下，由国务院常务会议和国家相关突发公共事件应急指挥机构（以下简称相关应急指挥机构）负责突发公共事件的应急管理工作；必要时，派出国务院工作组指导有关工作。

2.2 办事机构

国务院办公厅设国务院应急管理办公室，履行值守应急、信息汇总和综合协调职责，发挥运转枢纽作用。

2.3 工作机构

国务院有关部门依据有关法律、行政法规和各自的职责，负责相关类别突发公共事件的应急管理工作。具体负责相关类别的突发公共事件专项和部门应急预案的起草与实施，贯彻落实国务院有关决定事项。

2.4 地方机构

地方各级人民政府是本行政区域突发公共事件应急管理工作的行政领导机构，负责本行政区域各类突发公共事件的应对工作。

2.5 专家组

国务院和各应急管理机构建立各类专业人才库，可以根据实际需要聘请有关专家组成专家组，为应急管理提供决策建议，必要时参加突发公共事件的应急处置工作。

3 运 行 机 制

3.1 预测与预警

各地区、各部门要针对各种可能发生的突发公共事件，完善预测预警机制，建立预测预警系统，开展风险分析，做到早发现、早报告、早处置。

3.1.1 预警级别和发布

根据预测分析结果，对可能发生和可以预警的突发公共事件进行预警。预警级别依据突发公共事件可能造成的危害程度、紧急程度和发展势态，一般划分为四级：Ⅰ级（特别严重）、Ⅱ级（严重）、Ⅲ级（较重）和Ⅳ级（一般），依次用红色、橙色、黄色和蓝色表示。

预警信息包括突发公共事件的类别、预警级别、起始时间、可能影响范围、警示事项、应采取的措施和发布机关等。

预警信息的发布、调整和解除可通过广播、电视、报刊、通信、信息网络、警报器、宣传车或组织人员逐户通知等方式进行，对老、幼、病、残、孕等特殊人群以及学校等特殊场所和警报盲区应当采取有针对性的公告方式。

3.2　应急处置

3.2.1　信息报告

特别重大或者重大突发公共事件发生后，各地区、各部门要立即报告，最迟不得超过 4 小时，同时通报有关地区和部门。应急处置过程中，要及时续报有关情况。

3.2.2　先期处置

突发公共事件发生后，事发地的省级人民政府或者国务院有关部门在报告特别重大、重大突发公共事件信息的同时，要根据职责和规定的权限启动相关应急预案，及时、有效地进行处置，控制事态。

在境外发生涉及中国公民和机构的突发事件，我驻外使领馆、国务院有关部门和有关地方人民政府要采取措施控制事态发展，组织开展应急救援工作。

3.2.3　应急响应

对于先期处置未能有效控制事态的特别重大突发公共事件，要及时启动相关预案，由国务院相关应急指挥机构或国务院工作组统一指挥或指导有关地区、部门开展处置工作。

现场应急指挥机构负责现场的应急处置工作。

需要多个国务院相关部门共同参与处置的突发公共事件，由该类突发公共事件的业务主管部门牵头，其他部门予以协助。

3.2.4　应急结束

特别重大突发公共事件应急处置工作结束，或者相关危险因素消除后，现场应急指挥机构予以撤销。

3.3　恢复与重建

3.3.1　善后处置

要积极稳妥、深入细致地做好善后处置工作。对突发公共事件中的伤亡人员、应急处置工作人员，以及紧急调集、征用有关单位及个人的物资，要按照规定给予抚恤、补助或补偿，并提供心理及司法援助。有关部门要做好疫病防治和环境污染消除工作。保险监管机构督促有关保险机构及时做好有关单位和个人损失的理赔工作。

3.3.2 调查与评估

要对特别重大突发公共事件的起因、性质、影响、责任、经验教训和恢复重建等问题进行调查评估。

3.3.3 恢复重建

根据受灾地区恢复重建计划组织实施恢复重建工作。

3.4 信息发布

突发公共事件的信息发布应当及时、准确、客观、全面。事件发生的第一时间要向社会发布简要信息，随后发布初步核实情况、政府应对措施和公众防范措施等，并根据事件处置情况做好后续发布工作。

信息发布形式主要包括授权发布、散发新闻稿、组织报道、接受记者采访、举行新闻发布会等。

4 应急保障

各有关部门要按照职责分工和相关预案做好突发公共事件的应对工作，同时根据总体预案切实做好应对突发公共事件的人力、物力、财力、交通运输、医疗卫生及通信保障等工作，保证应急救援工作的需要和灾区群众的基本生活，以及恢复重建工作的顺利进行。

4.1 人力资源

公安（消防）、医疗卫生、地震救援、海上搜救、矿山救护、森林消防、防洪抢险、核与辐射、环境监控、危险化学品事故救援、铁路事故、民航事故、基础信息网络和重要信息系统事故处置，以及水、电、油、气等工程抢险救援队伍是应急救援的专业队伍和骨干力量。地方各级人民政府和有关部门、单位要加强应急救援队伍的业务培训和应急演练，建立联动协调机制，提高装备水平；动员社会团体、企事业单位以及志愿者等各种社会力量参与应急救援工作；增进国际间的交流与合作。要加强以乡镇和社区为单位的公众应急能力建设，发挥其在应对突发公共事件中的重要作用。

中国人民解放军和中国人民武装警察部队是处置突发公共事件的骨干和突击力量，按照有关规定参加应急处置工作。

4.2 财力保障

要保证所需突发公共事件应急准备和救援工作资金。对受突发公共事件影响较大的行业、企事业单位和个人要及时研究提出相应的补偿或救助政策。要对突发公共事件财政应急保障资金的使用和效果进行监管和评估。

鼓励自然人、法人或者其他组织（包括国际组织）按照《中华人民共和国

《公益事业捐赠法》等有关法律、法规的规定进行捐赠和援助。

4.3 物资保障

要建立健全应急物资监测网络、预警体系和应急物资生产、储备、调拨及紧急配送体系，完善应急工作程序，确保应急所需物资和生活用品的及时供应，并加强对物资储备的监督管理，及时予以补充和更新。

地方各级人民政府应根据有关法律、法规和应急预案的规定，做好物资储备工作。

4.4 基本生活保障

要做好受灾群众的基本生活保障工作，确保灾区群众有饭吃、有水喝、有衣穿、有住处、有病能得到及时医治。

4.5 医疗卫生保障

卫生部门负责组建医疗卫生应急专业技术队伍，根据需要及时赴现场开展医疗救治、疾病预防控制等卫生应急工作。及时为受灾地区提供药品、器械等卫生和医疗设备。必要时，组织动员红十字会等社会卫生力量参与医疗卫生救助工作。

4.6 交通运输保障

要保证紧急情况下应急交通工具的优先安排、优先调度、优先放行，确保运输安全畅通；要依法建立紧急情况社会交通运输工具的征用程序，确保抢险救灾物资和人员能够及时、安全送达。

根据应急处置需要，对现场及相关通道实行交通管制，开设应急救援"绿色通道"，保证应急救援工作的顺利开展。

4.7 治安维护

要加强对重点地区、重点场所、重点人群、重要物资和设备的安全保护，依法严厉打击违法犯罪活动。必要时，依法采取有效管制措施，控制事态，维护社会秩序。

4.8 人员防护

要指定或建立与人口密度、城市规模相适应的应急避险场所，完善紧急疏散管理办法和程序，明确各级责任人，确保在紧急情况下公众安全、有序的转移或疏散。

要采取必要的防护措施，严格按照程序开展应急救援工作，确保人员安全。

4.9 通信保障

建立健全应急通信、应急广播电视保障工作体系，完善公用通信网，建立有线和无线相结合、基础电信网络与机动通信系统相配套的应急通信系统，确保通信畅通。

4.10 公共设施

有关部门要按照职责分工，分别负责煤、电、油、气、水的供给，以及废水、废气、固体废弃物等有害物质的监测和处理。

4.11 科技支撑

要积极开展公共安全领域的科学研究；加大公共安全监测、预测、预警、预防和应急处置技术研发的投入，不断改进技术装备，建立健全公共安全应急技术平台，提高我国公共安全科技水平；注意发挥企业在公共安全领域的研发作用。

5 监督管理

5.1 预案演练

各地区、各部门要结合实际，有计划、有重点地组织有关部门对相关预案进行演练。

5.2 宣传和培训

宣传、教育、文化、广电、新闻出版等有关部门要通过图书、报刊、音像制品和电子出版物、广播、电视、网络等，广泛宣传应急法律法规和预防、避险、自救、互救、减灾等常识，增强公众的忧患意识、社会责任意识和自救、互救能力。各有关方面要有计划地对应急救援和管理人员进行培训，提高其专业技能。

5.3 责任与奖惩

突发公共事件应急处置工作实行责任追究制。

对突发公共事件应急管理工作中做出突出贡献的先进集体和个人要给予表彰和奖励。

对迟报、谎报、瞒报和漏报突发公共事件重要情况或者应急管理工作中有其他失职、渎职行为的，依法对有关责任人给予行政处分；构成犯罪的，依法追究刑事责任。

6 附 则

6.1 预案管理

根据实际情况的变化，及时修订本预案。

本预案自发布之日起实施。（完）

八、新型冠状病毒肺炎疫情防控常用法律法规索引

（一）传染病及新型冠状病毒肺炎分类、类别以及突发事件、突发公共卫生事件概念

《传染病防治法》

《国境卫生检疫法》

《突发事件应对法》

《突发公共卫生事件应急条例》

《国家卫健委〈关于新型冠状病毒感染的肺炎纳入法定传染病管理〉》（2020 年 1 号公告发布）

（二）政府、疾病机构、医疗机构、街道组织以及单位和个人的职责

《基本医疗卫生与健康促进法》

《传染病防治法》

《突发公共卫生事件应急条例》

《国家卫生计生委办公厅〈关于加强医疗机构传染病管理工作的通知〉》

《国家卫生健康委办公厅〈关于加强基层医疗卫生机构新型冠状病毒感染的肺炎疫情防控工作的通知〉》

《国家卫生健康委办公厅〈关于加强新型冠状病毒感染的肺炎疫情社区防控工作的通知〉》

（三）新型冠状病毒肺炎的监测、预警、报告和疫情信息公布

《传染病防治法》

《执业医师法》

《突发公共卫生事件应急条例》

《国家卫生计生委办公厅〈关于加强医疗机构传染病管理工作的通知〉》

（四）新型冠状病毒肺炎疫情的防控

《基本医疗卫生与健康促进法》

《传染病防治法》

《突发事件应对法》

《突发公共卫生事件应急条例》

《传染病防治法实施办法》

《文化和旅游部办公厅〈关于全力做好新型冠状病毒感染的肺炎疫情防控工作暂停旅游企业经营活动的紧急通知〉》

《文化和旅游部办公厅〈关于严格预防通过交通工具传播新型冠状病毒感染的肺炎的通知〉》

（五）新型冠状病毒肺炎疫情期间的社会治理

《突发事件应对法》

《突发公共卫生事件应急条例》

《生活必需品市场供应应急管理办法》

《人力资源社会保障部办公厅〈关于妥善处理新型冠状病毒感染的肺炎疫情防控期间劳动关系问题的通知〉》

《国家工商行政管理总局关于实施〈突发公共卫生事件应急条例〉第五十二条中对哄抬物价违法行为查处有关问题的通知》

《市场监管总局〈关于新型冠状病毒感染肺炎疫情防控期间查处哄抬价格违法行为的指导意见〉》

（六）新型冠状病毒肺炎的检测、诊断和治疗

《传染病防治法》

《突发公共卫生事件应急条例》

《医疗机构传染病预检分诊管理办法》

《新型冠状病毒感染的肺炎疫情紧急心理危机干预指导原则》

《新型冠状病毒感染的肺炎防控中常见医用防护用品使用范围指引（试行）》

《新型冠状病毒感染的肺炎防控方案（第三版)》

《新型冠状病毒感染的肺炎诊疗方案（试行第五版)》

《医疗机构内新型冠状病毒感染预防与控制技术指南（第一版)》

《新型冠状病毒实验室生物安全指南》（第二版)》

《新型冠状病毒感染的肺炎疫情医疗废物应急处置管理与技术指南（试行）》

《公共场所新型冠状病毒感染的肺炎卫生防护指南》

《新型冠状病毒感染不同风险人群防护指南》

《预防新型冠状病毒感染的肺炎口罩使用指南》

《养老机构新型冠状病毒感染的肺炎疫情防控指南（第二版）》

《新型冠状病毒肺炎疫情防控期间心理援助热线工作指南》

《新冠肺炎流行期间办公场所和公共场所空调通风系统运行管理指南》

（七）　医护工作者的权利义务、保障和奖励

《基本医疗卫生与健康促进法》

《执业医师法》

《传染病防治法》

《突发事件应对法》

《护士条例》

《突发公共卫生事件应急条例》

《国务院办公厅转发国家卫生健康委、人力资源社会保障部、财政部〈关于改善一线医务人员工作条件切实关心医务人员身心健康若干措施的通知〉》

《人力资源社会保障部、财政部、国家卫生健康委〈关于因履行工作职责感染新型冠状病毒肺炎的医护及相关工作人员有关保障问题的通知〉》

《国家卫生健康委办公厅〈关于做好新型冠状病毒感染的肺炎疫情防控工作中表现突出个人和集体即时性表彰的通知〉》

《国家卫生健康委办公厅〈关于进一步加强全力防控新型冠状病毒感染的肺炎疫情中医务工作者感人事迹宣传的通知〉》

（八）　新型冠状病毒肺炎的药物、消毒产品和疫苗管理

《传染病防治法》

《药品管理法》

《疫苗管理法》

《传染病防治法实施办法》

（九）　新型冠状病毒肺炎医疗废物和尸体的处理

《传染病防治法》

《传染病防治法实施办法》

《国家卫生健康委办公厅〈关于做好新型冠状病毒感染的肺炎疫情期间医疗机构医疗废物管理工作的通知〉》

《新型冠状病毒感染的肺炎疫情医疗废物应急处置管理与技术指南（试行)》

《传染病病人或疑似传染病病人尸体解剖查验规定》

《新型冠状病毒感染的肺炎患者遗体处置工作指引（试行）》

（十）　经费物资保障

《传染病防治法》

《突发公共卫生事件应急条例》

《财政部、国家卫生健康委〈关于新型冠状病毒感染肺炎疫情防控有关经费保障政策的通知〉》

（十一）　新型冠状病毒肺炎疫情的捐赠管理

《慈善法》

《卫生计生单位接受公益事业捐赠管理办法（试行）》

《海关总署〈关于用于新型冠状病毒感染的肺炎疫情进口捐赠物资办理通关手续的公告〉》

（十二）　新型冠状病毒肺炎疫情防控中的刑事责任

《刑法》

《最高人民法院、最高人民检察院〈关于办理妨害预防、控制突发传染病疫情等灾害的刑事案件具体应用法律若干问题的解释〉》

《国家卫生健康委、最高人民法院、最高人民检察院、公安部〈关于做好新型冠状病毒肺炎疫情防控期间保障医务人员安全维护良好医疗秩序的通知〉》